微信小程序

运营与推广完全自学手册

王洪波 编著

電子工業出版社
Publishing House of Electronics Industry
北京•BEIJING

内 容 简 介

本书是运营管理方面的书籍，将小程序的运营推广问题置于小程序的整个运营管理体系中来谈，主要讲述小程序的定位规划、营销吸粉策略、评估优化这三大方面的内容，这三方面的内容之间是三位一体、密切相关的。

书中通过列举丰富且具有代表性的小程序实际案例来向读者提供一些可行的运营推广办法。案例涉及美食类、电商类、旅游类、媒体类等小程序，可供多个行业的小程序运营者参考借鉴。

书中所提供的各种小程序营销策略和吸粉推广办法结合了实际案例，以及小程序应用时的图片对比与引证，所以对于那些刚刚踏入小程序领域的中小企业、商家或正面临小程序运营推广难题的企业、商家、创业者来说将更容易理解，也更容易运用到实际的运营管理上。

图书在版编目（CIP）数据

微信小程序运营与推广完全自学手册 / 王洪波编著. —北京：电子工业出版社，2018.6

ISBN 978-7-121-34145-8

Ⅰ. ①微… Ⅱ. ①王… Ⅲ. ①网络营销－手册 Ⅳ.①F713.365.2-62

中国版本图书馆 CIP 数据核字（2018）第 088404 号

策划编辑：高洪霞
责任编辑：牛　勇
特约编辑：赵树刚
印　　刷：北京季蜂印刷有限公司
装　　订：北京季蜂印刷有限公司
出版发行：电子工业出版社
北京市海淀区万寿路 173 信箱　　邮编：100036
开　　本：720×1000　1/16　印张：16.25　字数：347.2 千字
版　　次：2018 年 6 月第 1 版
印　　次：2019 年 9 月第 4 次印刷
定　　价：59.00 元

凡所购买电子工业出版社图书有缺损问题，请向购买书店调换。若书店售缺，请与本社发行部联系，联系及邮购电话：（010）88254888，88258888。

质量投诉请发邮件至 zlts@phei.com.cn，盗版侵权举报请发邮件到 dbqq@phei. com.cn。

本书咨询联系方式：010-51260888-819，faq@phei.com.cn。

前　言

微信小程序自 2017 年 1 月 9 日正式上线后，就引发了一系列热度讨论。微信小程序的发展前景到底如何？该不该立刻加入微信小程序的开发与运营中？微信小程序是否将取代 App 的存在？诸如此类的问题是大众，尤其是各个企业、商家对微信小程序这一新鲜事物所最为关注的问题。

鉴于微信小程序初上线不久，难免会有一些人对其持一种观望态度，但尽管如此，不可否认的是，微信小程序的出现是对微信这一生态体系的又一次充实和完善。不仅如此，微信小程序也给各大企业、商家带来了机遇与挑战，使得它们有了一种新的经营方式。

微信小程序是打着“触手可及、用完即走”的目标定位而来的，虽然在微信公开课上，张小龙也反复强调了这一点，说明小程序是一款无须下载、无须安装、即用即走的轻型应用，但是该怎么将自身产品与小程序的这一特性良好地融合起来，以及如何将小程序运营好并推广出去，是各大企业、商家所要不断摸索、思考的。

也正是由于小程序的运营发展之路还未完全成熟，不可避免地会有一些企业、商家虽然抓住了小程序的这一拨红利，但却对小程序的开发定位与功能规划不够清晰，以及缺乏小程序运营推广的有效策略，以至于走了过多的弯路，在小程序的后期运营管理上心有余而力不足。所谓小程序的机遇与挑战便是如此。

正是出于以上原因，本书主要就小程序该如何运营推广的问题来展开写作，通过列举大量小程序实际案例的方式来为读者答疑解惑，厘清有关小程序的一些问题与情况，例如，小程序究竟带来了哪些机遇、有什么优势、功能定位是什么等，并且提供一些在小程序开发设计和营销策略上的解决办法。

本书特色

1. 内容翔实

本书主讲小程序的运营与推广，但并不是单纯地论述小程序该怎样运营与推广，而是结合小程序的一些基本情况及小程序在开发初期所要注意的问题，如目标人群该如何定位、做功能规划设计时要注意突出核心功能等内容。只有当读者对小程序的相关特性有了一定的了解后，才能明白为何小程序要这样运营推广，才能将书中所讲述的一些小程序运营推广策略有针对性地运用到实际运营中。

2. 案例丰富

本书以列举大量具有代表性的小程序案例的方式来为读者介绍运营推广小程序的方法，同时引用各种相关小程序使用时的界面图、小程序与 App 之间的差异对比图等来讲解小程序的特性，以及这样开发设计、运营推广小程序的原因，以增强内容的可读性，帮助读者理解。

3. 实用性强

本书由于运用了大量的实际案例，实用性与可操作性强，因而对于运营小程序的企业、商家等来说具有借鉴意义，尤其是对于那些运营的小程序与案例中的小程序属于同一类别的运营者来说。

本书内容及体系结构

第一部分（第 1～4 章）：微信小程序的定位与规划

这一部分主要是为读者做微信小程序一些基本情况的答疑解惑，以及向读者讲述该如何做好微信小程序的功能定位与规划。具体来讲，第 1 章介绍小程序所带来的三大机遇，以及小程序所具有的四大优势和存在的价值意义，其中在谈小程序存在的价值意义时，是通过将小程序分别与 App、H5、公众号这三者对比的方式来论述的；第 2 章主要介绍小程序“短、平、快”的盈利模式，包括直接付费盈利和间接付费盈利；第 3 章讲述的是小程序的目标人群该如何定位；第 3 章与第 4 章所讲的小程序的功能规划密切相关，因为只有在目标人群定位明确后，小程序的功能规划才能清晰、有序地进行。

第二部分（第 5～7 章）：微信小程序的营销与吸粉策略

这一部分主要介绍一些用于小程序营销吸粉的策略，以供读者学习使用。其中，第 5 章主要讲营销策略，讲述小程序营销所需掌握的五大要素和小程序为品牌营销所带来的三大机会；第 6、7 章主要讲吸粉策略，讲述小程序全方位吸粉的三大关键词与六大新潮的吸粉工具。

第三部分（第 8 章）：微信小程序的评估与优化

这一部分向读者介绍小程序的几种评估方法，包括数据统计方法和数据分析方法。除此之外，还讲述了后评估对于小程序的好处，以及进行小程序评估的三大数据指标。主要通过介绍小程序的数据评估方法来向读者说明该如何对小程序进行有效的优化管理。

第四部分（第 9 章）：微信小程序在不同行业中的运营推广差异（主案例讲解）

这一部分是本书的末尾，主要以列举大量案例的形式来讲解在不同的行业中，小程序在运营推广方面的差异性。第 9 章可与第 5 ~ 7 章结合起来阅读。在本章中提供了 10 种类型的小程序案例，以便涉及尽可能多的行业，为更多类别的小程序运营管理者在自身小程序的运营推广过程中提供可供参考与借鉴的方法。

本书读者对象

- 小程序的开发设计者。
- 小程序的运营推广者。
- 互联网行业创业者。
- 对运营小程序感兴趣的大学生。
- 微信公众号等自媒体运营者。
- 开展线上营销的企业或商家。

轻松注册成为博文视点社区用户（www.broadview.com.cn），扫码直达本书页面。

- **提交勘误**：您对书中内容的修改意见可在 提交勘误 处提交，若被采纳，将获赠博文视点社区积分（在您购买电子书时，积分可用来抵扣相应金额）。
- **交流互动**：在页面下方 读者评论 处留下您的疑问或观点，与我们和其他读者一同学习交流。

页面入口：*http://www.broadview.com.cn/34145*

目　　录

第一部分　微信小程序的定位与规划

第三部分　微信小程序的评估与优化

第四部分 微信小程序在不同行业中的运营推广差异（主案例讲解）

第一部分

微信小程序的定位与规划

第 1 章

初识小程序，你知道的与不知道的都在这里

在众人关注的目光下，微信小程序终于在 2017 年 1 月 9 日正式走入了大众的视野。如今，微信小程序已经历经一年多的时间，这一承载着腾讯和微信官方熊熊野心的微信内置小程序，又是微信改革史上的一大瞩目创举，而它究竟能够给用户和企业带来怎样的颠覆浪潮呢？本章就来看一看这一聚焦了万众目光的小程序到底神奇在哪里。

1.1　微信小程序带来的新机遇

据腾讯发布的 2017 年第二季度的财报显示，微信和 WeChat 合并月活跃账户数已经达到 9.63 亿。作为超级流量入口的微信自诞生以来，便一直在努力致力于打造一个区别于当今中心化聚焦模式的去中心化平台模式，在微信的平台应用不断发展期间，其已逐渐形成以资讯和内容为主的去中心化趋势，完美打造出一个以用户为中心的自媒体社交化平台。而“无须下载，即用即走”小程序的横空出世，则将占据用户更多的使用场景和使用时间，以一种建立微信自身独立生态的思维方式形成基于各类兴趣和应用的去中心化社区平台。小程序将打破原有应用行业的传统格局，为无数企业和个人带来巨大的发展新机遇。

1.1.1　打破原有格局，开辟新战场

众所周知，原生 App 的普及应用在方便用户使用的同时也为企业带来了巨大的收益，而微信小程序的出现无疑会打破原生 App 独霸天下的原有局面，以更轻、更小的姿态为用户实现多场景的程序应用，从而逐渐替代一大批原生 App，开辟新的应用程序战场。

例如传统的娱乐类应用，用户要想获取音乐或视频，一定要下载一个音乐或视频类的 App 才能听歌或看视频。在如今越来越趋于垄断和综合化的应用时代，用户已越来越难寻找到自己喜欢的音乐，虽然这些 App 都标榜着智能推荐的功能优势，但出于其运营操作背后各方利益的平衡，很难做到个性化。

而在微信上则可能会出现一些基于用户兴趣的音乐或视频小程序，在这里，用户可以轻易地寻找到自己感兴趣和喜欢的音乐、视频，并能找到同自己兴趣相投的陌生朋友，和他们进行交流与分享。并且随着微信支付的普及，为内容付费的观念正在逐步深入人心，也越来越被用户认可和支持，这将可能在小程序中实现用 1000 名铁杆粉丝就能养活一个人的粉丝经济理念。

随着微信小程序公开内测的序幕逐渐拉开，在聚焦了众人瞩目的同时很多人却仍不清楚它到底将会带来何种改变。也许我们可以简单地打一个比方，微信小程序的实施就相当于在微信自身内部搭建了一个类似 App Store 的应用市场，但其中的应用却不像原生 App 那样需要经历下载、安装等一系列过程才可使用，而是无须下载，便可直接打开使用。这种模式意味着微信也许欲借此打破移动互联

时代原有的 App 生态，尝试打造出一个基于微信小程序的全新应用平台。

虽然这种模式会导致用户进一步加大对于“微信”这一“超级 App”的使用和依赖，从而造成微信一家独大的局面，但“小程序”便捷入口的开通使得用户只需通过扫码便可享有通过以往下载的 App 才能体验到的功能。并且小程序不会给用户主动发送消息，当用户需要时点击进入，用完即走，从而为用户提供了如同线上线下结合的餐饮服务、酒店预订、快捷医药排号、单车扫码出行等诸多便利。

例如，摩拜单车小程序让出行更加便利。摩拜单车扫码出行的界面图如图 1-1 所示。

图 1-1　摩拜单车扫码出行界面

当用户点开摩拜单车的小程序界面后，便会看到界面上显示了附近的单车位置和数量，其底部显示了“扫码开锁”的图标，而用户只需点击扫描单车上的二维码即可享用单车。或者，当用户找到一辆单车后，直接用微信扫描二维码便可直接进入小程序界面，整个过程操作简便、一步到位，省去了以往扫描二维码后还需下载 App 的麻烦。

毋庸置疑，小程序的出现正在改变以往用户使用手机应用的方式和习惯，对于一些使用频率低而用户又必须使用的应用，很多用户已通过小程序的方式来使用。而且，小程序作为微信重点推出的一个创新点，其势必会参与到微信生态圈的建设中来，从而可能会形成微信特有的“App”生态圈。而无论小程序的生态建设到何种程度，都会对原有的 App 格局造成一定的冲击和影响，开辟移动应用市场上的一个新战场。

1.1.2　促进线下商业场景上移

互联网的出现在一定程度上打破了传统行业的运营模式。不过，对于像饭店、超市等一批传统行业，其线下多有实体门店并且以线下交易为主。而自 App Store 诞生以来，手机 App 应用造就了无数个移动互联网界的黑马和行业巨擘，而这一切对一些中小型的传统企业似乎没有造成多大的影响，毕竟要开发和运营一款原生 App，投入的人力、物力、财力和精力还是巨大的。而小程序的出现则弥补了中小型传统企业线上应用的空白，而且还会带来更多的线上线下场景。关于小程序的使用场景会在本书的 1.2.2 节中进行具体介绍，这里不再赘述。

微信小程序这类应用不会让中小型传统企业面临开发 App 成本过高、推广难度大及下载使用率低而卸载率高的窘境，而小程序的快捷开发程序及其天然的线下扫码活动则使得这一困境不再成为困扰传统企业的难题。这直接导致许多原先只能做线上商业的企业实现线上交易的快速转移，从而进一步促进了线下交易场景向线上的发展和布局。

相信大家对排长队买公交车票的场景都不陌生，虽然现在很多地方都采用了通过机器充值的方式，但是在人流高峰期排长队买票和充值的问题仍然没有得到解决，而小程序的出现则使得打开手机通过扫描二维码进行公交卡充值成为可能。

纵观目前的微信小程序，其很多应用还是基于线上形式的，但与线下场景的不断融合将会成为小程序带给我们的巨大惊喜。虽然现在已经发布的小程序很多是将原有 App 的功能经过“瘦身”演变而来的，还没有通过二次开发聚焦到一些细分场景上，挖掘出新的体验方式，但随着线上和线下的边界已经非常模糊，多场景的交互化融合已成为未来的发展趋势。

另外，小程序的二维码是连接线下和线上的一个非常好的入口，实体店、商场、旅游景区、酒店、餐饮店、书店这些传统行业都是线下流量，然而到目前为止，还没有一种很好的方式将这些线下流量高效地引导到线上。不过，在不久的将来，小程序则能够以其轻便的姿态让传统企业为用户创造更好的体验。而且我们身边也有很多线下消费场景，这些都可以通过小程序来解决。

自马云提出“新零售”的概念以来，行业内外都在讨论这个“新”体现在什么地方。而腾讯 CEO 马化腾则多次表示未来零售业态应更多地向线下延伸，他对小程序乃至微信生态的战略布局表达了他对于微信进一步电商化的期望：“我们希望未来微信的公众号也好，小程序也罢，更多的是线下实体来用。”因此，让更多的线下商业场景参与到线上来，参与到小程序中来，是微信小程序的一个重要发展方向和目标。

1.1.3 为中小企业带来千亿元市场

对于很多程序开发者和中小创业者来说，开发成本高、运营周期长、维护难度大是以往开发一款 App 会遇到的难题，而微信小程序的出现则将为众多中小企业和创业者带来新的希望。据各方预估，小程序的开发和应用将会带来千亿元的市场规模，这也是为什么自小程序内测的消息一经推出，便有越来越多的创业者和中小企业开始调整已有的发展方向，纷纷涌入即速应用之类的开发平台，了解小程序如何开发和操作，并即时关注小程序的最新动态和资讯。

在手机 App 的浪潮掀起初期，大量的移动应用开发者和创业者便大量涌入这一行业，并且有很多创业者因此而赚得盆满钵满，从而成为移动互联时代第一拨红利期的受益者。而随着微信公众号的兴起，很多内容创业者和企业乘上了这一波流量红利的快车，并且不乏一些通过公众号而声名大噪的草根创业者。那么小程序的到来，以及其对于以往原生 App 市场格局的打破，势必也将会带来移动互联网发展的新浪潮。

以往企业若要开发一款 App，通常需要同时开发 iOS 和 Android 两套版本，这导致企业需要付出较高的成本聘请专业的技术团队来进行研发。而相较而言，微信小程序则省去了大量的人力、物力和财力。而且由于微信小程序功能简捷优化、操作方便即时，用户无须下载 App，只需扫码便可进入，从而使得企业的运营和维护成本大大降低。

此外，随着原生 App 市场趋于饱和，竞争愈加激烈，中小企业要想在当今的原生 App 市场中占据一定的份额已变得越来越艰难。很多中小企业的原生 App 开发者在花费了大量成本和时间开发出一款 App 后却无法留住用户，很多开发者因担负不起高额的流量成本而只能选择退出。

而由于小程序本身基于 HTML5，拥有超越 iOS 或 Android 的强大的跨平台特性和兼容性，并且微信官方为开发者提供了许多接口和组件，因而不仅降低了企业的开发成本，更为重要的是为创业者创造了更多的试错机会。因其更为低廉的开发成本以及较为快速的传播特性，创业者可迅速将产品推向市场进行试验，如果效果不好，则可立马对其进行改良和优化，即使重新打造一款新的小程序也并不需要花费太多的时间，从而省去了以往对 App 进行功能上的修改所浪费的大量时间。

总之，微信小程序的出现为中小企业和创业者提供了一个简便而又低成本的应用开发平台，正在吸引无数开发人员和技术服务商试水小程序的开发、推广和运营。

1.2　微信小程序无可替代的优势

在微信小程序推出之际，微信之父张小龙便阐述了小程序所承载的理念："小程序是一种不需要下载、安装即可使用的应用，它实现了应用'触手可及'的梦想，用户扫一扫或者搜一下即可打开应用；也体现了'用完即走'的理念，用户不用关心是否安装太多应用的问题。应用将无处不在，随时可用，但又无须安装、卸载。"这番描述已将小程序区别于传统应用的优势展现了出来，而其所具有的无可替代的优势还不止于此。

1.2.1　即用即走，无须下载

之前用户想要使用手机应用往往需要首先下载 App，除却下载所需一定的流量，App 还会占用手机较大的内存空间。随着基于 Android 和 iOS 生态的 App 大量涌入，各式各类的手机应用令人目不暇接，并且各大应用之间都会推出自己的软件特色，并以此来吸引更多用户流量，抢占市场份额，这导致用户通常需要下载多个 App 来满足自己在某一领域应用的需求。相信很多人都有因各大音乐软件对于歌曲的版权限制问题而下载多个 App 的情况。

而微信小程序的出现则免除了用户下载的负担，微信用户只需扫码关注或搜索小程序就可立即进入自己所需的应用程序的使用界面。而且根据微信官方对于小程序体量的限制，其大小不应超过 2MB，这使得用户只需很少的流量支持便可获取自己想要的应用。

除此之外，小程序并不会占用用户手机的内存空间，也不会向用户推送应用消息，真正做到了“即用即走”，只为解决用户即时所需的使用体验。相较于企业通过 App 来建立自身的用户系统的传统应用模式，小程序则体现出完全以用户为本、以解决用户的需求为主的去中心化结构理念。

其实，微信一直在坚持构建一个完全以用户为中心的去中心化平台。“微信之父”张小龙在 2017 年微信公开课上首次公开讲解小程序时便强调：“在微信里我们一直在倡导去中心化的结构，所以你到现在都不可能看到在微信里会有一个订阅号的入口，里面有一个分类，有排序或者推荐这样的东西存在，这一点从公众号的第一步就坚持是这样的。这对公众号平台带来了很大的好处，因为当微信没有这样一个入口的时候，所有提供公众号服务的企业就会想办法把自己的二维码铺到所能够铺的地方去，那就真正实现了公众号的入口其实不是在微信里，而是在二维码里。”

传承着这种理念，微信小程序同样秉承了“无入口”的设计，但这里的无入口并非指用户无法到达自己所需的小程序，而是指在微信里并没有一个类似于 App 商店或小程序中心的地方，就如同微信里所有的公众号从来没有一个公众号中心，一个用户如果没有订阅过任何一个公众号，那所谓的公众号对于他来说便是没有入口的。

在小程序还未正式推出时，关于小程序入口的猜测有很多，而微信官方最终把它放在了“发现”这一界面的底端，如图 1-2 所示。

实际上，小程序采取“无入口”的方式是为了更好地服务用户，因为这体现了“用户触达”的理念：只有当用户有需要时才会触达自己需要的小程序，然后使用这一小程序，而小程序本身并不能在用户不需要的时候向其推荐。

例如，当一个人想要点外卖时，只需通过美团外卖在微信上开通的“美团外卖+”来获取自己所需的服务，而无须再下载美团外卖的 App。

美团外卖的小程序“美团外卖+”的用户界面如图 1-3 所示。从中我们可以看出，其拥有点餐功能和订单查看功能，用户只需授权登录便可追踪自己的订餐情况。在点餐页面上，用户可以搜索自己想要的餐点，也可以通过“附近商家”来选择商家。

图 1-2　小程序入口位置

图 1-3　“美团外卖+”的用户界面

“即用即走，无须下载”代表着微信一直以来所坚持的用户至上的理念，这种一切以用户所需为核心的应用体验方式适应了移动互联时代用户生活碎片化的行为趋势，因为随着越来越多的场景介入线上，我们需要随时随地解决在不同场景下遇到的问题。而且对于那些烦于或懒于下载、手机内存空间又有限的用户来说，这种应用方式不啻为一种福音。

1.2.2　使用场景更丰富

众所周知，不同的植物对于土壤环境有着不同的要求，人在不同的生存环境中会表现出不同的行为特征。同样，对于小程序来说，它的使用场景即它的生存环境决定了它能够具有怎样的应用。

前面我们分析了小程序“即用即走”的特性，并了解到：小程序必须是轻量和便捷的，用户可根据自己的需要快速触达自己所需的小程序并且能够得到很好的满足。这表明，如果你的小程序不足够小巧、轻便，那么，哪怕面对着微信庞大的流量入口，你的小程序使用场景也是不对的。而体量的小和轻决定了小程序的功能并不是复杂多样的，对于一些高频类和需求刚性化的使用场景，小程序并不适合。因此，简单、低频类的使用场景比较贴合小程序的设定和要求，如查天气、查快递、找服务等使用场景。

一方面，小程序作为微信生态圈中的一环，其使用必须是同微信的其他功能相契合的。微信虽然一直在进行功能改革，但即时通信和社交体验仍是其主打的两大功能，小程序使用场景的想象空间虽然是巨大的，但如果无法做到用完即走，那么其势必会对微信其他功能的使用造成影响。试想：如果在微信小程序上实现看视频或打游戏的使用场景，突然来了消息或视频通话怎么办？这会对用户的微信体验造成不好的影响。因此，小程序作为微信内置的一个窗口，其使用还应与微信的其他功能契合起来。

另一方面，我们知道小程序的思维是去中心化的，并没有一个叫作小程序的分发中心来向用户推荐小程序。因此，小程序去中心化的设计也正阐释出其场景化的应用方式。在第一批小程序推出时，“微信之父”张小龙便对扫二维码的到达方式给予了厚望，他认为小程序的合理触达方式应该是扫码形式的，这其实是一种场景化的到达方式。因为现在人们的生活已经碎片化、场景化了，我们希望在生活的多个场景中能够得到更加便捷的体验，例如，当我们在等公交车时，我们希望可以实时了解到公交车到达的时间，以方便我们更好地出行。因此，小程序未来的使用场景可能会更加精细化，并能够通过扫码更快捷地得以触达。

小程序扫码触达的方式还进一步整合了线下资源，使得线下的消费场景能够快速到达线上。这对于传统的线下行业如餐饮、超市、酒店、书店等来说，是一种重大的改革和创新。因为我们身边有很多的小餐饮店或小超市，它们并没有能力来运营一个 App，而小程序则为它们发放了一个通向线上营销的通行证。比如，当我们进到某家餐饮店进行消费时，只需扫描二维码便可进入餐饮店的小程序，在其上我们可以获知菜品以及店铺的优惠活动，并能够进行点餐，还能够参与店铺的营销活动。

例如，星巴克的小程序“星巴克用星说”便为用户提供了商品推介以及星礼卡表心意活动，打造了一个礼品社交平台，如图 1-4 所示。

星巴克共推出了两种礼品社交的场景。一种是“请你喝咖啡”，设有“我想对你说”和“送给特别的你”两个主题，每个主题下有 6 种饮品，按照不同的角色送给朋友或爸妈。另一种是“星礼卡表心意”，提供了从 50 元到 500 元不等的礼品卡面值。此外，用户还可以在连接星巴克小程序的公众号中添加文字、图片或视频来定制专属的礼品。

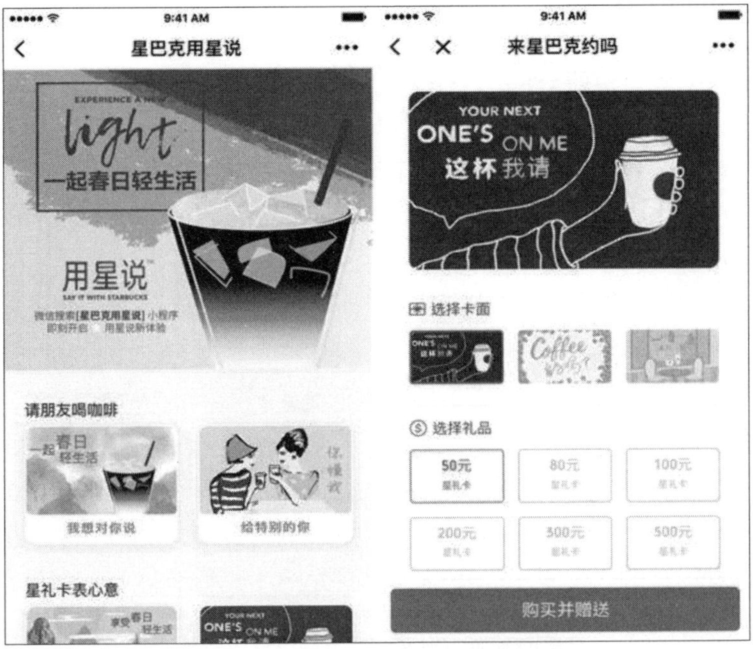

图 1-4　“星巴克用星说”小程序界面

除以上所谈及的一些使用场景外，小程序的使用场景还有着很大的想象空间。因为微信既然意在并鼓励构建一个微信的应用生态圈，那么小程序的开发和应用便能够触及我们生活的方方面面，这是一个无止境的过程，只要你的小程序传达出了“触手可及，用完即走”的理念，便可以成为微信生态圈价值创造的一部分。

1.2.3　开发更简单，成本更低廉

众所周知，App 的开发成本很高，而且随着 App 市场的成熟化发展，App 市场的准入门槛也随之提高。很多中小企业和创业者无法再像过去一样，只要开发出 App 便能够获取一定的用户流量导入。而现在 App 市场上鱼龙混杂，那些实力雄厚的企业占据了大量的用户量级，这使得许多开发者面临着即使开发出 App 也无人可用的窘境。而一家公司通常至少需要两三个月的时间、花费百万级的成本才能开发出一款像样的 iOS 和 Android 应用产品，而且还不包括 UI 以及市场推广等成本。

而微信小程序会为开发者提供接口、组件以及底层封装等开发工具和模块，

大大降低了开发者开发一款应用的难度。根据小程序相关开发人员介绍，由于技术开发的难度降低，现在只需要 2 ~ 3 名工程师、花费 3 ~ 4 天就可以实现之前 90% 以上的功能。

另外，相较于 H5 开发，小程序还可调用更多的手机系统功能，如重力感应、录音、GPS 定位等，这使得小程序能够开发出比 H5 更加丰富的使用场景，且运行速度同 App 差不多，而开发成本却同 H5 大致相当。

对开发者来说，小程序为他们提供了相对更低的技术门槛，并且在创业效率上达到了前所未有的高效，让创业者只需很低的成本便可完成试错。这一开发难度和成本的改变主要得益于微信为小程序开发者所提供的 Web+框架，这一框架使得小程序的开发速度远快于原生 App，而且流畅度远比 H5 高。例如微信的第一款小程序自选股，自 2016 年 8 月 1 日进入小程序开发阶段，于 2016 年 8 月 5 日自选股小程序的第一个 demo 便得以完成，而且此版本的 demo 开发仅仅用了一支 3 人的团队。自选股开发的小程序界面如图 1-5 所示。

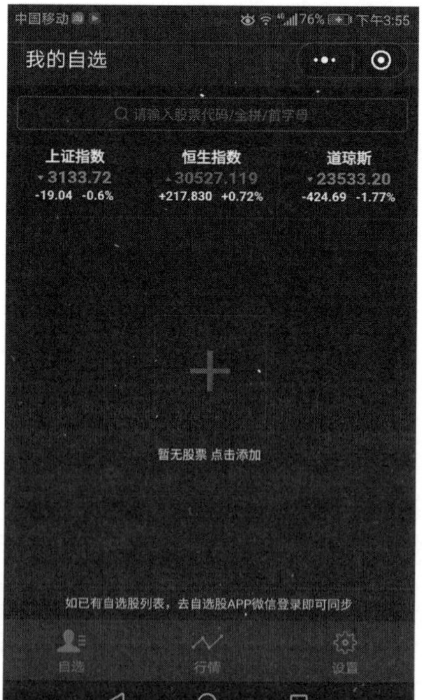

图 1-5 自选股开发的小程序界面

其实，这种类似于“轻应用”的开发模式并非微信首创。早在 2013 年，百度就在 MDCC（移动开发者大会）上发表了题为《百度轻应用——长尾 App 的最佳选择》主题演讲。百度副总裁李明远在演讲中表示：“移动伴随的是技术革命、颠覆性的东西，深水区是机遇的蓝海，而在此领域，百度提供了大量的工具来帮助开发者解决目前所面临的困境。”

众所周知，互联网时代是长尾效应的重要舞台，无处不在的网络为每个应用提供了可以发光发亮的通道，但随着 App 市场的不断演变，高频 App 集中化程度越来越高，已逐渐形成寡头化的局面，长期占据 App Store 榜首的是那些拥有雄厚实力和巨大量级的超级 App。面对此困境，百度所推出的轻应用开发平台为那些占据 App 市场长尾阶段的 App 提供了一个更为简单和低成本的开发平台，开发者只需提交应用基本信息、提交搜索渠道信息、运营管理这三个步骤就可以发布自己的轻应用。虽然百度为长尾 App 开发者提供给了一个更为简便的平台，而且这种轻应用的构想在当时可谓占据了移动互联时代的前沿地带，但百度的这场大胆尝试最终以失败告终。

百度轻应用的模式最终告以失败的原因主要还是百度本身的平台并不适合这种轻应用的模式。首先，百度并没有像微信如此巨大的用户量级和用户频次，很多用户用完百度的产品便会离开而不会一直黏在上面。其次，百度并没有一个类似于微信这样的应用生态圈。虽然百度推出了很多产品，但这些产品多属于并行独立的关系，用户并不会在百度所有的产品中建立一个自己的使用小生态。最后，App 和 H5 占据着应用市场的主流，轻应用的形式并不为人所熟知，人们更不会突然就改变自己的使用习惯而在百度上去使用一个应用。

而小程序一经推出便受到来自各方的关注和追捧，除小程序平台本身为技术者提供了一个更为简单、高效的开发环境以外，还同移动互联网的大环境改变有很大关系。前面已经提到长尾 App 在应用市场的不断整合中已面临生存的艰难处境，而经过这几年的发展，长尾 App 不仅露面的机会越来越少，开发的难度和成本越来越大，用以维持 App 生存的流量也越来越贵。在这种情况下，开发者更加迫切地需要一个平台可以展示自己 App 的功能。而小程序的出现恰好为这些开发者提供了可以有所施展的平台。

另外，微信此次推出小程序，可谓“天时、地利、人和”。在目前的情况下，移动互联网的大环境已经发生了很大的改变，现在应用市场也已经完成了全方位的整合，而且长尾 App 在用户面前露脸的机会越来越少，这不仅因为 App 的开发成本越来越高，还因为流量消费不断增长。因此，开发者对于功能展示的需求已经达到了前所未有的迫切，这从小程序在推出之前就已深受关注中就可以看出来。

对于开发者而言，小程序的开发门槛也相对较低，而且相比于App的开发更为简单，还能够满足用户的基础应用，HiShop 小程序开发可以说非常适合生活服务类线下商铺和非刚需低频应用的转换。小程序能够实现信息通知、线下扫码、公众号关联等七大功能。其中，由于小程序不存在入口问题，因此，通过公众号关联，用户可以很轻易地进行公众号与小程序之间的转换。

总的来说，小程序有以下4个方面的优势。

（1）不用像App一样需要安装，即开即用，节省流量，节省下载和注册时间，而且不占内存，不占桌面。

（2）对于开发者来说，小程序需要的开发成本更低，他们可以节省更多的人力、财力用于产品的开发和推广上，做好产品内容。

（3）对于用户而言，微信小程序的UI和操作流程更加统一，极大地降低了用户的使用难度。

（4）小程序基于微信平台，相比于传统的App，其推广更加简单方便，更加节省推广成本。

1.2.4 功能持续更新，方便用户和开发者

小程序自上线以来，继承了微信一直以来的变革精神，在短短几个月的时间内便发生了诸多变化和改进。微信在低调发布的《小程序新能力》中表明：“为增强小程序能力，扩大小程序使用场景，现小程序新增以下能力。”微信虽然仅仅用一句轻描淡写的话便表明了微信小程序升级的原因，但这次的升级所带来的可能是天翻地覆的变化。

在这次升级中，小程序新增了个人开发者可申请小程序、公众号自定义菜单点击可打开相关小程序、公众号模板消息可打开相关小程序、公众号关联小程序时可选择给粉丝下发通知、移动App可分享小程序页面以及扫描普通链接二维码可打开小程序等功能。这些新增的功能使得微信小程序可能进入全民开发的自开发时代，并且微信一直不鼓励小程序成为一个营销工具，而此次开放的同公众号的连接能使得小程序的推广变得更加简单。对于用户而言，微信将之前只提供给摩拜单车扫码的特权向普通二维码开放，使得用户的使用更加方便快捷。

在推出这些升级以外，微信还为开发者推出了新能力，包括蓝牙、卡券的开

放，可获取用户通信地址和访问场景，兼容 ES6 API 等，这让小程序的体验更加丰富多元，让开发者的小程序开发更加便利。

此外，微信还悄然开放了“附近的小程序”功能。商家只需从后台提交资料便可申请入驻。这一功能的开放对于更好地连接和推广线下资源意义重大，因为凡是线下有实体执照的大小商家都可以加入，包括餐饮店、小超市、理发店、水果店等。通过“附近的店”功能，微信将快速构建起一个场景划分非常细的线下聚合平台。

小程序“附近的小程序”功能同之前推出的“附近的人”类似，用户进入微信小程序界面后，在顶端可以看到所在地周围一定范围内显示的附近的小程序数量，这些店可能是服务店、小商店、商场、餐厅等。“附近的小程序”界面如图 1-6 所示。

“附近的小程序”对于线下门店来说无疑是一个重要的推广渠道。微信小程序为商家准备了很多开发模板，商家只需进行非常简单的操作，添加与门店相关的店铺和商品信息，便可成为“附近的店”中的一员，在小程序界面上获得展示。同时，如果店铺想要在“附近的小程序”中获得更多的功能，则可以自行或者找开发商进行更多的设计和开发。

图 1-6　“附近的小程序”界面

而且“第三方服务”和“附近的小程序”相结合，为来自各个行业的小程序带来了不同的玩法。同时，小程序已经初步形成微信支付餐饮垂直行业的解决方案，传统的餐饮服务行业只需通过支付+小程序便可轻松为顾客提供服务，这为传统餐饮行业的服务转型升级提供了全新的思路和方案。

微信一直在强调小程序针对的是线下资源，而现今炒得非常热的新零售是指传统零售通过打通新技术，改变传统业态和工作方法，提升自身的服务水平，扩大服务范围，改变传统销售的发展趋势和工作方法。“附近的小程序”功能在一定程度上改变了传统线下行业向新零售的转变，使得消费者在习惯搜索附近的小程序后，线下门店的客流对于有曝光率的位置的依赖便不再那么高，这节约了门店的选址成本。而且客户在小程序中的预订和购买数据可以为商家提供数字化信息，让小店的进货管理、效能评定等都变得更加简单。

具体来说，“附近的小程序”给新零售带来了一系列变革。

（1）在消费者习惯了搜索附近的门店之后，商店的客流量将不再只依靠地理位置的曝光率，为店铺节省了选址成本。

（2）通过附近门店的展示和综合营销模式，店铺的辐射范围会从附近几百米增加到几千米。

（3）在小程序中可以积累预订、购买等顾客消费数据，提供数字化价值，让店铺可以根据数据信息理性进货、提升坪效。

在 2017 年 5 月之后，上线时间只有 3 个月的小程序，已经陆续推出许多更有利于开发者和用户的功能。微信公布了小程序的 4 个重大变化内容：支持个人注册、打通公众号以及 App、兼容线下二维码等。新增加的几项功能对于开发者而言是非常实用的。

例如，小程序向个体开发者开放之后，在未来的几个月内应该会看到小程序数量和创意的快速增长，有利于微信小程序的生态发展。如今，“附近的小程序”可以和微信公众号打通，而微信公众号菜单绑定、服务号模板消息、二维码能力强化等将会激活更多线上线下流量，降低用户的使用和推广门槛，有助于市场发展与普及。

另外，在微信公众号的推文里面不但可以嵌入小程序，就连文章链接也可以直接连接小程序。基本上可以认为，微信平台已经打通了微信公众号和小程序之间互联互导的最后一个关口，这必定会使线下企业和小程序开发市场获得更多的关注。

微信小程序陆续发布了各种新功能。随着小程序在开发和体验方面的能力持续更新，这在给广大开发者和用户带来便利的同时，也向不少中小企业快速占领小程序市场提出了挑战。对于开发者来说，微信小程序向开发者提供了较为完整的开发平台和工具，而且功能的持续更新让开发更为便捷，这就需要开发者学会更好地利用微信所提供的资源，开发出更有创意和有趣的产品。而对于用户来说，功能的增多使得用户的体验更加完美，而微信小程序还在向着更加完善的体验行进。

1.3　关于小程序方面的答疑解惑

小程序一经推出便引发行业热议，有的人对小程序持以厚望，有的人对小程序抱有疑惑，也有的人对其采取怀疑的态度，还有很多人对于小程序却不太了解，不知道小程序的作用到底是什么，功能有多么强大，和 H5、App、公众号相比到底有什么优势。

当下很多用户仍习惯于使用 App，用户只需在应用商店中找到自己所需的应用，然后下载，便可体验到流畅的应用，那么为什么还要推出内置在微信中的小程序呢？本节就来向大家解答一下以上疑惑。

1.3.1　有了 App，为什么还要小程序

前文已提到，小程序的核心特性便是“即用即走，无须下载”，而“微信之父”张小龙也表示：“大众使用手机的方式还能变得更简单。所有功能都可以在一个应用内实现，不需要下载安装和注册，用完即走，不占空间。”

简单来说，小程序属于微信附带的功能，不需要用户再单独下载程序占据手机内存，它相当于一个轻简的 App，而且在开发了“附近的小程序”功能以后，可以更方便地引流。可以想象一下，当用户去到某个地方时，打开“发现→小程序→附近的小程序”，就可以看见所处位置附近所有注册门店的小程序，就可以进行快捷消费。而且微信小程序有快捷方便的分享功能，能够让消费者把门店信息分享给更多的好友，因此形成二次转化，带来更多的客流量。

小程序这种应用方式一经推出，便有人猜测小程序将会取代 App，成为大众

主要的应用方式。但小程序的定位显然并不是取代 App 的位置，而是寻求为用户提供更好的服务和应用的核心价值与利益。

比如，对于一些不常出差的人来说，订票或酒店预订等出行类的 App 属于手机里的低频应用，用户并不会经常用到它们，但卸载完之后又可能会用到。而小程序的出现则解决了这类用户的烦恼。当用户有需要的时候，只需在微信里搜一搜、扫一扫即可解决诉求，这种触手可及、用完即走的应用方式免去了用户专门到应用商店下载、安装、注册、登录等一系列过程。

另外，小程序的界面内容和功能通常比原生 App 要简单得多，而且有了这些"小程序"以后，软件的操作更加简单方便，也不再需要因为使用频率问题安装和卸载 App，不用考虑 App 的内存大小问题，实现了"用完就走"的理念。App 和小程序的区别如图 1-7 所示。

因此，App 和小程序无论是在内存上还是在用户体验上都不在一个档次。虽然目前小程序的数量还比较少，但是其发展前景非常大。而且，小程序还可以为 App 的功能产生更多的价值。

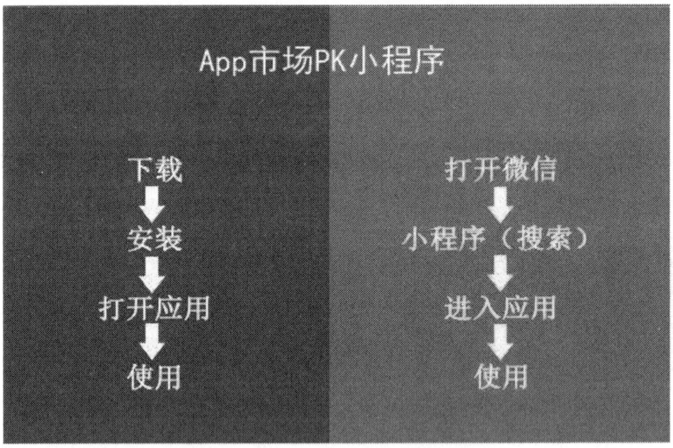

图 1-7　App 和小程序的区别

1. 形成 App 的另一个营销入口

这种情况在很多比较大的 App 平台所开发的微信小程序上都可以看见，虽然它可以通过小程序完成各项服务，但是也会引导用户下载 App 体验更多的服务。

比如京东、美团外卖、58 到家，有了微信小程序，依然会引导用户下载 App 来获得更多服务，因为小程序现在只支持 2MB 以内的大小。

2．成为 App 的一个补充

由于小程序的即开即用，所以原有的 App 可以利用小程序形成即时化的使用场景体验，让小程序成为 App 的补充内容。

比如生活 O2O 类的 App，如果可以和线下渠道形成合作，就会形成很好的互补效果。

3．小程序发展的长远价值

从长久的发展来看，如果 App 平台有效利用自身的用户基数，并且能够较早地切入小程序中，则将会更稳固地占据移动互联网市场。

无论是媒体还是技术，小程序都有着颠覆性的趋势，在未来的发展中，小程序将会被更多的用户所接受。

4．App 的一个简版

成为 App 的一个简版是目前很多 App 平台小程序的发展方向。一个内存较大的平台级产品对于用户来说终究是不太方便的，而且用户使用的数量也有限，如果能够将 App 中最有效的功能通过小程序展现给用户，那也是一件非常好的事情。用户可以把 App 卸载，但是依旧会使用小程序，那么依然是平台的用户，并没有发生什么变化。

下面以小程序首批内测企业中的同程旅游为例，具体讲一下 App 与小程序有哪些区别。同程旅游在小程序功能刚开放时便推出了自己的同程旅游小程序，从图 1-8 中可以看出，同程旅游的 App 和它的小程序还是有很大区别的。

同程旅游小程序中保留了 App 中的火车票、飞机票、汽车票查询和预订，以及酒店、景点等查询和推荐入口。在行程页面，小程序还可实时追踪用户的行程动态。在订单页面，用户可查看自己的购票详情并参与同程推出的优惠活动。

相较于小程序，同程旅游的 App 则显示了更多的功能和资讯。除小程序中保留的核心功能以外，App 中还设置有电影票、小交通以及微社区等服务。

同程旅游高级副总裁王强表示："同程致力于打造不同场景的差异化服务，将对旗下产品做全线智慧升级，以更丰富多元的产品依托小程序，领跑智慧出行。"同程旅游小程序的开放便为用户打造了差异化的服务，为用户提供了更多使用场景，提升了用户体验。比如在汽车站，用户可通过同程旅游小程序实现扫码购票进站，而无须下载 App，体验更加畅快的出行；在火车站，可以实现更加快捷高效的火车票预订，并且可享受高品质的 VIP 候车厅服务；在机场，同程旅游小程序将整合现有的机票业务，使其实现高度的系统化。据了解，同程旅游将以贵宾厅的扫码体验为发力点，为用户提供机场餐食、扫码订票一体化服务，打造机场场景的创新式体验。

图 1-8　同程旅游 App 和同程旅游小程序界面对比

通过对比同程旅游的 App 和小程序可以看出，App 可为用户提供更加多样化和综合化的服务，更容易使用户产生应用黏性；而小程序则突出了它的即时性和场景性，更有利为用户提供针对不同使用场景的差异化快捷服务。因此，小程序以其自身的轻、小、快和无须下载安装俘获了用户快速消费的需求，但这并不意味着小程序可以完全取代 App，对于一些高频使用的刚需 App 来说，用户仍需要在其上体验更加多样化的综合式服务。

如今，人们越来越向往简单有效的生活，复杂烦琐的 App 会逐渐被更简单的小程序取代。而且对于很多企业来说，自己不做，必定会有新生者占据优势，这是用户的革命，也是企业的革命。

小程序上线已经有一年多的时间，很难想象，拥有大量用户的微信推出的这个功能究竟牵动了多少人。但对于许多创业者来说，小程序是互联网时代一块新的蛋糕，会有无限的可能。

1.3.2　有了 H5，为什么还要小程序

H5 推出之际，就以其强大的兼容性和极强的视觉捕捉备受开发者的喜爱。开发者通过 H5 搭建的应用和站点可在 PC 端与移动端同时应用，而且在不同的操作系统如 Windows 与 Linux 中也可安装，同样也适配手机的 Android 与 iOS 系统。H5 强大的兼容性显著降低了开发与运营的成本。同时，因其设计感强，图文展示更加精美有趣，还可分享到朋友圈或其他社交媒体渠道，成为备受大家喜爱的营销工具。但拥有如此强劲优势的 H5 相较于小程序来说，仍有一些无法弥补的劣势。

众所周知，传统 H5 的运行环境基于浏览器，包括 WebView；而微信小程序的运行环境却并非完整的浏览器，而是使用了微信基于 WXML 和 JavaScript 定义的一套标记语言。由于浏览器的编程模型用的还是 20 世纪 90 年代流行的单进程单线程（Single Process Single Thread），这导致所有的事情都只能在浏览器的一个线程上来完成。在 PC 端，因为内存较大、运行较快，H5 的编程和运行还没有太多问题；但在移动端，这个弊端便十分明显。

因此，当 H5 应用面对丰富的页面交互或复杂的业务逻辑时，它的体验总是不尽如人意，这也是为什么一旦用户要加载更多的功能，H5 便无法保证运行的流畅了。而且，通过手机浏览器上的网页看新闻时，当浏览很多不同的新闻时，需要很多步才能返回到首页重新打开自己想看的新闻页面，这也是很多用户下载类似于今日头条这样的原生 App 来阅读新闻的原因。H5 页面示例如图 1-9 所示。

从产品角度来看，当公众号内嵌 H5 开发的时候，在微信底部会向用户提供相应的菜单作为功能引导入口，最终还是把用户引入 H5 页面，在用户体验方面和原生 App 开发相比还有一定的差距。

而小程序的运行环境是经过了微信开发团队升级优化的“非完整浏览器”。据相关人士介绍，这种运行环境可能是微信工程师基于浏览器内核重新构建的一个内置解析器，它针对小程序做了专门的优化，并配合自己定义开发的语言标准，提升了小程序运行的流畅性和体验性。而且微信给开发者提供了很多开发工具，这些工具中内置了编程、调试、开发环境以及发布，因此开发者只需按照微信给定的文档进行开发就可以了。这使得开发人员开发一个小程序所需的成本同 H5

差不多，甚至比 H5 更为低廉，但却拥有 H5 无法企及的运行流畅度以及堪比原生 App 的良好体验性。

图 1-9　H5 页面示例

另外，微信为小程序提供了丰富的框架组件和 API 接口可以供开发者调用，包括界面、视图、内容、按钮、导航、多媒体、位置、数据、网络、重力感应等。在内容组件和接口的帮助下，小程序的运行流畅度基本和 App 一致，极大地提高了用户体验。部分小程序界面如图 1-10 所示。

从开发的角度来看，无论是 App 还是 H5，它们的服务器端都一样，这里就不再加以讨论。

随着 H5 游戏的兴起，越来越多的人对这个新兴的游戏类型产生了兴趣。而微信则宣布小程序在 2017 年 1 月 9 日上线，小程序是微信在 H5 技术的基础上开发的一种新型的公众号类型，受到了业界的广泛关注。

那就有人不明白了，微信小程序与 H5 都是在 H5 技术的基础上研发出来的，它们之间到底有什么不同？为什么有了 H5，还要开发小程序呢？下面从 4 个方面进行介绍。

图 1-10　部分小程序界面

1．运行环境的不同

传统 H5 的运行环境是浏览器，包括 WebView；而小程序的运行环境却不是完整的浏览器。

小程序在开发过程中会用到部分与 H5 相关的技术，但并不是全部。而且，小程序最后的发布上线需要经过微信平台审核，微信在不更新自身软件系统的条件下将小程序加入自身软件内，使人联想到 React Native 框架，并且已经有部分小程序开发者在开发工具源码中使用了 React 和 NodeWebkit 库。

在官方文档中特别强调了在脚本内没有办法使用浏览器中通常用到的 window 对象和 document 对象。

因此，微信小程序的运行环境有很大可能是微信开发团队在浏览器内核的基础上完全重建的一个内置解析器，针对小程序的类型和功能做了专门的优化，结合自身定义的开发语言标准，提升了小程序的性能。

2. 开发成本的不同

当开发者面临一个 H5 Web 开发需求时，需要考虑什么问题呢？除去开发工具（VSCode、Sublim Text、Atom 等），大到前端框架（Angular、React、Vue、Backbone 等）、模块管理工具（Webpack、Browserify 等）、任务管理工具（Grunt、Gulp 等），小到 UI 库的选择、接口调用工具（AJAX、Fetch API 等）、浏览器兼容性等，都需要一一考虑，最不济用 jQuery 插件来写 H5，也需要在开发过程中寻找合适的 jQuery 插件来配合项目的运行。

虽然这些工具具有很高的可定制性，极大地提高了开发者的开发效率，但是项目开发的配置工作需要消耗大量的精力。尽管大多数开发者都有自己的配置模板，但是在各个项目中使用的各种外部库的版本会不断地迭代，版本也会随着科技发展而不断升级，会产生大量的成本。

而对于微信小程序的开发，微信团队为开发者提供了开发工具，而且规范了开发标准，前端开发常用的 HTML、CSS 变成了微信平台自定义的 WXML、WXSS。尽管 WXML 中都是自定义标签，但官方文档中有详细的使用说明，对于开发者来说是很容易掌握的。WXSS、JSON 和 JavaScript 文件中的写法稍有限制，但是整体差别不大。

在统一开发标准之后，开发者只需要专注于写代码就可以了：当需要调用后端接口时，调用发起请求 API；当需要上传下载时，调用上传下载 API；当需要数据缓存时，调用本地存储 API，插入地图、使用罗盘、调用支付等功能都可以直接使用。

在 UI 库方面，框架自带 WeUI 库加成，而且在使用这些 API 时，开发者不用再考虑浏览器的兼容性，也不必担心生产环境中出现无法预料的 Bug。因此，微信小程序的开发成本要比以往的 H5 开发低得多。

3. 获取系统权限的不同

微信小程序和 H5 Web 应用相比能获取更多的系统权限，比如网络通信状态、数据缓存能力等。微信小程序可以和这些系统权限进行无缝衔接，也就是官方所说的具有 Native App 的流畅性，而这一功能正是 H5 Web 应用经常被诟病的地方，也是 H5 的大多使用场景被定位为业务逻辑简单、功能单一的原因。

4．应用在生产环境中的运行流畅度不同

流畅度不管是对于用户还是开发者，都是非常直观的感受。长期以来，在 H5 应用面对复杂的业务逻辑或者比较烦琐的页面交互时，它的用户体验总是不太好，需要不断地进行项目优化来提升用户体验。

而微信小程序的运行环境独立，虽然同样用 HTML+CSS+JavaScript 开发，但是配合微信解析器最终渲染出来的是原生组件的效果，在用户体验上更进一步。

下面以网易旗下推出的新闻类小程序网易新闻精选为例，它为用户提供了即时精准的新闻服务，用户只需下拉刷新便可获取最新新闻。同时网易新闻的小程序还设置有独家模块，可让用户快速体验到独家新闻。网易新闻精选的界面如图 1-11 所示。

图 1-11　网易新闻精选界面

用户在使用精选读新闻时，点击自己想读的新闻便可加载到新闻页面，点击手机的返回键便又回到最开始的界面。这种流畅的体验类似于原生 App，而不会

像 H5 网页那样在点击手机的返回键时返回的是上一个访问的新闻页面，从而导致用户不能快速地读到自己想读的新闻。

总的来说，微信小程序拥有比 H5 更加稳定流畅的运行效能，而且在开发成本和用户体验上拥有更大的优势。目前，随着微信小程序的功能和开放的权限仍在不断更新，届时将会给开发者和用户提供一个更为全新的应用平台。

1.3.3 有了公众号，为什么还要小程序

2016 年 1 月 11 日，张小龙在微信公开课上公开亮相，为大家解读了微信始终以用户为本的价值观。他指出，越来越多的产品通过公众号来做，因为这里开发、获取用户和传播成本更低。但是拆分出来的服务号并没有提供更好的服务，所以微信内部正在研究新的形态，叫“微信应用号”。而当时所说的应用号就是现在的微信小程序。

公众号自 2012 年 8 月 23 日正式上线以来，已经过了近 5 年的发展，其形态和业态分布也已趋于成熟。服务号每月有 4 次向用户推送的机会，并且支持微信支付；订阅号每天有 1 次推送机会，但不支持微信支付。虽然公众号尤其是服务号的目的是为用户提供服务，但公众号所基于的技术同其所能实现的功能以及越来越僵化的服务形态使得小程序的推出十分必要。

公众号借助 H5 能够实现同用户简单的交互，主要用于信息的传递以及人与信息推送主体的连接，因此公众号主要用于信息的传递和订阅以及营销。而小程序在功能上与公众号有严格的区别，它既不能被关注，也不能分享到朋友圈，而且也不能向用户推送消息，没有同公众号相互跳转的入口。这些“限制”看似切断了小程序与用户之间的联系，但却使得产品与服务免受在公众号中的过度营销。

张小龙在谈及小程序与公众号的关系时表示：“小程序不会像订阅号，如果你做一个小程序，不能依赖我的目的是要收获多少粉丝，粉丝并不意味着访问量，并不是说你有足够多的粉丝就有足够大的访问量。对于小程序来说，它同用户的关系只有一种访问的关系，而不是一种粉丝的关系，所以它跟公众号从本质上来说是截然不同的。小程序不是一种公众号，它是一种新的形态。”

小程序是微信继订阅号、服务号后新推出的一款战略级产品，是一种不需要

下载安装、不需要关注就可以使用的应用，用户只需要打开微信扫一扫就能进入程序内。

虽然小程序与公众号的功能不同，但因为很多的公众号和小程序其实是由同一家企业开发的，所以在小程序推出早期，微信官方就表示它们应该有某种关联：用户可以在公众号里面看到做这个公众号的企业还做了哪些小程序，或者用户在一个小程序里面也可以看到做这个小程序的企业还做了哪些公众号。

很显然，虽然微信官方声称二者之间有某种关联，但由于二者之间不能相互跳转，因此实际上二者仍是相互独立的。而经过几个月的运行之后，微信进一步打通了二者之间的联系：公众号可关联不同主体的 3 个小程序、可关联同一主体的 10 个小程序、同一个小程序可关联最多 3 个公众号、对所有公众号开放关联小程序的能力。已关联的小程序可被使用在公众号自定义菜单、模板消息等场景中，而且公众号可通过蓝色文字链接或图片的方式关联到小程序。互动吧公众号与小程序对接入口页面如图 1-12 所示。

图 1-12　互动吧公众号与小程序对接入口页面

小程序作为微信生态圈中的重要一环，其与公众号的关系应该是协同并行的，公众号通过向用户发送内容和消息构建一个自媒体圈，而小程序则通过为用户提供快速到达的服务来满足用户的需求和价值体验。随着微信官方不断推出连接二者的新功能，小程序和公众号的协同关系将会更上一层楼，同时也会为用户提供一个整合度更高的微信生态圈。

很多人都关注了比较多的公众号，而且随着微信开发团队的不断创新，公众号的服务内容也越来越多。那么，小程序与订阅号、服务号有什么区别呢？

1. 无须关注就能使用

不需要关注有很大的优势，顾客可以没有顾虑地使用程序，不用纠结到底要不要关注、关注的账号会不会太多。在很多情况下，用户在需要使用时会关注公众号，但在使用结束后就会取消关注。

2. 没有内容推送

所有公众号都有群发信息的功能。而小程序只是一个纯粹的工具，不能向用户群发消息，只能推送顾客最需要的服务模板信息，不会对用户造成较大的干扰和影响。

3. 体验更流畅

公众号的开发都是在 H5 的开发语言基础上实现的，H5 具有开发简单、时间短等特点，但是用户体验不流畅，经常会出现类似于网络慢需要等待加载的状况。

而微信小程序是利用微信平台提供的源生架构开发的，信息加载更加流畅，用户体验远远优于公众号。微信小程序和公众号产品适用领域和功能比较如表 1-1 所示。

表 1-1　微信小程序和公众号产品适用领域和功能比较

	微信小程序	微信公众号
适用于	生活服务类场景小应用：低频、非刚需场景的长尾服务	企业微站、内容媒体、微商、客服
不太适用于	大而全的应用：平台级产品，不可开发直播、游戏、测试类产品	强交互实时通信类，如直播、游戏、金融类体验不佳
包含功能	小程序所支持的组件及接口	HTML5 所能达到的功能及微信公众号自身开放的部分 JSSDK 功能（如支付、定位、扫码等）

续表

	微信小程序	微信公众号
功能局限	依赖微信小程序的开放功能，无法开发尚不支持的功能（例如，扫一扫、直播等）	首先，对于调用手机设备的功能有局限；其次，WebView 浏览器框架无法实现原生 App 的优质体验

随着订阅号&服务号的不断增加，公众号逐渐泛滥。有许多公众号都没有专业的运营团队以及维护人员，很难创造出特别优质的内容吸引消费者的目光。它们产生的信息也就变成了无效的垃圾信息，往往会在有意无意之中打扰到用户，所以关注的用户人数越来越少。

服务号出现原本是为了将服务连接到微信上来，但是对于很多实体店而言，并没有将服务号的作用发挥出来。

从形式上看，服务号与订阅号非常相似，有很多用户分不清订阅号与服务号的区别。而且服务号和订阅号一样都需要顾客先关注账号，但在关注后却往往不能获得有效信息。另外，许多服务号没有融入商铺之中，脱离了实际的服务场景，不能给用户提供过多的实际价值。

以餐饮行业为例，很多餐厅都使用服务号来做电子会员，一般先通过一定的优惠条件或者促销手段吸引顾客关注服务号，然后需要顾客在服务号中填写个人信息，在会员储值后消费时需要出示店铺的会员卡，如果顾客要使用优惠券还需要出示手机找到二维码给收银员核验，这是一个特别麻烦的过程。

在小程序开发之后，情况就大不一样了。用户可以通过扫描二维码进入小程序中一键领取、注册、激活会员卡，简单快速成为新会员，比原有流程更加简单快捷。对于老会员来说，在扫描二维码使用小程序支付时，系统会自动识别顾客的会员身份，为顾客推送专属的消费积分、积分领代金券、消费折扣等会员专属权益，顾客不用复杂的操作就可以直接优惠买单。会员体验更好了，会员拉动的持续消费也会增多。

做电商的人群中，有很多是利用公众号推广产品并销售产品的。不过，这类电商朋友应该会有这样的烦恼：在公众号文章中要想插入一个跳转到微店或微商城的链接，微信是不允许的，结果跳转失败。只能在文章的结尾写一句“如需购买，请点击左下‘阅读原文’进入微商城购买”。在这种转化模式下，用户的转化率必定会很不理想。

而微信小程序解决了这个问题，小程序可以直接插入文章里，再也不用担心什么微商城、微店等会被微信官方屏蔽或者无法跳转的情况了。用户在阅读文章时就可以直接点击进入购买。

小程序“体量轻、加载快、方便易用”等无可替代的特性决定了小程序的用户体验会明显优于公众号，再加上小程序能力的不断开放，注定了小程序会成为未来用户的选择。因此，对于电商及实体店来说，即使现在已经有了公众号，还是要做小程序的，小程序必将成为未来的用户集聚地。

第 2 章

盈利模式定位：短、平、快

微信小程序一经推出，很多人就一直在讨论它的盈利模式是什么、怎么通过小程序赚到钱。众所周知，到目前为止，小程序不能分享到朋友圈，而且小程序新增的功能虽然允许商家向用户推送消息，但只能使用微信提供的“模板消息”接口，而且消息内容多为通知类。微信官方对于小程序如此严格的限制让小程序的推广和盈利无法像公众号那样依靠流量的导入来实现。因此，流量的归集和积累对于小程序来说已不再适合，小程序应该采取短、平、快的盈利模式，力求在最短的时间内便能够让用户感受到功能价值，不拐弯抹角地向用户获取收费，而是尽可能快速地解决用户的痛点、满足用户的需求。如此一来，当用户充分地感受到你的小程序所带来的价值时，便会更加甘愿为你提供的服务付费。本章就来看一下小程序有哪些盈利的方式。

2.1 小程序有哪些“盈利点”

小程序的出现被很多人认为是腾讯进一步向电商化行进的重要战略布局，但腾讯官方一直对此讳莫如深。无论腾讯本身对小程序所持的态度如何，小程序以其连接万物的强大特性，商业化趋势定会越来越显著。如同张小龙所说：“商业存在于无形之中”，这可能是张小龙对于小程序商业化的暗许和期待。下面就小程序可能催生的几大利益领域来看看小程序的盈利点有哪些。

2.1.1 小程序教育培训

前文提到，随着现今的 App 市场进入白热化地带，开发人员在 App 市场上立足所需的成本越来越高，一位开发人员为维持 App 的运营也越来越难。而小程序为中小企业和创业者提供给了更为简单、成本低廉的开发平台，并且作为微信重点推出的一项功能，依托微信巨大的流量和用户量级，使得许多开发人员相继涌入小程序的开发中来。另外，随着微信向个人开放小程序的开发平台，更是引发了越来越多的个人或团体加入这一开发行列中来。有人预测，今后将会是一个全民开发的时代。

虽然微信为小程序的开发人员提供了接口、组件以及大量的开发工具，使得小程序开发的技术门槛进一步降低，但小程序的开发有其自身特定的语言标签和程序环境，更何况，微信新增的个人可申请小程序功能将会引发越来越多的新手参与进来。可想而知，如果能够为这些开发人员提供教育培训活动，教授他们微信小程序开发的语言和规则，凭此向学员收取教育和培训费用，那么这一行业的商业前景将会是巨大的。

很多人经常听到类似的话：“错过了公众号，你还会错过小程序吗？”因此，小程序作为一个新兴的领域，必将成为众多开发者占领的高地，而且快速地占领和部署是创业者抢占这一拨微信红利的必经之路。

小程序虽然进一步降低了技术门槛，开发人员只需付出更低的开发成本和更少的开发时间就可以开发出一款小程序，而且由于小程序使用的开发语言并不需要考虑不同版本的问题，从而受到很多创业者的青睐，但小程序的开发却并不使用现在开发人员常规使用的开发语言，因为微信专门为小程序设计了一套标签语言，能够结合微信为开发人员开放的接口和组件以及一些相关的系统权限。因此，不仅仅对于新手而言需要学习小程序的开发制作，对于那些已在程序开发行业具有一定专业水准的程序员来说，同样需要学习小程序的开发语言和开发设计方面的知识。

因此，小程序的教育培训市场拥有巨大的潜能，而且培训的人群不仅仅包含那些面对小程序的红利想要加入小程序的开发设计中来的初创人员，还包括那些已在 App 开发或 H5 开发方面拥有一定开发经验的开发人员。这些人会参与小程序的教育培训不仅是为了学习小程序的开发制作，更重要的是为自己增加在移动互联时代更为具有生存优势的技能和水准。

其实，已经有很多培训企业率先看到了这一商机，并迅速开展了小程序的教育培训工作。西线学院的微信小程序培训宣传图如图 2-1 所示。

图 2-1　西线学院的微信小程序培训宣传图

西线学院是一家线下微信小程序培训机构，早在小程序内测阶段，西线学院就已经开始准备小程序相关培训之类的课程，以为学员提供专业化的教育培训为指导，并率先推出了自己的课程大纲，如图 2-2 所示。

从课程设置来看，西线学院采用了理论教学和实战培训相结合的培训方法，并重点主打实战培训，聘请移动开发领域内的专业资深程序师来为学员做现场指导。这不仅能够让零基础的学员快速掌握小程序构建的方法，还能让行业内的程序员结识更多资深程序师，进一步提高自身的专业技能水平。

西线学院作为一家已在互联网行业拥有较深培训资历的培训机构，积极部署小程序的教育培训无疑是一个正确的选择，但是对于一些较小的培训机构来说同样可以进行相关的培训工作。此时，这些较小的培训机构可以针对不同的客户和需求来做一些较为短期或更具针对性的教育培训，如只在周末开设课程，或只针对零基础的学员等。

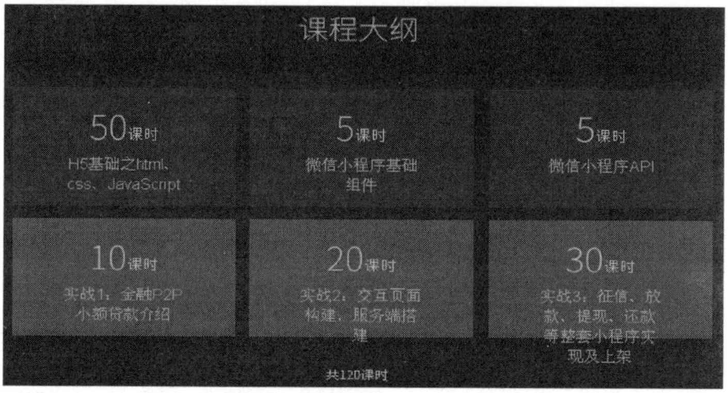

图 2-2　西线学院课程大纲

当然，现如今不仅仅是专业的培训机构可以开设培训课程，很多小程序相关学习和研讨类的论坛如青雀论坛、白鹭时代等平台不仅为小程序开发者提供课程指导，还向他们提供一些小程序开发工具。这类平台可以针对开发者特殊的需求提供特别的指导和服务，从中可以赚取一些培训的费用。

小程序的设计和开发工作将会是以后创业者和开发人员争夺的高地，为这些人员提供优质且实用性强的教育培训是培训机构需要考虑和发展的一个方向。因此，紧跟微信小程序的发展动态，根据小程序不断新增的功能为学员提供更加有针对性和实战性的培训服务，是培训机构接下来需要做的工作。

2.1.2　线下垂直服务

自小程序推出以来，线下就一直是小程序瞄准的一个发展方向。微信官方更是不止一次强调，希望更多的线下实体店使用小程序。因此，通过小程序将线下资源同线上打通，依靠小程序来为用户提供更加优质的服务，对于提供线下垂直服务的企业来说，无疑是一次提升自身服务水平、提高盈利能力的商业机会。

自互联网发展以来，电商化的趋势已成为现今商业的常规形态，很多行业和领域都在电商化，向线上发展，一时造成了线上资源大丰富、线下实体店受到冷落的局面。面对这种局面，有人提出要线上线下协同发展，这就是盛极一时的

O2O 模式。但这种沟通线上线下的模式被炒了很多年，仍有很多人不懂到底什么是 O2O、应该怎么布局 O2O。这一方面是由于用户习惯还没有养成，供应链和配送服务还不到位，另一方面是因为很多线下资源并没有一个很好的工具和平台去支持它们进行线上的连接。因此，小程序便捷的线上入口及其巨大的用户量级为线下资源向线上的导向提供了一个绝佳的平台。

例如，微信官方团队所开发的微信智慧工坊开启了餐饮线下消费场景的全新尝试和拓展应用，解决了餐饮行业通常会遇到的排队、点餐、支付、外卖等问题，让餐饮行业借助小程序的功能实现高效运营。

智慧工坊除可以通过线下扫码进入小程序外，还允许用户在使用微信支付后直接进入商家的小程序。也就是说，只要顾客在店铺里进行了消费，并且使用微信支付付款，就可以直接进入小程序，这帮助商家进一步延伸了服务和营销，让每一位进店消费的顾客都有可能成为商家小程序里的用户。

此外，智慧工坊还促进了支付和会员系统的整合，会员系统成为支付流量的重要出口，为商家提供了全新的会员运营管理系统。商家可以在会员系统里设置个性化会员主页、精准发券、参与与会员互动等，为实现商家后续的精细化营销提供了可能。对于用户来说，则可以在小程序中查看会员卡、积分变动、新增卡券等信息。

老乡鸡作为第一批使用智慧工坊的商家，利用小程序提供的支付与会员能力，为顾客提供了高质量的点餐及外卖服务。老乡鸡的小程序界面如图 2-3 所示。

老乡鸡为进一步服务持续增长的顾客，把外卖服务整合到小程序上，从而实现了点餐、支付、订单查询及外卖等服务。老乡鸡借助小程序对用户的消费偏好、消费行为及消费习惯等数据进行分析，以便为顾客提供更为精准化的营销服务。而且，老乡鸡还将与门店的运营、管理、营销等方面全面打通，让小程序实现与门店生意的无缝对接，为品牌创造更大价值。

智慧工坊是微信官方针对传统餐饮行业开发一个智能餐饮服务系统，而在餐饮行业以外，还有更多的线下资源将连接到线上。微信官方表示，任何一个你可以想象到的线下场景都可以同小程序相结合。因此，利用小程序为用户提供更好的服务将会改变线下门店的运营和营销方式，帮助商家进一步提升服务质量，创造更大的服务价值。

图 2-3　老乡鸡的小程序界面

2.1.3　创新使用场景

在微信公众号时代，人人都能运营属于自己的公众号，从而人人都可能成为自媒体，这种自媒体属性对传统的纸媒和网媒造成了极大的冲击，并改变了人们需求内容的方式和习惯。而在小程序时代，则是人人都有机会成为一个服务的入口，并且每个场景都有可能成为为用户提供服务的入口。这就是微信小程序所提供的巨大机遇。

在小程序推出之前，很多企业都是通过“服务号+H5”的方式来连接线下的商业场景的，但是经过实践证明，这种服务模式并不是很成功，而这也是微信推出小程序的一个重要原因。服务号不成功的原因除用户体验不佳外，还因为这种商业模式本身与线下消费的场景不匹配、不契合。

以餐饮行业为例：点餐场景需要即时的响应速度，点餐服务必须保证从选择菜品到下单支付都有着非常流畅的体验。但现有的“服务号+H5”模式每一步都需要联网加载，并且流畅性非常不好。在快消费时代，如果用户不能在消费场景中拥有流畅到极致的服务体验，那么这种服务系统必将被抛弃。

因此，为弥补服务号无法带来的极致服务体验，微信推出了更加轻便流畅的小程序。在微信 2017 年公开课中，张小龙就已明确指出，小程序最大的入口就是线下场景化的运用。并且在微信官方最近几次公布的消息里，都给我们推荐了不少典型的使用场景，如公交出行场景、股票查看场景、旅游场景等。

从小程序自身的特性以及张小龙的期待中可以预测，未来可能是场景化极大发展的时代。为此，微信在小程序开发上降低了技术准入门槛，并鼓励人人都参与到小程序的开发中来，为用户提供更优质、更有价值的服务。小程序的前景似乎一片光明，加入这一行业似乎就能够带来收益，但事实远非如此。因为当门槛降低，所有人都可能涌入的时候，产品和服务的创新性及差异化便成为区分不同小程序的关键因素。而按照微信官方的说法，未来小程序最大的增长点将会是对使用场景的创新。

比如，路边或商场停车缴费的场景。停车缴费对很多人来说是很头疼的事情，若要碰上高峰期则往往会耽误 10～20 分钟。但如果只需扫一个小程序就能轻松搞定，则无疑会使很多车主受益。目前已经有宜停车 App、小猫 App 等提供类似的服务，但需要提前充值并下载。虽然关注公号也可进行缴费，但很少会有人经常打开公众号进行缴费。因此，在这类使用场景上设计开发小程序可以为车主节约时间，让出行更加顺畅。

另外，有些人发现微信小程序所使用的不同于 HTTP 的 WebSocket 通信可以实现双向实时通信，便猜测微信的后端服务和小程序、小程序和小程序之间都可以相互感知，或者相互发送指令。虽然微信现在并不支持小程序进行点对点的通信，但一旦允许便能够催生出更多本地化的使用场景。比如，一个点餐的小程序可以直接给滴滴打车的小程序发送指令，启动从当前餐厅位置到公司或回家的路线，并使用滴滴打车的小程序完成叫车服务。

小程序的线下场景化运用意在为用户提供更多便捷的服务和新奇的玩法。同时，开发更多创新性的使用场景也是企业或个人占领小程序市场的必备法宝。小程序开发者只有专注于为用户提供有价值的服务，才能在生活的方方面面中寻找到那些具有创新性的使用场景。

2.1.4 小程序周边支持产品

18～19 世纪是美国淘金活动盛行的时期，很多人都涌入了淘金浪潮中，但却很少有人是因为真的淘到了黄金而发财的，反而是那些为淘金的人们提供水和食物的人赚到了钱。再比如电刚盛行的时候，很多人涌入了电力行业，但最后反而是那些开发与电相关的产品的公司获取了大量的财富。因此，小程序这一生态虽然是一个香饽饽，很多人都想跳进这个领域内捞利，但以往很多事例提醒我们，可以把眼光往小程序的周边扩展，看看与小程序相关的周边有什么可以做的产品或服务。下面就以第三方测评机构为例来展示与小程序相关的周边服务所具有的发展前景。

微信小程序作为目前极具发展前景的创业项目之一，受到了来自各方的关注和评论。并且微信官方从来没有停止过对于小程序功能的更新以及开放程度的扩大，这表明小程序备受微信的推崇和重视。不仅如此，在小程序正式上线之前，行为风格一直很低调的张小龙就在微信公开课上为人们较为详细地讲解了小程序，并且腾讯 CEO 马化腾也曾多次在公开场合提及微信小程序。因此，微信小程序定会在未来很长一段时间内持续受到人们的关注，为微信小程序做测评、推荐或评论不失为一个很好的商业机会。

随着小程序进入全民开发的阶段，以后可能会有数量庞大的、形形色色的微信小程序上线。由于小程序目前并没有一个搜索和排行中心，用户在未使用小程序的情况下很难判断出小程序的好用与否，而且小程序的这种使用方式还会造成用户无法找到更为优质的小程序的窘境。因此，第三方测评和推荐机构在小程序市场上便显得尤为重要。可以做一个微信小程序测评的平台，用公正化的数据测评来为广大小程序用户提供一个类似 App Store 中应用排行榜的小程序排行榜，这对于用户和测评机构来说可能都会从中获益。

小程序作为诸多创业者想要跳入的一片蓝海，其无论是对于那些想要开发运营的创业者，还是对于那些想要借助小程序做周边服务的人来说，都有可能赚取到这场红利盛宴中的第一桶金。与小程序相关的周边支持产品还有很多，这需要有心的人去观察和发现，也有赖于小程序这个生态的进一步发展。总之，只要能够具有服务价值，就能够在小程序的这片大田野上放声高歌。

2.2　直接付费盈利

利用小程序来赚取利益是每个做小程序的企业或个人的最终目的，而小程序作为微信生态中的一部分，肯定不会大张旗鼓地鼓励小程序开发者向用户收费。众所周知，腾讯一直在布局电商化，但没有收到很好的效果。此次小程序的推出给电商类的企业或个人提供了一个更加流畅和专业化的平台，因此有人预测，电商类的小程序将会是小程序品类中的一大类。下面就电商类的盈利模式来看一下小程序中的电商如何盈利。

2.2.1　现付：O2O、电商类

众所周知，互联网的主要盈利方式依靠游戏、电商和广告。而到目前为止，小程序并不支持游戏类小程序的开发，并且为了给用户提供良好的使用体验，微信一直对广告限制得很严格，因此小程序中最赚钱的部分就剩下电商和 O2O 类了。

而电商行业在中国经过近 20 年的发展，行业格局在经过几番血洗之后已经大致稳定成型，几大电商巨头如阿里巴巴、京东等已对电商行业形成垄断之势，电商行业的准入门槛和成本也越来越高。因此，一些企业和个人不堪越来越贵的流量成本的重负而纷纷转战其他平台。这两年盛极一时的微商便是对此的最好写照。微商虽然也依托微信，但由于微信并没有为他们提供一个拥有较好生态的平台，微商的发展在经过暴利期之后便衰落下来。而小程序的出现则为众多电商提供了一个新的平台和更加公平的竞争机会。

而且随着移动社交时代的到来，电商的发展也逐渐涉及更多的移动社交因素，如蘑菇街推出的“分享+社交+网红”模式。现在的电商平台已经开始从之前的展示性购物向内容和分享性驱动购物转变，例如，淘宝推出了淘宝头条，用内容来吸引顾客，提高流量的转化率。而微信天然有着内容+社交的基因，因此，小程序电商要紧紧抓住这两个关键因素，并开展多场景的营销活动，提高流量导入能力。

根据博卡精选榜公布的最受欢迎的 100 个小程序名单，电商类排名最靠前的为 Coolbuy 玩物志，它的小程序界面如图 2-4 所示。

图 2-4　Coolbuy 玩物志的小程序界面

Coolbuy 玩物志保留了电商类 App 的主要功能，让用户在小程序内就能完成购买。从 Coolbuy 玩物志提供的商品来看，中高端产品是其主要的经营品类，它们拥有较高的产品品质，这有利于其进行口碑营销。

当然，微信小程序虽然给电商提供了一个平台，但并不意味着小程序成了电商商家的救命稻草。在微信小程序无入口的去中心化结构模式下，商家要想在这场新一轮的博弈浪潮中挺身突围，其关键因素还是需要商家的产品和服务质量过硬，同时还要深刻理解电商与小程序以及微信这个生态圈的关系。当商家积累了一定的信誉和口碑后，便有机会让自身成为微信用户的常用小程序，从而创造更多的品牌价值。

2.2.2　预付：内容电商、内容付费

根据张小龙在 2017 微信公开课上首次对小程序的解读可知，微信小程序在推出之际对于公众号和小程序的关联为：用户可以在公众号里面看到做这个公众号的同一家企业还做了哪些小程序，或者用户在一个小程序里面也可以看到做这

个小程序的企业还做了哪些公众号。这虽然在一定程度上可以造成公众号和小程序的关联，但实际上二者并没有实现真正的跳转。随着外界对于实现公众号和小程序跳转关联的呼声越来越高，微信在 2017 年 4 月开放了公众号和小程序直接跳转的功能。这使得公众号运营者可在公众号页面上设置小程序的接口，也可以在编辑图文消息时将已关联的小程序添加到图文消息中，用户只需点击消息中的链接就能打开小程序，从而真正实现了公众号和小程序的直接跳转。

这项功能的增加无疑为订阅号和服务号提供了一个流量变现的绝佳平台，让公众号能够为粉丝提供更加直接和深度的服务。并且，公众号与小程序形成关联互动可以让公众号的价值更加凸显，激发更多中小企业运营和推广的活力，促进内容电商的进一步发展。

按照张小龙原先的主张，小程序将成为与朋友圈和公众号相并列的第三大流量池。而此次微信将公众号与小程序打通，说明微信已把公众号中的流量入口全面向小程序开发，为用户和小程序运营者增加了极为重要的流量入口。

因此，公众号和小程序生态建设的进一步融合将会为更多的内容电商及自媒体人带来发展机遇。众所周知，在消费逐渐升级的当下，用户不再只是关注产品的性能和价格，传统电商所使用的秒杀、满减、满赠、折扣等方式对消费者的吸引力越来越低，而为消费者提供更有意义的产品内容成为当下电商发展的一大方向。

比如，原先的导购平台“蘑菇街”现如今已发展成为一个社区形式的购物平台，“小红书”凭借其高品质的海外购物笔记分享发展成为一个 UGC（用户原创内容）的社区。而且，传统的电商平台如淘宝也做了微淘和淘宝社区，京东上线了发现及购物圈，内容电商已然成为传统电商发展过程中的一个必经环节。

而公众号的出现为内容电商的发展提供了一个更加广阔的平台，依托微信巨大的流量层级，许多企业和个人纷纷将内容搬到公众号上来实现流量的导入。在过去，内容电商做公众号进行导购时，需要跳转到第三方电商平台或微信商城来实现交易。而现在用户可以不必离开微信，直接从公众号跳转到小程序中，连贯地实现交易及后续服务。这对于内容电商来说，不仅实现了技术上的跨屏购买，提高了用户体验，还可以提高自身的品牌形象，借助小程序完成自身的品牌建设。

例如，导购网站“什么值得买”在原先公众号的基础上同步开发了“值得买京东优选”“值得买购物攻略”和“购物决策助手”三款微信小程序。这三款小程序分别对应交易、内容、工具三个方向，并与公众号版块相呼应，从而完成公众号与小程序的无缝对接。“什么值得买”上线的三款小程序如图 2-5 所示。

图 2-5 “什么值得买”上线的三款小程序

从图 2-5 中可以看出，“值得买京东优选”可为用户提供精选的京东物品，并能够使用户直接在小程序内部实现购物交易；而“值得买购物攻略”是一个购物体验社区，用户在这里可以了解到一些购物技巧和策略，并可以得到一些生活方面的故事和资讯；“购物决策助手”则是一个帮助用户进行购买决策的模块，用户在这里可以解决购物时遇到的一些烦恼，实现轻松满意的购物体验。

虽然公众号与小程序的关联跳转可以帮助内容电商更好地发展用户，实现流量变现，但要想真正留住用户，内容电商的运营者需要进一步地升级和优化内容。此外，随着移动社交时代的到来，随时随地看内容已成为很多用户的生活习惯。因此，做内容的小程序需要思考如何利用图文、音乐、语音或视频来吸引用户、留住用户，最终使得用户愿意为你的内容付费。

2.2.3 京东购物：购物更方便

上文对电商类以及内容电商的盈利模式进行了介绍，下面就以京东商城的微信小程序“京东购物”为例，来看一看电商类小程序的盈利方式。

京东商城作为一家专业的综合网上购物平台，一直秉承以“产品、价格、服务”为核心的经营理念，致力于为消费者提供优质的商品、优惠的价格以及高品质的配送和售后服务。京东商城作为微信首批邀请内测的企业之一，在微信小程序上线之初就推出了自己的微信小程序——京东购物。京东购物小程序保留了京东商城 App 的核心系列功能，用户可以通过京东购物完成商品的搜索、加入购物车、支付以及查看订单等功能。

相比于京东商城 App 以及京东购物在微信上的二级入口，京东购物小程序更加轻便简洁，用户可以无须下载 App 便可以完成交易。而且小程序界面的简洁同时代表着功能的简洁，虽然京东购物小程序切去了一些功能，如发现，但如此简洁的设计能够让用户发挥更多的购物想象力，在小程序中只选择自己需要的产品，从而快速完成购物体验。京东购物小程序和京东商城 App 的界面如图 2-6 所示。

图 2-6　京东购物小程序和京东商城 App 的界面

京东购物小程序在最初推出期间，界面上只显示搜索功能，后来增加了一些不影响其简洁性的“发现京东好券”模块，给用户提供了参与消费优惠的机会。

用户在搜索栏中输入自己想要的商品，便可得到商品列表，例如输入手机，便会出现各大品牌的手机。用户可按照综合、销量、价格这三个维度对商品列表进行排列，从而更为方便地得到自己想要的产品。此外，京东购物小程序完善了用户想要查看更多商品的需求，用户点击某个商品便可进入经营这个商品的店铺，查看这家店铺中的更多宝贝。

京东商城除推出自己的微信小程序京东购物之外，还支持为合作品牌商免费开发定制的京东旗舰店小程序，帮助合作伙伴更好地实现线上和线下的场景连接。

比如京东首批帮助开发的 6 家品牌旗舰店小程序分别为：天王表、3M 净水、百草味、口水娃、ileven、淘豆。同时，京东商城还与上文提到的内容电商导购平台“什么值得买”联合推出了“值得买京东优选”小程序，为用户提供精心挑选之后的优质商品。京东所推出的这些举措不仅让消费者的购物更加方便快捷，还实现了用户和商品供求的跨平台融合，用户可以随时随地通过京东购物小程序下单，而京东则会根据用户位置选择离用户最近的仓库为其发货，让用户享受到由京东提供的优质配送服务。

京东购物小程序目前虽然还只能提供较为简易的购物交易流程，无法实现其他更多的功能，但京东购物小程序的出现确实简化了用户购物的流程，让用户能够方便快捷地实现购物交易。而且，京东购物小程序还在不断完善中，未来其能够为用户展现怎样的功能和购物体验，让我们拭目以待。

2.3 间接付费盈利

微信小程序作为一个旨在为用户提供更好的价值和服务的平台，其囊括的种类不仅仅包括可实现直接付费盈利的内容和电商类。根据微信公布的小程序服务范围可知，小程序的开发领域涉及电商、商业服务、政府和公益服务、工具类、生活服务、富媒体等服务品类。因此，小程序的盈利空间并不止于直接付费的形式，其隐藏的商机和盈利方式还有很多。下面就来看一看小程序在间接付费盈利的形式上有哪些盈利机遇。

2.3.1　提供服务促成交

在如今商业化与信息化结合日益紧密的时代，商务活动的各个环节都需要电子信息的参与。随着移动互联网的不断发展，不同形式的电子产品逐渐参与到商务交易的活动中来，而小程序的出现为商务活动提供了更加高效便捷的服务平台。因此，为商务活动提供服务，促进商务活动的成交水平，是小程序所带来的一大盈利点。

比如，开具发票是商务活动中必不可少的一个交易环节，对于公司的财务状况和国家的税收都有着重要的意义。但在很多线下商务活动中，很多企业并不会主动为顾客提供发票，而且纸质发票容易破损和丢失，这使得发票的管理和统计很难同商务活动的交易水平相统一。因此，为解决这一问题出现了电子发票的形式。电子发票具有易保存、易查询及易管理的优点，一经推出便受到推崇。而小程序形式的发票更是以其无须安装、用完即走、多场景扫码的使用体验，进一步推进了电子发票的使用进程。“发票儿”小程序的使用界面如图 2-7 所示。

图 2-7 “发票儿”小程序的使用界面

“发票儿”小程序设置有扫码开票和账单开票两个开票功能，并可在发票抬头中增加普通发票或专用发票的抬头。

作为小程序线下应用的一个创新产物，“发票儿”小程序有着极为广阔的应用市场。

“发票儿”小程序还通过与商超的 POS 和 ERP 等系统衔接，并结合航天信息在税务侧的系统能力，支持开票与支付协同并行，用户无须现金或刷卡支付就可以随时随地实现移动开票。

据了解，通过小程序形式的发票工具开具发票具有以下优势：

（1）解决线下交易场景中开票所具有的开票时间长、开票手续烦琐等痛点问题，只需首次输入开票信息，再进行扫码开票便可完成开票。

（2）因小程序开票的简单便捷，将会大大增加发票的开具量，这对企业实现增效和绩效管理起到了重要作用；

（3）用“发票儿”小程序开具发票还将解决国家税收管理中普遍遇到的一些税收盲点，提高国家向一些小额、不便估值等业态的税收效率。

（4）随着“发票儿”小程序的不断升级和应用，将会逐渐形成“微信开票+微信支付报销”的微信闭环应用，这无疑使得微信在商务活动中的应用更加广泛。

因此，电子发票的不断发展将会对各大消费形态和国家税收产生积极影响。比如发票作假的景象将成为过去，国家最头疼收不到税的一些偷税漏税点也将被纳入计税的范畴。通过小程序提供电子发票服务，将会对交易活动的成交以及后续的服务起到重要作用。当小程序电子发票帮助提高交易量和税收量时，小程序电子发票便可从中收取一定的费用，从而通过提供的发票服务来赚取商业交易中的间接盈利。

2.3.2 增加品牌曝光渠道

上文提到，微信小程序作为微信生态圈中的又一大流量入口，对于触发线下有价值的场景内容有着积极的作用。而且随着线下场景内容碎片化的趋势越来越明显，用户需要更加快速方便的流量入口。因此，小程序对于很多企业和品牌来说，是一个商业化特征更为明显、用户体验更加良好的品牌传播利器。

虽然在小程序之前，很多企业或个人会选择公众号来进行品牌的宣传和营销，但由于公众号的模式越来越僵化，且其商业化特征不太明显，导致通过公众号来达到渠道变现的效率相对较低。而小程序作为连接线上和线下的一种新的应用形态，能够帮助企业进一步整合线上线下的优质资源，从而加速电商化的发展进程。

例如此前大热的微商行业，虽然近年来行业温度有所降低，众多企业和第三方服务平台正在探索更加有利于微商发展的模式，但微商经过前几年的发展所留下的资源仍有目共睹。2017 年 1 月 5 日，“预见 2017 中国微商服务者大会暨中国 100 强微商操盘手年度盛典”在北京隆重举行，BAT 三巨头齐聚一堂，共同商讨微商发展所面临的问题以及未来可能的发展道路。这表明微商的发展方兴未艾，而小程序的推出很可能会为微商的发展带来新的强劲动力。

之所以会这么说，是因为小程序强大的功能特性有助于微商进一步打通线下资源、整合线上资源。众所周知，微商的发展依赖移动互联时代的移动社交关系，而小程序强大的移动特性和极强的场景应用特性无疑会让微商的分销系统更加庞大。并且，此前微商在朋友圈里的暴力刷屏一度引发很多人的反感，而小程序则能够在连接用户的同时增加产品和服务的曝光度。

此外，微信小程序的进入门槛和成本相对较低，并且微信提供了大量的工具帮助企业或个人建立自己的交易系统和后台客户管理系统。这对于以个体为主的微商行业来说，绝对是一个利好消息。

为了帮助更多的微商提供小程序的支持服务，移动微商城服务商“有赞”宣称可为缺乏技术支持的商家开发和发布小程序。据有赞副总裁周凯介绍：“小程序是商家微商城的一个客户触达、营销成交的通道，是继公众号、微博、支付宝、QQ 购物号、今日头条之后的新通道。商家在微商城里面的商品，无论客户从哪个通道来购买，都是可以的。所有的订单管理、商品管理、维权管理都可以在商家的有赞微商城里实现，一家店铺，多个入口。”

因此，小程序为顾客通达微商商城提供了一个渠道，并且通过小程序的二维码入口可为每个微商提供一个移动化的品牌入口。例如，在“有赞”的帮助下，微商品牌“男人袜”搭建了“男人袜商城”小程序，不仅增加了品牌的曝光度，还可让用户在小程序内快速订购商品。“男人袜商城”小程序界面如图 2-8 所示。

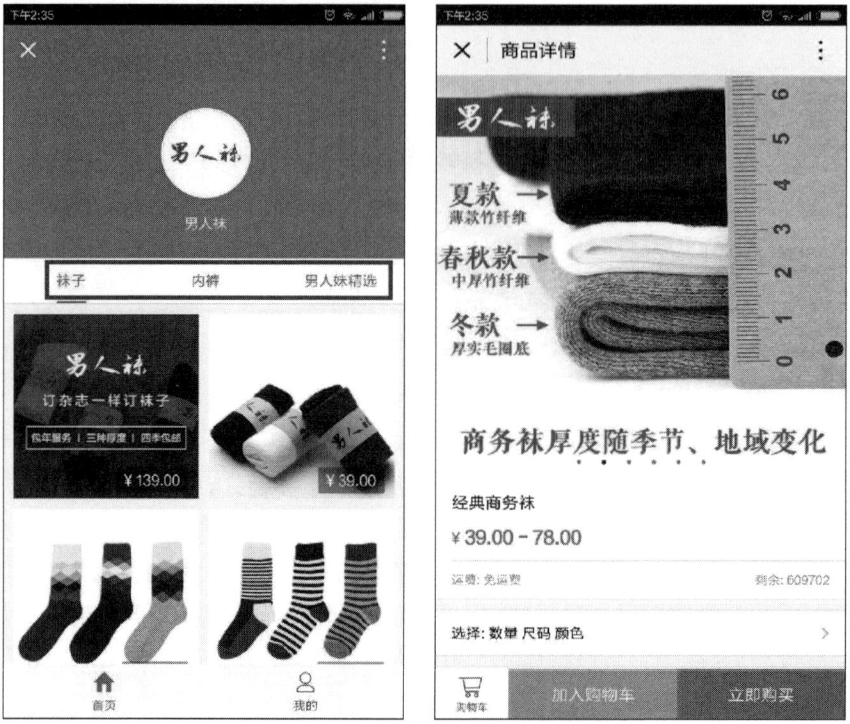

图 2-8 “男人袜商城”小程序界面

微商的发展以社交为网点，而在移动社交时代内容极为重要。因此，在未来，那些有着丰富产品创意的微商团队可以通过开发更加优质的小程序来进一步提高品牌的曝光度，丰富用户的购物场景。无论是通过小程序来为微商导流，还是直接用内容来驱动用户购买，小程序的推出都使得微商行业的发展前景逐渐明朗。

2.3.3 微信群+小程序

思想大师亚里士多德曾说：人是社会动物。因此，群体性是人的生存所必不可少的特征。而互联网时代将人与人以及人与物连接在一起，社群则是在这种基于互联网互联之下的一种新型人际关系。

互联网社群有很多种表现形式，可以基于不同的兴趣点、需求或者共同的利益将成员凝聚在一个社群之内。社群内部往往具有较强的一致性和凝聚性，成员之间的关系也较为平等，更有利于内部成员互相帮助和互相成长。

社群形式在通信社交软件推出之际便经过了多种形式的变换，而微信群依托微信巨大的用户量级，已成为微信生态中必不可少的一个重要组成部分。大多数微信用户在使用微信时都会使用微信群，因此，微信群是一个天然且巨大的流量池。

根据微信官方公布的小程序分享规则可知，微信小程序支持向微信群和好友分享，因此，微信群定会成为小程序推广过程中的首要目标。根据微信群内成员的兴趣爱好或共同的利益点进行小程序的分享，会为小程序带来较为巨大的流量入口，在此基础上进行流量变现就会变得比较容易和简单。

例如，张小龙在微信公开课上就曾设想什么样的小程序适合分享到微信群中。他举了两个例子。一个例子是投票小程序："当把一个投票的小程序发到群里的时候，群里面的每个人便可立即启动这个小程序进行投票，而且每个人都可以看到其他人的投票。对于一个微信群来说，这个小程序可以被群里面的所有人共享，当任何一个人更新群里小程序状态的时候，群里的其他人都可以看到。"

另一个例子是关于小程序页的概念：当向群里分享一个 0700 股票的页面时，群里的人看到的也是 0700 这样一个股票的页面，但这个页面的信息是一个活的数据，仅仅表示的是当前所能看到的信息。而当股票信息发生变动时，群里的人也能看到它的变动。

基于张小龙的这两个想法，以后可能会出现非常多的协作式的小程序，这些小程序能够让微信群里的成员共同完成某项任务。当群里的成员对小程序的认可度较高，并且能够看到小程序所带来的实际效果时，可以适时地向成员提出收费，并且收费标准需要契合小程序所能带来的实际收益，不能只看重利益而忽略了一个群所具有的向心力和凝聚力。

通过"微信群+小程序"的间接盈利方式，可以窥探得出这种社群经济的盈利模式，其意义主要有以下 3 点：

（1）通过将小程序分享到微信群中，以某种利益纽带的形式形成真实的闭环互动关系，能够重新定义社群信息和利益分配的关系。

（2）微信群作为一个巨大的流量池，让小程序的推广、互动及变现的成本大幅降低，从而既能够让用户得到优质的内容，也能得到一定的支付回报。

（3）这种模式能够不断催生出高品质的共享内容和共享关系，改变用户与盈利者之间的单向关系，让二者共同参与到小程序之中来。

其实，这种盈利模式在微信推出公众号时就已被践行，并产生了一些公众号大咖，如罗辑思维。罗辑思维通过运营知识类型的社群来吸引粉丝，增加粉丝数量，并向加入罗辑思维的会员收取会员费。为什么罗辑思维可以大张旗鼓地向用户收取费用？这主要是因为罗辑思维的创始人罗振宇每天都会向用户提供一定类型的知识和文化，从而形成了一种围绕在他身边的知识社区。

因此，在进行“微信群+小程序”的盈利尝试时，不管小程序针对的是知识还是功能，都需要首先同群里的成员取得某种利益共同点。这需要小程序本身具有某种效益和核心优势，并且能够切实解决群里成员的问题，这样大家才会心甘情愿地为你的小程序付费。

第 3 章

人群定位：找准小程序的目标人群

在现代化的商业社会中，做任何项目都需要首先找准目标人群，通过市场调研选定目标市场，并对目标市场进行细分确定目标人群已成为一个项目开发之前的必备工作。小程序作为微信一个新的重大项目，同样需要具有它的目标人群。而根据微信官方所公布的小程序服务范围，其可为用户提供的服务品类几乎涉及用户社会生活的方方面面。因此，为突出自身的小程序的核心功能，小程序开发人员首先需要找准自己的目标人群，并为他们量身打造拥有核心竞争力的小程序。下面就来看一看如何让你的小程序获得准确的人群和产品定位。

3.1 开发前提：想法要有价值且可落地

互联网时代是一个信息爆炸的时代，各种大小不同的想法层出不穷，每天都有新的想法诞生并且有可能成为下一个新的创新增长点，但并非所有的想法都有幸成为时代的变革者。互联网技术的发展及其所带来的变革提醒人们，创新已成为时代的推动器，甘于现状或墨守成规的人将会很快在互联网的发展浪潮中被湮没。但纵观那些为人们的生产和生活带来变革的想法，一般都具有某种核心的价值，并且能够被很好地实施出来。

小程序为无数互联网技术开发者提供了一片发展的蓝海，依托微信强大的用户基数和高频率的使用黏性，小程序可以说为开发者开辟了一个充满无尽想象的开发空间。当然，这一切都要同小程序的精神和服务范围相契合。但即便如此，关于小程序的想法仍有可能无穷无尽，生活中的任何一个场景都有可能成为一个好的开发想法。但这里的前提是，你的想法要有价值，并且能够被执行出来，让大家看到它的价值并愿意为它买单。下面就从“有价值”和“可落地”两个方面来看一下什么样的想法具有开发的价值。

3.1.1 有价值：赚钱/预期能赚钱

互联网时代是一个鼓励全民创业的时代，而创业的前提是有一个好的想法，这个想法可能源自创业者的突发奇想，也可能源于在工作过程中所积累的产品经验，抑或可能来自对某款产品使用过程中所产生的抱怨。创意的灵感和想法有很多，但并非所有的想法都具有价值。

对于价值的界定，从不同的层面和角度来看可以得出不同的结论。比如，对于团队中的成员来说，如果这个想法能够付诸行动并最终获得成功，那么每个成员就会得到报酬、股票、经验等超额回报；如果这个想法最终失败，那么团队成员在实现这个想法的过程中也会得到一些资历和技能，这同样是这个想法可能会带来的价值。但我们在这里所讨论的价值并非如此，因为对于一个创业者或一支团队的领导者来说，如果项目最终告以失败，那么这个想法便无法带来真正的收益。因此，一个好的想法，一定是最终能够带来收益或能够创造出预期的赚钱可能性的。

这一价值定位简单来说便是能够带来金钱效益，能够最终赚到钱，这是能够通过财务报表体现出来的可见的盈利。比如开一家服装店，创业者只需拥有充足的现金流，运用一定的管理手段，选择合适的货源和售卖地点，不需要具备特别的想象力和创意，就能够获得实际的利润。但对于小程序开发者来说，要想获得真正的收益并不仅仅需要这些。因此，小程序开发者的想法首先需要在价值上具有冲击力。

那么在创造初期，小程序开发者的想法如何能够让别人相信能够带来收益，并且愿意向其提供支付？这首先需要明确目标，即这个想法能够为用户和开发者实现怎样的目标。当有了明确的目标之后，便可以着手进行以下工作。

1. 构建用户画像

用户画像是大数据时代描绘用户信息全貌的数据模型，是根据用户的人口和社会属性、商业属性、生活习惯、兴趣爱好、消费行为和习惯等方面抽象出的一个标签化的用户模型。通过对用户信息进行分析和提炼得出的用户特征标识就是用户的标签，而构建用户画像的核心工作即给用户贴“标签”。

例如，做一个餐厅类的小程序，不仅需要明确餐厅用户的年龄、性别、地域、收入等人口属性，还得了解用户的口味爱好是什么、用户喜欢在什么时候用什么餐等消费行为。又比如，对于旅行类的小程序来说，需要弄明白用户是喜欢自由行、家庭游还是跟团游，是喜欢自驾出行、公交出行还是驴友出行。

2. 明确使用场景

使用场景是描述用户对小程序的使用情况的维度，用户会在什么场景下使用小程序，或者说小程序解决了用户什么痛点，都是使用场景的范畴。使用场景一般包括用户（对象）、需求（动作）和场景（情景）三个因素，三者的关系如图 3-1 所示。

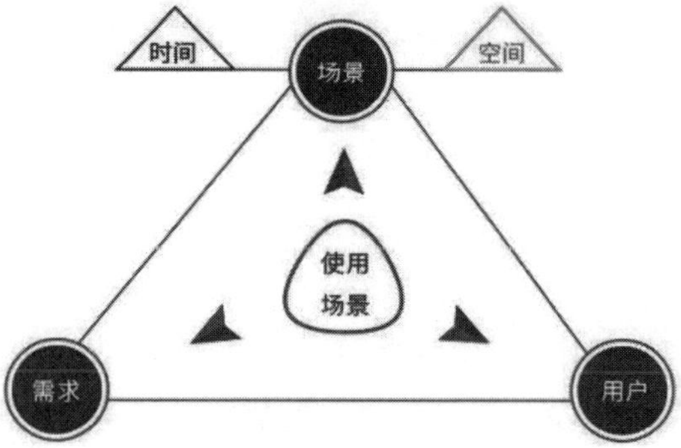

图 3-1　使用场景关系图

例如，当用户甲参加完同学聚会要使用滴滴打车小程序打车回家时，他面对的使用场景便是“用户甲”——“同学聚会结束”——“回家”。更为具体的场景可能还会涉及用户甲的所在具体位置、当时的时间、道路交通状况等。

当构建起用户画像和使用场景之后，便可以初步确定小程序的目标范围是什么。这里要注意的是在构建用户画像和使用场景标签的时候，有些数据和情况可以通过调研或统计得出，但是有些指标可能非常感性化，如用户在使用某一小程序的过程中的心理变化，此时就需要开发者通过实际的体验甚至直觉来感知。

3. 确定市场规模

用户画像和使用场景已大体决定了小程序所能应用的市场规模，而市场规模直接决定了想法的池子有多大。例如上面列举的旅行类的小程序，假设想法所针对的用户画像是跟团游+自由行，而这两种出行方式的场景又可分为出行前、出行中及出行后，那么根据这些场景就可划分出池子拥有的维度，从而最终明确池子的规模和框架。

4. 分析竞争对手

在信息高度发达的时代，任何想法都有可能遇到相关领域内的竞争对手。因此，当确定了想法的市场规模有多大时，就要看一看这个市场中还存有哪些竞争对手、竞争对手的产品做得怎么样、是否很好地满足了用户的需求。

对竞争对手的分析同样是对自身产品的一种检验，因为一款小程序在还没有上线之前是无法预知到底会产生什么问题的。通过对市场上已有的同类小程序进行分析，能够提前得到用户的使用反馈情况，从而让自己的小程序更加完善。

通过以上 4 个方面的综合考虑，基本上可以判断一个想法是否具有开发的价值。只有当一个想法具备价值时，才具有能够被实现的基础和前提。下面就来看一下一个有价值的想法在落实阶段会遇到什么问题。

3.1.2 可落地：可执行、可实现

任何项目如果无法确保它能够落地实施，那么所有的前期工作都将变得没有意义。可落地这一概念并不单指具有可行性，可行性的范围更加广泛，当我们说某个方案可行时，并不会要求这一方案一定要有结果，而只是在价值上判断了这一方案可能会带来实际收益。而可落地则更多地指可实现、可执行，也就是说，这一方案不仅具有可行性，而且能够被实际执行出来，并最终得以实现。

那么，一个被判断为具有可行性即具有价值的想法在实现过程中需要参考哪些方面，又需要注意哪些问题呢？

1. 明确开发所需的成本和资源

当明确了想法所针对的使用人群和使用场景之后，便可着手进行开发。此时需要为开发目标制定一个开发成本和所需资源的大纲，如开发所需的人力、时间、物力等资源，以及相应的人力成本、时间成本和物力成本。

虽然小程序的开发成本和技术门槛相对于原生 App 来说低得多，但要想做到出彩，同样需要付出十分的用心。比如，在聘请工程师时一定要寻找那些熟悉微信小程序的开发环境和技术要求，并能够持续进行测试的资深人员。因为小程序的开发环境是由微信本身所提供的，这就需要小程序的开发符合微信的开发标准。并且小程序还处在不断升级的过程当中，出现问题及升级改造的可能性很大，这就需要工程师具有足够的耐心为小程序进行测试，保证小程序运行的顺畅。

2. 突出核心功能，对功能进行合理的优先级排序

小程序作为内置于微信中的一个入口，在开发设计上有诸多要求和限制，比如小程序的开发代码包不能超过 2MB 的要求就决定了小程序的页面设置不能太多。因此，对于小程序来说，突出核心的功能显得尤为重要。在此基础上，还要对功能进行合理的优先级排序，考虑哪些功能要做、哪些不做、哪些先做、哪些后做。关于这部分的内容，将会在下一章中进行具体阐述，在此不再详细展开。

3. 找准盈利模式

既然通过上述 4 个方面的考虑已经明确了想法具有开发价值，那就需要决定它的盈利模式是什么。在盈利模式上，针对不同的使用内容具有不同的盈利模式，比如，小程序是以提供优质内容为主，还是以打造交易闭环为主；是通过提供周边服务和解决方案来间接收取费用，还是通过电商的方式获取直接的利润。这在上一章关于小程序的盈利模式定位部分有详细的阐述，这里不再赘述。

4. 进行后评估

一个想法的实现并非只是意味着做好一个小程序发布到线上，还需要对小程序进行后续的追踪和评估。在进行评估时需要按照原先定好的目标，并根据目标标准来评估现实的运行情况。通过现实的运行情况与目标的对照，可以得出接下来的运营决策。比如，当小程序无法带来原先所预想的功能结果时，就要及时调

整投放目标和战略，并根据实际使用结果对小程序进行功能改造，甚至及时停止运行，以防止出现更多的损失。因此，对小程序进行后评估是确保这个想法是否带来了实际收益的最后一道防线。

一个想法如果确实具备可落地的资质，那便需要进行这 4 个方面的运作和执行。而且，这 4 个方面并非 4 个相互独立的环节，而是相辅相成、不可分割的一个整体，是确保有价值的想法最终得到实际收益和价值的保障。

3.1.3 探城美食：一款吃货必备的优质美食探店神器

经过以上对于一款小程序开发前提的分析和阐述，可得知一个好的开发想法一定是既具有开发的价值，又能够被完美地执行和实现出来的。下面就以一款吃货必备的优质美食探店神器——探城美食为例，看一下什么样的想法叫作好想法。

探城美食是一家专注于发现与分享精品美食的线上社区，对于一个吃货来说，是一款必备的优质美食探店神器。如今，探城美食已开通了全国 11 个热门城市，并将这 11 个热门城市里的大小美食囊括其中。如果有人外出旅行不知道哪里有好吃的，那么，只需要打开探城美食的小程序，就可得到探城美食根据不同地区和城市向用户推送的不同场景、不同口味及不同类别的美食店。

探城美食的小程序之所以能够在用户中间产生巨大反响，是因为它所推送的优质探文。探城美食在本质上是一个内容电商类的小程序，通过精选探文，向用户推送高质量的美食店。探城美食小程序的食单界面如图 3-2 所示。

用户在探城美食中不仅可以接收到精心挑选的美食探文，还能够参与互动，通过点赞、喜欢和收藏来表达自己对于探文的认可程度。这种社区化的运作方式能够让用户积极参与到小程序中来，并且让优质的探文得以凸显，为更多的用户带来高品质的美食推荐。

不仅如此，用户还可以自行搜索自己想要的美食。探城美食的探城功能能够定位用户所在位置，并为用户提供了多种美食场景标签，如朋友聚会、下午茶、约会等。同时还满足了不同用户不同的口味选择，无论你是想要高格调的风格还是想要小清新的风格，在探城美食中都能够得到满足。探城美食的探城搜索界面如图 3-3 所示。

图 3-2 探城美食小程序的食单界面

图 3-3 探城美食的探城搜索界面

从探城美食小程序的设计中可以看到，为用户提供优质的探文内容，并根据用户的喜爱偏好推送不同风格的美食，是探城美食受到人们喜爱和追捧的重要原因。因此，一个小程序的开发设计一定要满足用户的需求，只有在此基础上，你的想法才有用武之地并有可能产生价值。而当小程序开发出来之后，对于小程序的精心运营同样是保证获取价值的重要部分。如果无法持续为用户提供优质的使用体验，那么再好的想法也会被淘汰。

3.2 明确产品定位

微信推出小程序的一个重要目的就是建立一个能够为用户提供优质服务的平台，让更多用户的需求得到更好、更快的满足。因此，微信小程序的开发者和创业者需要支持并遵循微信小程序的这一产品理念，只有在此基础上，才有可能将自己的小程序做大、做强。

产品定位是一家企业在推出产品之前需要进行的必不可少的前期准备工作。通过明确产品的目标人群、产品特质、产品概念及市场竞争条件等因素，在产品开发团队中间形成一个相对统一的产品开发目标和方向。这样不仅能使团队成员对产品的认识更加清晰明确，提高开发团队的工作效率和开发速度，还能让团队成员更有凝聚力和战斗力。

产品定位中的产品特质、目标人群及开发成本是重要的考虑因素。其中，产品特质决定了产品所能具有的功能；对目标人群进行场景细分可得出针对不同使用场景的使用需求，从而更加精准地进行产品定位；而开发产品所需的资源和成本同样是需要控制和把握的一个重要方面。因此，下面就从这三个方面对产品定位进行全方位的论述。

3.2.1 产品特质的决定因素

产品特质是产品本身所固有的以区别于其他产品的性质，对于一款小程序来说，即用即走、无须下载安装、操作简单方便是其区别于流行的 App 市场的产品特质。互联网时代虽然鼓励不断产生新的创意，但产品特质并非仅靠天马行空的想象就能轻松产生的。用户的需求和消费特征、产品所在的行业领域及竞争产品，甚至开发团队的领导人自身的价值观和理念都是产品特质的决定因素。

马斯洛需求层次理论表明，人们的需求分为不同的层次，并展现出一个从生理需求、安全需求、社会需求到尊重需求、自我实现需求的阶梯形需求层次，从而实现了一个从物质需求到社会需求再到精神和文化需求的升华。而在现今个性化趋势越来越显著的时代，用户的需求也呈现出向着阶梯的顶端行进的趋势。这表明小程序的特质应符合用户消费的心理需求和特征，用更加差异化的产品策略来俘获用户。

此外，行业间的竞争界限已越来越模糊，面对微信巨大的用户量级，小程序开发者的产品定位需要更加清晰明确。比如，小程序一经推出，工具类的小程序便率先抢占了这片蓝海，早期推出的亲戚关系计算器、群应用、热点小黄历等小程序如今仍受到用户的欢迎，这其中的原因很大一部分是它们非常清晰地定位了自己的目标市场和人群，并围绕着目标用户提供高效率的工具服务。图 3-4 是热点小黄历的界面图，从使用界面中可以看出，用户可以轻松地查看以往及今后所会发生的热点事件，点击自己感兴趣的热点便可进入具体的介绍界面，让自己再也不会错过世界上所发生的重要事件。

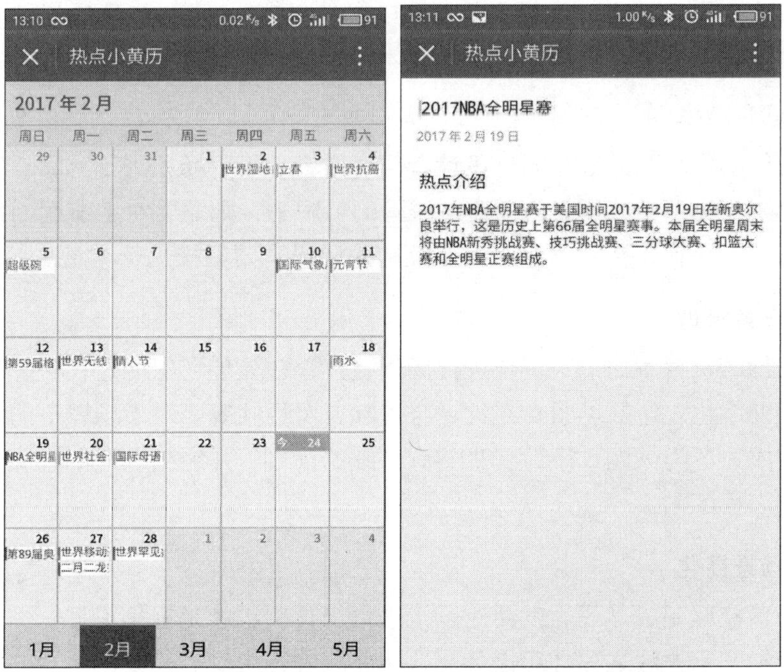

图 3-4　热点小黄历小程序界面

另外，决定产品特质的一个重要因素还有产品经理或团队领导人本身对产品价值的追求和理念。例如，像乔布斯这类对于极简设计有着狂热追求的领导人，会在产品设计的过程中时刻融入自己的极简理念，也正因如此，苹果的产品才能在众多电子产品中脱颖而出，受到众多“果粉”的疯狂热捧。因此，小程序虽轻而小，但却更能体现一个开发者所要传达的产品理念，那些对于小程序有着高度的敏锐度，并能将生活的高品质融入小程序中的人，定能在这种小程序争夺大战中脱颖而出。

俗话说：“活好不黏人。”这对于小程序来说尤为贴切。因为与其他互联网产品不同，小程序诞生于已构建起一个用户生态的微信平台，而微信平台本身已对小程序进行了各方面的精心打造，使得其在应用程序这一市场上备受瞩目。因此，对于小程序开发人员来说，技术和创业的成本已不再是需要努力攻克的难关，重要的是为用户提供更加和绝对优质的产品和服务，而这也是微信所希望看到的。

3.2.2 抽象细化用户使用场景

自小程序入驻微信以来，给用户带来了很多的方便，用户不用在需要使用软件时考虑 App 的大小问题，也不必再烦恼流量问题。而且，小程序更好地抽象细化了用户的使用场景，给用户的使用带来了更多的方便。

1. 场景穷举

在进行小程序产品设计时，设计者要对线上、线下场景进行穷举。在穷举过程中，往往要找到主流程。在存在主流程的情况下，则需要对主流程的每一个场景进行穷举。而且，在穷举时，对于反向的场景也要同样进行穷举。

2. 场景梳理

在进行场景穷举之后，还要进行场景梳理。在梳理场景的过程中，要认真考虑场景的细节化，包括场景存在性、合理性、可行性等。对于场景下的流程、用户需要解决的各类问题，设计者也要有详细的计划，并给出合适的解决方案，进而应用到小程序中。

3. 场景简化

在场景梳理完成之后，就要对场景进行简化，也就是极简设计。例如，之前微信公众号需要关注之后才可以使用，在关注内容中找到需要的主页内容，主页中有推送的内容，进入 H5 页面，而且进入的链接内容还极有可能是不需要的，还需要继续点击；可能当前 H5 页面还不是你想要的，你需要继续点击。

而对于小程序来说，使用场景更为简便，在点击进入 H5 页面之后，就完成了与用户需求的对接。这方面的设计极大地简化了用户的使用程序，让用户能够有更好的使用体验，在步骤上至少减少了 3 步。美团外卖小程序内页如图 3-5 所示。

图 3-5　美团外卖小程序内页

小程序的界面更加简便，用户可以按照需要快速地找到所需程序和功能，快速满足自己的需求。而且，在场景简化以后，不但节省了用户的使用时间，还节省了用户流量，达到了快速、高效匹配需求的效果。

3.2.3　可快速进入、快速离开

小程序和 App 相比，最大的优势就是可以快速进入、快速离开。用户只需要在需要使用某项功能时打开微信，进入小程序选择所需服务，在完成之后就可以直接退出，不用考虑软件、流量、空间等各种问题。

比如，之前订外卖的时候，以美团外卖为例，用户需要先安装美团 App，然后进入软件，再进行身份信息认证，绑定银行卡，之后才能选择需要的产品，完

成订单。而现在只需要打开微信，进入小程序，利用微信登录并完成支付，一切变得简单而且高效。下面从设计理念上分析小程序快速进入、快速离开的特点。概括来说，小程序的特点如图 3-6 所示。

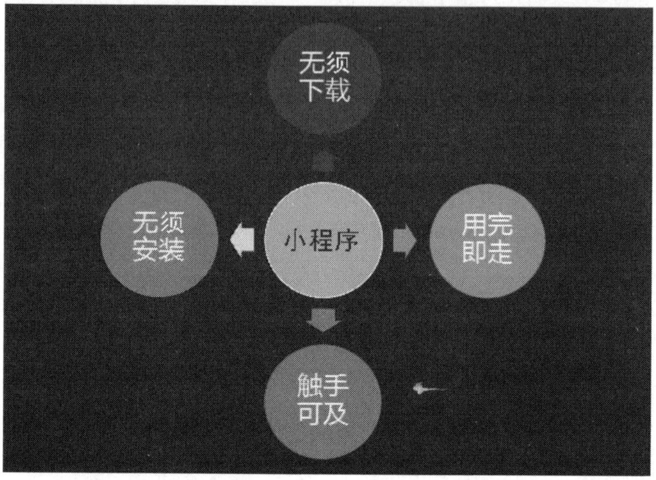

图 3-6　小程序的特点

1．需求产生的渠道

需求产生的渠道也就是运营需要维系用户之间的渠道。这些渠道是产品与用户沟通，产生人机交互的渠道。在需求产生的渠道中，不仅需要穷举渠道，更要合理简化需求进入方式，小程序在这方面做得很好。

2．需求最快进入方式

微信小程序不需要下载，扫码就可以完成需求对接。这也是小程序线下定位的能力。在产品设计上，可以更快地解决需求，因此，产品触达的时间会更短，设计点也会更加深入。

3．需求最快速解决方案

找到需求最快速的解决方案。在产品设计中，微信在小程序上的思考点就是用户可以不需要经过太多步骤，能够一步进入想看到的页面。这与 PC 时代的搜索方式是吻合的。

在使用之后，需求结束的时候，小程序要做的就是让用户可以自然离开。

4. 需求节点控制

对于需求中哪一个节点适合退出，小程序的设计者有极其深刻的思考。例如，在微信小程序中，产品设计必然要将用户需求连接到下一个通知点才算是成功的。不一定要产生消费行为，但是一定需要产生通知。

5. 需求记忆点

在需求中，需求能否达到用户留存记忆点是非常关键的一点。极简设计能够从理性与感性两个层次去留存用户作用。在理性上，操作简单便捷，品牌深入人心，让用户会有继续使用的认知度。在感性上，简单操作会让用户产生贴切感，然后去帮助在群聊中建立产品口碑。

3.2.4　成本可控制：用户体验 VS 用户使用效率

对于微信用户来说，小程序的出现给人们的生活方式带来了巨大的改变，这种利用互联网改变手机生态和用户生活方式的方式已经被大多数的用户所接受，也越来越受到用户的欢迎。接入摩拜单车是小程序打开公众视野极其重要的一步，摩拜单车的成功极大地推进了小程序的发展和应用，而小程序的发展同时也影响着摩拜单车的发展，这是一个互惠互利的过程。

最初滴滴打车依附微信钱包、支付宝、微博等移动端成为如今的出行巨头，而摩拜之于小程序，应该也是想复制这种成功。用小程序实现用户与车辆之间的对接，这和小程序“用完即走”的理念不谋而合。概括来说，小程序和 App 特点对比如图 3-7 所示。

应用类别	优点	缺点	适用场景
原生 App	交互功能强大，应用范围广	需要用户在应用商店中下载安装才能使用；开发成本高	高频次工具类应用及游戏等重度娱乐应用
网页 App	使用简便，无须安装，开发成本低	对于框架和控件的调用功能受限，影响 UI 设计和使用体验	购物、支付、信息反馈等简易应用；微信公众号类应用
微信小程序	基于微信接口，用户无须额外下载、安装、订阅；开发简便	应用的功能与传播方式受到微信开发框架的限制；用完即走限制用户订阅	低频轻度应用，线下场景与线上服务融合

图 3-7　小程序和 App 特点对比

小程序的特点很明显，它尝试用自己的“小”来布一个“大”的局。不同于

App 的占存和繁杂，App 需要首先在线上建立应用载体，然后通过强行推广吸引用户；而小程序则是线下场景在先，利用场景吸引用户，为用户提供便捷的使用入口，而手机和用户自己无须承受负担。可以想象，在未来，人们只需要微信这一款软件，就可以满足社交、购物、金融、餐饮等多种需求。

特别是在如今 App 几近泛滥的时候，手机配置再高也无法安装几十个甚至更多 App。在信息繁杂的今天，"简洁"对于大多数人来说俨然已经成为一种奢侈。

例如，现在很多人都使用手机观看视频，以便随时随地通过移动端来追剧，观看大型比赛、网络直播等，相比电脑、电视更加方便。但是，由于视频网站的激烈竞争，视频资源被大量"分割"，很多视频都只有在特定的网站上才可以观看。因此，想要观看不同的视频资源，往往需要下载不同网站的 App 终端，结果几乎每个喜欢看视频的人的手机上都安装了好几个不同的视频 App。

另外，音乐软件也面临相同的情况。因此，微信小程序"简洁"理念的良好发展，能够给用户带来更多的福利，让用户有更加舒适的使用体验。

小程序的开发成本相对于 App 而言是非常低的，没有烦琐的开发背景和程序代码，是建立在微信程序中的一个应用，更加节省费用，也节省大量的空间。

现在一些企业的小程序还有很多不足的地方，比如功能没有 App 完善，而且随着手机硬件设备的大幅提高和快速更新换代，也让一定数量的手机 App 不再是手机的负担，一些经常需要使用且功能丰富的 App，很多用户依然会直接使用。

真正能体现小程序特色和优势的是小程序适合在微信场景下使用，而不是为了小程序而使用小程序，直接把 App 的功能简单复制到小程序上的成功案例还是少数。此外，使用频率高、功能复杂的 App 也不适合小程序。现在有一些做得好的小程序，如番茄闹钟、印象笔记、豆瓣评分、大众点评、摩拜单车、美团外卖等，其特点都是设计简洁、功能突出。

对于一些不常用的 App，完全可以用小程序代替。虽然"轻量化"的小程序在功能的完整性体验上和原生 App 相比有一定的差距，但是其流畅度、方便性、实时性却超过了 App。

3.2.5 番茄闹钟：让时间管理变得简单

注意力无法集中、一再拖延是当代年轻人的通病，明明刚开始处理工作，结果还没有几分钟就又不自觉地看手机、逛网页、喝水、上厕所等；刚刚开始构思项目内容，大脑又不自觉地开始思考午饭吃什么、晚上干什么、周末去哪儿玩……

本来集中精力能够很快做完的工作，却因为无法集中精力，工作效率一再降低。精力分散、拖延症不仅让工作效率低下，还让工作者一直处于“任务还没完成”的焦虑之中。

番茄工作法创始人弗朗西斯科·西里洛在大学生活的头几年里，曾一度苦于学习效率低下，于是便和自己打赌：“我能学习一会儿吗？就算是 25 分钟？”后来他找到了一枚厨房定时器，定时器的形状类似番茄。所以之后这个工作法就取名为番茄工作法。一个番茄时间共有 30 分钟，包括 25 分钟的工作时间和 5 分钟的休息时间。

“番茄闹钟”是为了解决年轻人的这一问题而设计的微信小程序。这款小程序的功能十分简单易用，用户只需要选择自己的计划安排，点击“开始计时”按钮，就会跳转到计时界面，开始一个“番茄钟”。番茄闹钟界面如图 3-8 所示。

图 3-8 番茄闹钟界面

选择自己的计划安排，在点击“开始计时”按钮之后，就会跳转到计时界面，开始一个“番茄钟”，这使得用户突然有了紧迫感，能够开始静下心来做自己的工作。如果中途有事，则还可以“暂停计时”。在一个“番茄钟”结束后，可以开始下一轮计时。另外，“番茄闹钟”还设置了白噪声，白噪声是一种模仿大自然的声音，让我们能够在番茄时间内更加专注地做事。

每完成一次，系统就会记录一个番茄，也许并不能马上为用户带来实际的收益，但是时间会证明，你现在认真和坚持的每一个番茄，都代表着用户的努力，这就是成长。长期坚持下来，用户就会慢慢地摆脱拖延症，步入“高效能人士”行列。番茄工作模式如图 3-9 所示。

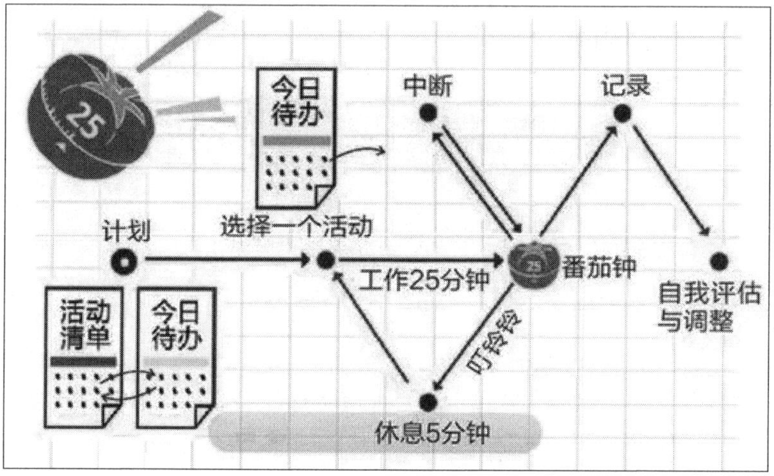

图 3-9　番茄工作模式

它的实施方法是这样的：

（1）确定你想要做什么（例如，修改一篇文稿）。

（2）设定一个 25 分钟的定时器。

（3）工作，直到定时器时间到。这就是一个“番茄钟”。

（4）休息 5 分钟，继续下一个番茄钟

（5）每 4 个番茄钟进行一次长时间的休息。

大多数人会对其做一些细微的调整来适应自己。比如，可以选择每 2 个番茄钟而不是 4 个进行一次长时间的休息，特别是在刚开始应用这种工作方法时，用户可以根据自身的状况设定工作和休息时间。

按时间段工作能帮助用户保持工作状态。当出现分心的事情时，比如“我需要回一条消息”或“我想看看有没有人给我发邮件”，用户可以告诉自己：这个番茄钟完成之后再去做这些事情。

如果用户需要写一份稿件，则可以将写放在一个番茄钟里，将修改放在另一个番茄钟里。可以预见这种方法是十分有效的。如果在一个番茄钟内写不完，则可以再加一个番茄钟，根据需要增减时间长度。

番茄工作法是一种非常简易的时间管理方法，人人可为。而番茄闹钟小程序的出现让用户可以随时随地使用这种工作方式，在很大程度上解决了年轻人工作效率低下的问题，让用户更有时间观念。

3.3　目标用户分析

每项产品的产生都要建立在有相当数量的目标用户的基础上，否则产品生产出来却没有用户，不但会让公司产生亏损，产品的研发也没有意义。对于小程序来说，同样如此。

目标用户是最大的使用群体，只有建立在拥有大量目标用户上的产品才会有更大的发展前景。微信小程序建立在微信足够大的用户量级和黏性上，目标用户是在充分分析大众需求之后确定的有极大概率使用产品的人群。

3.3.1　需求分析，判断用户画像维度

小程序作为 2017 年新生的事物，在开发与运营上，尤其是对创业不久的人来说，还未积累起较多的小程序经验，开发出来的小程序到底适不适应市场、符不符合用户的使用需求，都是值得考虑的问题。

所以，为了避免出现小程序功能定位与用户需求不符的情况，需要开发者预先做好对小程序目标用户的需求分析，判断用户画像的维度。这是着手开发小程序的一个必要前提。

只有切中用户真正的需求要点的小程序才能真正做强、做大。否则，投入资金、人力去做小程序，却不投入心思在小程序目标用户的需求分析上，那么，毫不夸张地说，这一小程序的命运必将遇到大麻烦。

对小程序的目标用户进行需求分析，必须锁定哪些是这一小程序的“目标用户”。同时还要考虑清楚的是所要开发的是一个什么类型的小程序，针对哪一领域、哪一方面，是工具类小程序、餐饮类小程序，还是电商类小程序。

有了一个小程序的既定领域后，开发者才能以此来寻找合适的目标用户，再针对锁定的目标用户进行需求分析。例如，一支想开发笔记工具类小程序的团队，锁定的目标用户是大学生群体，那么针对这一群体，可以选择通过在线填写调查问卷的方式，统计出学生是否有记笔记的需要、记笔记的习惯如何、对于在线记笔记的看法、期望笔记小程序上有哪些功能等内容。根据这些反馈信息，再做进一步详细的需求分析，判断用户画像维度，以设计出用户所需要的小程序应有的功能。

不同领域、不同类别的小程序，其用户画像维度的判断也是不同的。例如一个金融类小程序，开发者可能还会考虑到用户的信用维度；又如一个电商类小程序，开发者必定会考虑到用户的消费能力维度。总之，分析用户需求，判断用户维度，对于小程序的开发及以后的运营管理来说都是极为有利的做法。

3.3.2 第三方：淘宝、搜索引擎、行业数据分析网站

数据分析是精准定位目标用户的一种有效手段，尤其是对于电商类小程序来说，其拥有采集和分析数据的能力，借助如小程序数据助手、微信后台、第三方数据统计平台等就可以实现这一通过数据分析的手段来分析小程序目标用户的目的。

而这里所要谈的是如何利用淘宝、搜索引擎、行业数据分析网站这三种第三方的数据分析手段来进行小程序的目标用户分析。第三方数据分析网站平台如图 3-10 所示。

（1）淘宝

（2）搜索引擎

（3）行业数据分析网站

图 3-10 第三方数据分析网站平台

小程序，尤其是电商类小程序，其与淘宝这一平台是具有相关性的。同是买卖交易，售卖的领域及出售的商品会有重合性，那么其目标用户也就会有一些共性。因此，在分析小程序的目标用户时，可参考淘宝上同类型商品的目标用户的数据情况。

既然要参考淘宝上的用户数据，那就必然得先获取关于淘宝的用户数据，包括用户对某类商品的消费习惯、行为偏好等，而这又可通过诸如“淘数据”“店查查”等淘宝店铺数据分析网站来实现。

但如果想要获取某小程序所在的整个行业的用户数据信息，以便从整个行业的大局情况来分析、锁定小程序的目标用户，如零售类电商小程序分析整个零售行业的行情之类，就可以通过一些行业数据分析网站来实现，诸如“中国数据分析网”“智库在线”“行业数据-艾瑞咨询集团官方网站”等。

搜索引擎是除上述两种方式以外的第三种关于目标用户分析的方式。如今市面上有众多搜索引擎，小程序的运营管理者可通过那些人们常用的搜索引擎来分析目标用户，如百度、搜狗、360 搜索、Google、Bing 必应等。

在如今的购物搜索中，鉴于手机移动端的便捷性，人们使用手机端搜索引擎来搜索购物网站或购物应用的比例超过了 PC 端，可达 63.5%左右。而小程序又正是存在于手机微信中的应用，那么小程序的运营管理者就可以通过分析人们在手机端搜索引擎上的搜索行为，来分析其自身小程序所在领域或其他同类小程序的用户数据信息，以保证自身小程序目标用户定位的准确性。

3.3.3　竞品分析：竞争对手的网站、社区、社会化媒体

一个产品从最开始的构思到研发，做需求分析、功能设计，再到最后的上线产出，是有着一套自身的流程的。而在这一套流程中，竞品分析对于产品以后的发展起着重要作用，开发小程序也是如此。

那么问题出现了：什么是竞品分析？它到底对小程序起着什么样的重要作用？竞品分析又该如何操作？此处将一一解答这些问题。

所谓竞品分析，用最简单的话来说，就是指分析竞争对手的产品。而之所以要分析竞争对手的产品，是因为要随时掌握竞争对手产品的市场动态，以适时制定或调整自身的产品运营策略。

在做竞品分析的时候，首先要确定的就是谁是竞争对手，有可能是同类产品的直接竞争者，也有可能是产品的间接竞争者，抑或其他类别。这同时

也就要求分析者对自身产品有一个清晰的了解。那么，对于小程序来说，竞品分析该如何进行呢？该从哪里获取竞争对手的信息呢？

做竞品分析，大致有 4 个步骤，分别为确定竞品分析的目的、筛选出要分析的目标竞品、收集目标竞品的资料、分析并完成竞品报告。获取竞争对手的信息则属于第三步——收集目标竞品的资料。

竞品资料的收集有多方的渠道，如竞争对手的网站、社区、社会化媒体就是三个可以获取竞争对手信息的渠道。竞品分析的资料获取渠道如图 3-11 所示。

（1）竞争对手的网站

（2）竞争对手的社区

（3）竞争对手的社会化媒体

图 3-11　竞品分析的资料获取渠道

对于做竞品分析来说，官方网站的价值就在于可以从中获取竞争对手的小程序发展历程与未来规划等。由于是官方网站，其小程序的数据信息是具有一定的可信度和可参考的意义的，因而据此对自身小程序所做的功能评估与未来发展规划也会比较准确。

而潜入竞争对手的小程序用户活动社区，以及社会化媒体，如微博等，则可以从用户角度出发，对竞争对手的小程序和自身小程序做一次功能与服务体验上的全面比较，获取用户使用竞争对手小程序后的反馈信息，学习用户对竞争对手的小程序予以称赞的一面，以改进自身小程序原本欠缺的功能；总结用户觉得对方小程序不足的一面，以升级或开发出对方小程序还未实现的、而用户又迫切需求的小程序功能。

3.3.4　产品测试&运营数据积累分析

产品测试的目的，一方面是为了发现程序是否出错，以确保产品功能与服务能正常运行，降低开发者的损失风险；另一方面是确保为产品的目标用户提供一种完美的使用体验。

对于小程序来说，产品测试当然也是不可省略的一环。小程序经过产品测试，有助于发现小程序的设定中是否存在 Bug，并及时地予以修正，保证正式上线的小程序在被用户使用时能够正常运行。

功能测试和界面测试是产品测试中的两个内容，也是小程序测试中重要的两方面内容。在功能测试上，可从小程序的数据、流程、操作这三个方面去编写测试用例，即描述小程序中的所有功能将会发生的情况，以测试小程序中的某个程序是否满足预想的用户需求。

界面测试是指对小程序所有页面的 UI（用户界面）进行排查，以保证 UI 所提供的用户交互体验是合理的、符合预期的。小程序是一个工具型的轻型应用，有着“用完即走”的定位，因而小程序的 UI 布局合理与否左右着用户是否在小程序上有着良好的“用完即走”体验。

开发出来的小程序经过了产品测试，接下来所要面临的就是运营管理了。在小程序的运营管理中，对其积累的运营数据进行分析是非常重要的一环。做好小程序的运营数据积累分析，有利于开展小程序的精准化营销。

微信官方曾提供了小程序运营数据的若干指标，包括小程序的打开次数、页面浏览量、访问人数、新访问用户数、入口页、受访页、分享次数、分享人数。但这些指标并不能充分地告诉运营者用户在使用小程序过程中的有效行为及用户特征。

所以，在做小程序的运营数据积累分析时，要在上述这些指标的基础上，再对用户的有效行为数据、用户特征数据加以分析。

以“今日头条”小程序为例，作为一个内容型小程序，加载刷新是其有效的用户行为。对于小程序本身来说，用户的加载刷新意味着将会有更多的机会展现内容；对于用户来说，加载刷新这一行为表明用户对小程序的内容有所需求。“今日头条”小程序界面如图 3-12 所示。

再如主打杂志阅读的“轻芒杂志”小程序，“马克”文章（类似于订阅、收藏，如图 3-13 中方框框出部分就是表示“马克”的图标）就是一种有效的用户行为。这表明用户喜爱或认同这篇文章。“马克”一方面是为了做记录，另一方面则有利于下次直接从“马克页面”开始阅读。

图 3-12 “今日头条”小程序界面

图 3-13 “轻芒杂志”小程序界面

用户的渠道来源、年龄层、性别、行为偏好等都属于用户特征。不同类型、不同定位的小程序，其目标用户特征必然也会有所不同。而要想精准地获取用户数据，在微信官方所提供的小程序管理后台、小程序数据助手这两种数据分析工具的基础上，还可以借助小程序第三方统计平台，如借助“阿拉丁”来对用户行为轨迹做事件追踪、对用户的转化率做漏斗分析等，以帮助小程序运营者在未来可以更为精准地运营，满足用户所需。

3.3.5　用户调研&用户访谈

想让一个产品顺利开发并且获得市场的认可，用户调研和用户访谈便是起始点。小程序若想成功开发，用户调研和用户访谈就是必需的。

但如果你要问有没有什么情况是不需要用户调研和用户访谈的，答案是“有的”。例如“JustinTV”——一个 24 小时播放的真人秀类型视频网站。该网站最初只有一个频道，即直播创始人 Justin Kan 的生活；随着网站的不断发展，逐渐演变为可播放用户原创视频内容的视频网站。于是，网站的开发者也就成为网站的使用者。那么，在这种情况下，用户调研和用户访谈就可以选择大胆跳过。

然而，JustinTV 在初期用户增长过后，想吸引更广大的目标用户，这就意味着网站经营方需要进行网站的转型升级。那么，在这种情况下，就需要进行用户调研与用户访谈了。

所以，如果没有足够的把握，则不要轻易跳过产品的用户调研和用户访谈。那么，对于小程序来说，该如何进行用户调研和用户访谈呢？有 4 个要点，如图 3-14 所示，分别为确定调研方向和关键假设、确定用户群体、联系用户群体、注意用户访谈技巧。

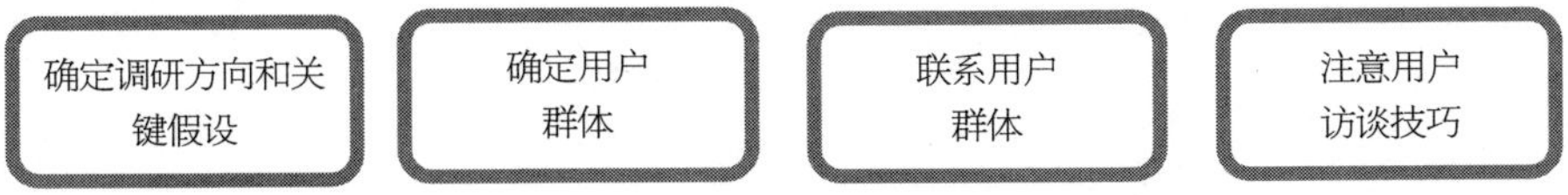

图 3-14　用户调研和用户访谈的注意要点

（1）确定调研方向和关键假设。在正式做小程序的用户调研以前，要确定调研问题的方向，例如，用户如何看待小程序上的记笔记功能；同时做一些关键假设，例如，用户是需要小程序上的记笔记功能的。

（2）确定用户群体。这里有两种方法可以用来确定用户群体。其一为列出与自身小程序的用户定位有利益相关的相关方，并且要尽可能多，因为只有在尽可能多的前提下，才能通过利益相关方找到更多有可能成为目标用户的人，同时还能将小程序的重点目标用户区分出来。

其二为细分自身小程序的潜在用户。例如，做一个美妆类的电商小程序，你的潜在用户是大学生、上班族还是其他群体？要确定好那些真正与你的小程序相关的被调研群体，而不是将从大马路上任意拉来的某些人作为调研对象。

（3）联系用户群体。如今可通过各种便捷的网络社交媒体，如微博、微信、QQ、论坛等来做联系用户群体的工作。在这些社交媒体上，一些特定的群体会因某些事而彼此互相“@”，那么借助群体之间的彼此联系，就可顺藤摸瓜，找到你的小程序的真正目标用户，进而实施访谈。

除此之外，还可以在相关类型的小程序论坛网站上投放小程序的在线问卷调查，在用户基数大且活跃度高的小程序论坛网站上留下自己的联系方式，在对某一用户的访谈结束后可以询问是否有合适的其他访谈用户推荐。

（4）注意用户访谈技巧。采访者心里也许对小程序的功能或小程序用户的需求有一个预先认知，但在正式做用户访谈的时候，仍要采取一种开放式的访谈态度，即所问的问题要给被采访用户留有思考的余地。

同时，做用户访谈要尽可能地采取可即时互动的方式，比如打电话、微信语音或者直接面对面访谈等。这种即时互动的方式便于采访者观察到被采访用户的行为，进而决定下一步的访谈内容该如何实施。并且采访者与被采访用户的看法实时交换，有助于采访者快速地获取被采访用户对于小程序的认知与看法，让采访者可以将有效的问答信息传达给小程序的功能设计者。

第 4 章

功能规划：突出产品核心功能

由于小程序自身的独特性，在设计功能模块时与App、微信公众号等还是有很大不同的。微信推出小程序的目的是不打扰用户，即用户在使用时可随时进入、随时退出。而且从小程序的名字中也可以看出，小程序是一个“小”应用，不可能承载一些复杂功能。所以，小程序在做功能规划时，只能突出一些核心功能，更强调应用的方便、便捷。

4.1 根据目标设计产品优先级顺序

小程序之所以被称为“小”程序，其精巧点就在“小”字上面，这种程序不需要动用手机终端太多的存储空间，用时即开，用完即关。而平常它就像一个无形的 App，不用的时候不会向用户发送任何消息，只是很安静地躺在那里，等用户需要的时候再打开它即可。

为了突出小程序的“小”，微信对小程序有一条硬性限制，即小程序本身代码资源等文件的大小限制在 2MB 之内，而且还要能够为用户提供“直达服务”。所以，小程序的功能应以简单为主，不能把小程序开发成“大”程序，也不能开发太复杂的功能，否则小程序会支持不起来。

在为小程序做功能设计时，一定要对即将要做的某类产品做一些删改，明确小程序要做哪些功能、不做哪些功能、哪些功能先做、哪些功能后做。

4.1.1 哪些功能要做

对相亲的人来说，双方见面的目的就是想要了解对方是一个什么样的人，所以，相亲双方从见面开始，就会非常注意对方的言谈举止，尤其是一些吸引自己或使自己感到不适的点，新产品也是如此。在产品设计的初期阶段都会有许多需求与功能不断地加入、不断地被否定，而最终留下来的肯定是能够担起产品重任的功能。

例如，微信自 2011 年推出之后，纵观 7 年间的变化，微信共经历了 55 次迭代。对微信而言，其核心需求是即时通信。随着微信的不断成长，其核心功能虽然也在不断地发生变化，但其 80%的精力还是放在“通信”上面，力求把这个需求做到极致。

小程序不断成长，其功能也在经历着“去”“留”的过程。在小程序设计初期，小程序的产品定位完成后，要做的就是找出这类产品的一些核心功能，然后针对某一个或者多个功能做出正确合理的判断，最后确定小程序的一些核心功能，那些无关紧要的功能则要果断舍弃。

下面以网易有道词典 App 和网易有道词典小程序为例，分析一下网易有道词典小程序是如何保留一些核心功能的。

网易有道词典 App（见图 4-1）是一款多语种的网络词典，查词、取词、划词均支持中、英、日、韩、法、德、葡、俄 8 种语言，而且日、韩、法语单词及例句都可点击发音，清晰流畅，可帮助用户轻松地学习多国纯正口语。目前，网易有道词典 App 的用户数已经突破 6 亿大关。

图 4-1　网易有道词典 App 界面

对网易有道词典 App 来说，“词典”和“翻译”是其核心功能，除这两大核心功能以外，它还覆盖了学习、考试、记录、社交等场景，如图 4-2 所示。

自微信小程序推出之后，网易又在第一时间推出了网易有道词典小程序，以便抢占更多市场。其实，在网易有道词典小程序推出之前，有道词典 App 就已经荣获“最受用户欢迎在线教育 App 奖”，可见，用户对各语种的学习和翻译的需求还是非常大的。

图 4-2　网易有道词典功能界面

网易有道词典 App 几乎覆盖了词典、学习、翻译及周边的所有功能，如图 4-3 所示。所以，这款 App 还是非常复杂的。然而对于不支持复杂功能的小程序来说，必然是不可能覆盖所有功能的。所以，在设计小程序功能时，肯定要筛选出这款 App 的核心功能。

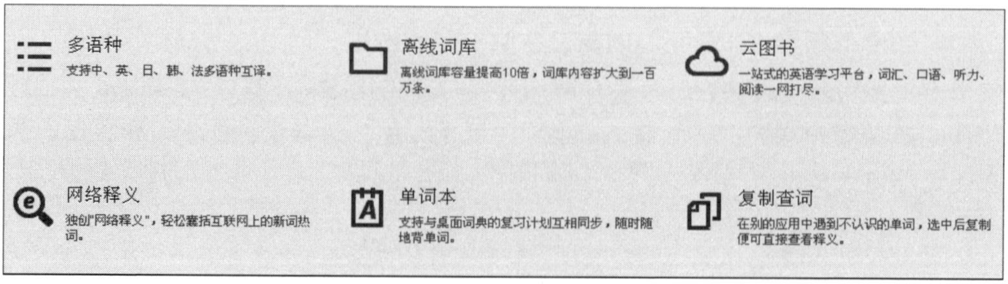

图 4-3　网易有道词典 App 功能

如何筛选出网易有道词典的核心功能呢？这要先弄清楚网易有道词典的原始定位，即做网络“词典”，其他功能都是在“词典”的基础上扩充或者延伸而来的。所以，网易有道词典小程序应致力于网易有道词典的原始定位，只展现其核心功能。网易有道词典小程序界面如图 4-4 所示。

图 4-4　网易有道词典小程序界面

可见，相比网易有道词典 App，网易有道词典小程序的界面非常简洁，只有“翻译”这一核心功能。点击“输入要翻译的文本”，在输入框内输入“hello”，就会出现很多前缀是“hello”的词句。如果点击要翻译的词语“hello”，则会出现如图 4-5 所示的内容。

图 4-5　网易有道词典小程序翻译界面

在词语“翻译”功能上面，网易有道词典小程序和 App 中为用户提供的服务很相似。由于小程序在某些功能上面还不太完善，所以，两者在功能上还是有一些区别的。例如，在输入方式上面，网易有道词典小程序仅支持手动输入，而网易有道词典 App 还支持语音、拍照等输入方式；在查词/翻译功能上面，无论是网易有道词典小程序还是网易有道词典 App，虽然两者均支持中、英、日、韩、法、德、葡、俄等多语种翻译，但是网易有道词典小程序舍弃了精品课、单词本、笔记等功能，只保留了最核心的查词、翻译等功能。

网易有道词典小程序虽然做了一些舍弃，但其“瘦身”工作基本上不影响用户的核心诉求，其使用范围还是非常广泛的，用户可以方便地查询中、英、日、韩、法、德、葡、俄等多语种翻译，而且使用时不再占内存，用户可“即用即走”，是很多用户学习语言的必备工具。

从第一批上线的小程序中可以看出，许多企业开发的小程序都是在自身产品的基础上进行改进的。小程序最大的特点就是轻巧，那么对于这样一个要求，很多企业的做法就是在原生 App 的基础上做减法，保留最核心的功能，这样就可以快速帮助企业开发出一个小程序。而且利用其自身已经出名的产品，在原有产品的基础上对小程序进行相应的改善，不仅能够节省一定的资金和精力，更能通过原有名气收获到 App 所不能囊括的用户群。

4.1.2　哪些功能不做

在做小程序的功能规划时，要想知道小程序哪些功能不做，就要先对小程序并不支持的功能有一个清晰的了解。虽然小程序开放的功能越来越多，但其仍有坚持不开放的功能，当中的“不支持分享至朋友圈”可以说是小程序所不支持的功能中一个最为突出的表现。

毕竟面对微信朋友圈这样一个大流量入口，很多产品都希望通过朋友圈来实现流量的变现，可小程序确定这么做，那么它不支持分享至朋友圈这一功能就必定有其自身的道理。

微信官方曾表示，之所以不支持分享至朋友圈，是因为考虑到朋友圈所具有的那种快速传播的力量，其并不希望小程序的功能因此被滥用。官方表示更多的是优先考虑用户的使用体验如何，希望用户能感受到小程序的完美使用效果。所以，在小程序的功能设计上，并不需要考虑对分享至朋友圈的这一分享功能进行设计。当然也包括其他小程序并不支持的功能。

除这一点以外，在做小程序功能规划时，要注意小程序所具有的触手可及、用完即走的特性。由于这些特性的存在，所以，如果先前已有原生 App，那么不能说绝对，但绝大多数的小程序在做功能规划时必定是要与原生 App 有所区别的。

小程序不是原生 App 的照搬，将 App 中的所有功能都移植过来。当然，小程序也并不是原生 App 的精简版，只保留你所认为应该保留的功能，而不考虑小程序的性质特点，以及小程序所面向的用户群体，只将 App 做简单的精简并不能被称为所谓的“小程序”。

因而，在做小程序时，为了契合小程序的特性，以及符合小程序的目标用户的行为特征，对于原生 App 中该精简、该删去的功能，小程序则一律不做，而做原生 App 中最核心的功能，以及对于小程序来说其他应该保留的辅助功能。

4.1.3　哪些功能先做

一个产品的功能设计必定会有一个设计上的优先级顺序，即什么先做、什么后做。置于先做位置的功能，对于产品来说，必定是有着最重要意义的，是产品的功能核心。如果一个产品的核心功能都无法做好，那么毫不夸张地说，这将会是一个失败的产品。

而且，既然将某一功能确定为产品的核心功能，那么在该功能的实际设计操作上，就必定需要投入相比其他功能更多的心思，置于高优先级，这有利于确保核心功能设计的顺利进行及完善。在设计小程序的功能时，也正是如此。

但是小程序的核心功能又该如何确定出来呢？实际上，确定小程序的核心功能，可以说也就是在确定目标用户的核心需求。这就得谈到小程序需求优先级的判断，有以下（见图 4-6）三点。

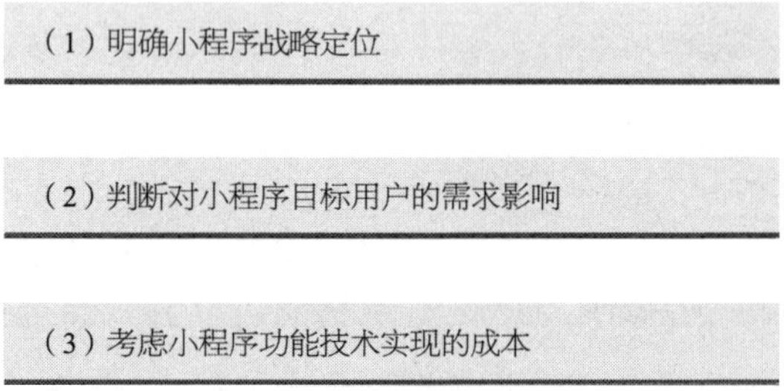

图 4-6　小程序需求优先级的三点判断

（1）明确小程序核心功能，首先就要明确所要开发的小程序的战略定位是什么，是专注于做服装电商零售，还是为用户提供贴心到家的外卖送餐服务，抑或其他？这一点必须清楚，只有大的战略目标、大的方向确定且清晰，在接下来的小程序功能设计上，设计者才能有一个清晰的设计思路，知道该在小程序的哪方面功能设计上做主要的努力。

（2）判断对小程序目标用户的需求影响这一点是在完成了目标用户分析，即锁定了小程序目标用户的基础上才能做的工作。小程序的目标用户被确定之后，就可以进一步判断用户对小程序有哪些期望的需求。

以判断用户需求的方式来分出哪些应是小程序先做的功能，其实就类似于时间管理理论的“四象限法则”，即按照紧急、不紧急、重要、不重要的分级，将要做的事情分成 4 个象限，如图 4-7 所示。

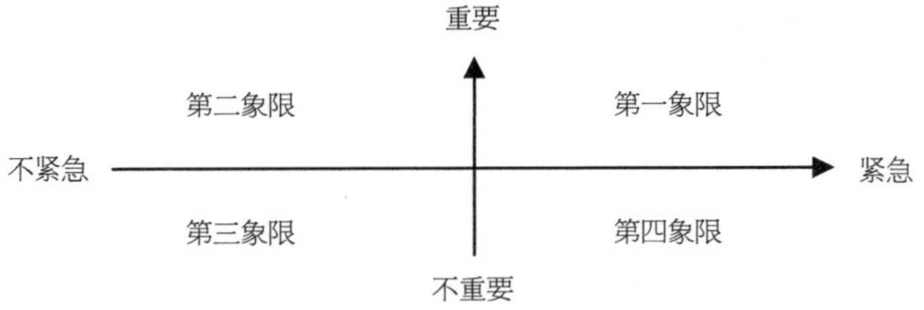

图 4-7　时间管理理论的“四象限法则”

将要做的事情划分为这样的 4 个象限，有利于对时间进行有效的管理和分配。而同样地，在小程序的功能设计优先级上，也可依据“四象限法则”的原理，将目标用户的需求按照轻重缓急划分，那么其中紧急且重要的需求就是做小程序功能设计时先做的功能，也就是其核心功能。

（3）考虑小程序功能技术实现的成本，其实就是要求小程序功能设计者要根据现有技术的实现能力来设计功能。对于那些比较容易实现的需求功能，就可以与紧急且重要的需求一并先做，当然紧急且重要的需求也有可能就是比较容易实现的功能。做好这一点既能满足用户对小程序的核心功能需求，又有利于节约小程序在初期开发设计阶段的资源。

4.1.4　哪些功能后做

小程序哪些功能应该后做？这一问题其实在明白了小程序哪些功能应该先做以后就非常明了了。

依据“四象限法则”来看，后做的功能一般就是用户有提到但当前并不怎么迫切需求的功能。正是因为没有迫切的需求反映，所以对于归属这一类别的小程序功能，小程序设计者就可以将其置于后做的位置。除这一方法以外，还可以采用 Kano 模型（一种基于用户对于产品体验的满意度来对用户需求进行分类和优先级排序的工具）来判断小程序的用户需求。

这些相对来说不紧急的功能，虽然当前可能并不被用户迫切需要，但并非就意味着在未来的时间里也不会变得紧急且重要。用户的需求总是在变化着的，这是存在发展变化的一个阶段。

因此，在前期收集用户需求信息时，需要对用户所提的那些属于不紧急或不重要的需求功能有所留意，而并非选择完全忽略它们。就算不是当前就要做的功能，但是其具有被需要、被使用的前景。在未来，这些不紧急、不重要的需求功能也许就是在小程序中虽作为辅助，但又备受用户喜爱、必不可少的功能。

将这些功能置于后做之位，一方面有利于将时间、心思集中在小程序的核心功能设计上，因为核心功能的设计成功与否是决定着小程序成败的一大关键因素；另一方面则有利于步步跟进用户的需求变化，以适时地添加这些在未来虽不是核心，但却是必不可少的辅助功能。

除这一点外，那些以目前企业的研发技术还实现不了的小程序功能也应该后做。随着市场的发展，以良好的心态来估计，当小程序的事业越做越大，发展得越来越好时，企业的研发技术也是在不断进步的。那么，当技术成熟的时候，再来做这些之前技术达不到的小程序功能，将会更容易实现，并且还能完成得更好。

总而言之，小程序后做的功能，一为那些在当前对于用户来说并不怎么紧急或重要，但在未来又有被使用的需求前景的辅助功能；二为那些以当前技术、资金还不能实现或完成效果较差的功能。将小程序的这些功能后做，除对于设计者来说可实现资源上的节约以外，也是为了给小程序的用户提供一种完美的功能体验。

4.1.5　人人词典：学英语，既有趣又有效

人人影视，一个专注于影视资源分享、字幕翻译的网站，其对于爱看海外剧的人们来说，必定是非常熟悉的。不过，历经 10 年之久的人人影视也开始了商业转型，在 2016 年，人人影视推出了一个词典 App，其名为“人人词典”，界面如图 4-8 所示。

“人人词典”虽然是一个词典型应用，但基于“人人影视”本身的影视观看与分享的特点，在“人人词典”上输入任意一个与影视剧集相关的英文单词，就会显示该单词在哪些海外电视剧、电影中作为台词出现过。例如输入“room”，在页面中就出现了如图 4-8 左图所示的结果。

并且其 App 还提供在线台词的 FM 收听、在线视频收看，以及将陌生单词加入生词本中的功能，如图 4-8 右图所示，让人们在使用该词典 App 的过程中，既可以观看相关影视，又能从中学到英语知识。

图 4-8　输入“room”后显示的相关影视剧作

而随着微信推出小程序这一应用，“人人词典”也紧随潮流，上线了“人人词典”小程序，不过现在其已升级为“美叨 Mumbler”，如图 4-9 所示，但为了与原生 App 对比的明显与便利，下文仍称为“人人词典”小程序。由于小程序是用完即走的轻型应用，所以为了符合小程序的这一特性，相较于“人人词典”App，“人人词典”小程序的界面变得更加明了简洁，如图 4-10 所示，左为 App，右为小程序。

在小程序中，“背单词”功能被放置在界面中的醒目位置，如图 4-10 右图所示。这一设置正是与小程序让用户可以通过小程序直达目的的定位相契合的。将人人词典的核心功能在小程序界面中突出显示，便于用户达成英语的背与学这一核心目的。

“查单词”和“背单词”是“人人词典”小程序所保留的原生 App 中最主要的两个功能，并且小程序将原生 App 中的背单词方式升级，变为了“背单词 赚美刀”这一功能，如图 4-11 所示。

图 4-9　“人人词典”小程序升级为“美叨 Mumbler”

图 4-10　“人人词典”App 和“人人词典”小程序的界面对比

图 4-11　小程序中的“背单词　赚美刀”功能

该功能相比于传统的背单词方式，更偏向于以一种游戏比赛的方式来帮助用户背、学英文单词。何出此言呢？且看图 4-11 中中间图所示的比赛规则，根据每场单词比赛所产生的总经验值中每个人贡献的经验值占比来分配奖金池，1 美刀与 1 美元价值相等。而且，在比赛过程中，题目也是通过影视台词的形式来提供的，关联影视剧作的这一方式与原生 App 的方式别无二致。

人们都偏爱于在游戏中学习，不愿意采取传统的死记硬背方式。而小程序这种奖励机制型的背、学单词方式，具有游戏互动的意味，恰恰有利于激发用户的学习热情与一定的比赛争胜心。获得比赛的胜利及奖金，可以有效地满足用户的得利心，从而督促用户学习英文的进度。

由此可见，“人人词典”小程序的功能设计思路与原生 App 不同，其小程序并非单纯的 App 简化版，而是根据小程序的特性、所要面向的用户而进行设计的。如果说原生 App 所面向的是有重度学习需求的用户，那么其小程序所面向的就是一般的轻度用户，更具有游戏意味。

在保留原生 App 的核心功能——背、学单词的这一先做的基础上，其小程序还能随用户不断增长、变化的需求对小程序功能做出增添，让用户在“人人词典”小程序上的英文学习依然能够既有趣又有效。

4.2 小程序功能规划注意事项

2017 年 6 月 14 日，微信官方在北京开展了小程序的公开课专场活动。这次活动用 4 个关键词来概括便是“规划、数据、小程序+新零售、第三方平台”。在活动上，公开课讲师郑文晓不仅对小程序以往开放的功能进行了回顾，并且带来了对小程序的进一步能力解读和未来发展规划等。

从郑文晓口中可以得知，在下一阶段规划中，小程序将会赋予第三方平台更多能力，为开发者提供更好的生态支持，让第三方服务商逐渐成为微信生态中的重要角色。并且小程序还将提供跨平台的测试系统与更精确的数据分析以及更强大的连接能力。因此，针对这一规划，为了能更好地应用小程序，就必须了解有关小程序功能规划过程中所需注意的事项。

4.2.1 功能要直接切中用户痛点

要想让小程序的功能能够直接切中用户痛点，必须先了解什么叫作“用户痛点”。举个例子，过去当人们想使用插座时，有时会忽然发现插座上的二孔因为下方的三孔正在使用，导致插头没有足够的位置插入上方的二孔，这时人们可能就会不禁发出抱怨：“为什么这个插座要设计成这样啊？一点都不实用。”

这里暂且不讨论插座如此设计是出于安全考虑的问题，而只就人们面对这件事而产生了抱怨的这个现象来谈，其实这就是所谓的“用户痛点”。用更简单的话来说，其意思就是用户的需求不能够被满足。

微信创始人张小龙曾这样说：“一个好的产品经理的标准是，不能自以为是。微信小程序是给用户用的，而不是给开发者用的。”

因此，在小程序功能的设置上，也就必须清楚用户才是当中主体，也必须去了解用户到底有哪些方面的需求，比如书籍阅读方面、出行乘车方面等。搜集这些信息，并就这些信息去有针对性地完善小程序的功能，才能真正地、直接地切中用户痛点、满足用户需求。

而要想真正地直接切中用户痛点，前文也提到，搜集用户的信息是其中的一个关键环节。目前，国内首家专注于微信小程序的数据统计平台——阿拉丁（aldwx.com）已应运而生。

阿拉丁数据统计平台作为微信小程序的第三方统计平台，可以抓取并分析大量的数据，然后将这些数据提供给小程序的开发者，给予他们运营上的指导，从而让创业者了解到用户的需求在哪里，自身该如何针对这些用户需求去优化产品运营，进而不断完善小程序的功能。

简单来说，阿拉丁数据统计平台的服务可以分为 4 部分，分别为明确用户来源、丰富用户画像、优化产品体验、提高产品稳定性。

明确用户来源主要有两种方式：一是监控线下渠道，也就是实时统计二维码的扫描人数，包括新增人数及扫描次数等，从而节约成本、提高效率；二是监控线上推广，也就是实时统计页面的分享人数与分享次数等，以便跟踪推广的效果。

丰富用户画像是指平台对访客进行分析，比如分析访客的人数、新增的用户、打开的次数等，让创业者了解到其用户的行为喜好，使得用户的画像不断完善。

优化产品体验是指平台通过优化整个小程序的流程设计，明确薄弱的环节，从而让创业者知道其在何时何地失去了用户，以及后续该如何对此进行处理。

提高产品稳定性是指平台实时监控小程序的线上运行状态，以降低产品的异常情况，让每一位使用小程序的用户都能得到很好的服务。

可以说，相对于微信本身的后台数据统计，阿拉丁数据统计平台对小程序的数据统计更加具体和完善，其独有的用户来源分析替创业者绘制出更为精准的用户画像，从而为小程序的功能可以达到满足用户需求的目标提供数据上的支持。

总之，阿拉丁数据统计平台的存在对于完善小程序的功能以满足用户痛点来说，是具有其重要意义与作用的。创业者需要通过思考，根据自身产品的特性，善用第三方平台，绘制用户画像，以开发出在功能上可以直接切中用户痛点的小程序。

4.2.2　减少负载是出发点，但并非核心

企鹅智酷于 2017 年 4 月 24 日公布的《2017 微信用户&生态研究报告》显示，截至 2016 年 12 月，微信全球共计有 8.89 亿月活用户。

由此可见，自 2011 年 1 月 21 日推出后，微信已经成为人们日常生活中越来越离不开的一个社交媒体。而微信之所以拥有如此多的用户，是因为其本身简单快捷、易操作的功能设计可以让那些不太懂得使用社交媒体的人们也可以轻松快速地上手。

2017 年 1 月 9 日，微信的第一批小程序正式推出，其“用完即走”的理念实现了应用触手可及的梦想。小程序作为一种无须下载安装就可以使用的应用，用

户可以不必再担心由于应用安装过多而导致手机内存不够的问题。

小程序名为小程序，其特点之一就在于它的“小而快”。这种“小而快”的设计，在打开微信小程序的界面时就可以感受到。可以说，与微信一样，小程序具有简单快捷、易操作的特点。

小程序与其他功能齐全甚至强大的手机 App 不同的地方就在于，其省去了那些附加功能，而只保留可以满足用户需要的、虽基础但又必需的应用。联系小程序“用完即走”的理念，可以说，小程序是以减少负载为出发点的。

然而，这里需要注意的一点就是，减少负载虽然是出发点，但它并不是小程序所追求的核心所在。这里就得提到微信的一个基本价值观：“一个好的产品是一个用完即走的。”小程序正遵循着这一价值观。

这就可以理解小程序所要达到的目标是能最高效率地达到用户的目的。而“减少负载”只是在达到这个目的之前，小程序首先需要满足的一个基本的要求。在满足了“减少负载”这一要求之后，小程序以此为基点，就可以进一步思考如何才能做到高效率，来为用户提供简单、舒适的“直达服务”。

对于小程序来说，它的定位是“体验比网站好，比下载 App 更便捷”。其一方面是微信的巨大用户量级，另一方面是第三方服务提供者。小程序不止于“小”，它追求的核心应是如何更好地承载服务，以做成一个大型、独立的软件生态，达到让平台与开发者可以双赢的目的。

事实上，微信推出小程序并不是要做一个应用分发市场，而是搭建一个开放的平台，提供给那些具有优质服务的开发者。这样，小程序就通过微信平台将本地应用的优势给予了第三方服务商。微信这样做说明其自身并不会涉足各类各样的功能，而是将这个平台交给了开发者、创业者，赋予了他们更多可以进行开发创造的行为能力。

目前，已经有各种各样的小程序第三方服务公司出现，比如青雀小程序开发平台、即速应用、Coolsite360 等。它们为小程序的开发者甚至完全不懂技术和开发的商家提供各类解决方案，而商家就利用这些小程序开发第三方服务商来规划自己的小程序。

4.2.3 更深入尝试，做法很接地气

在 2017 年 6 月 14 日的微信公开课北京站上，公开课讲师郑文晓提到了小程序下一阶段的发展方向，分为三个方面，分别为对小程序开发者的生态支持、更

完善的能力和开发配套、更强大的连接能力。这三个方面具体包括以下（见图 4-12）内容。

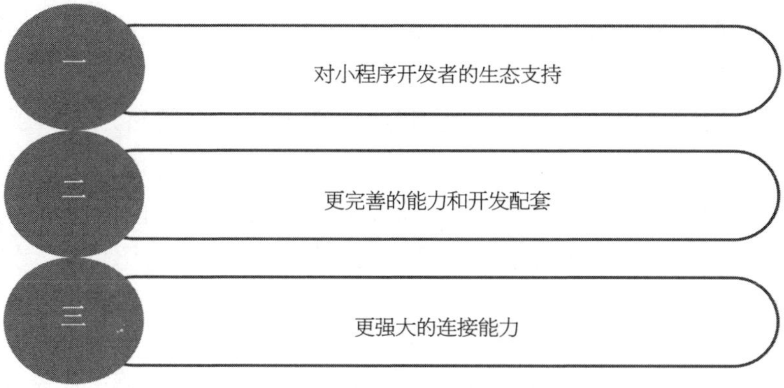

图 4-12　小程序下阶段的发展方向

其一，对小程序开发者的生态支持。提供更便捷的注册认证渠道，赋予第三方平台更多能力。

其二，更完善的能力和开发配套。包括能力与接口、提供测试系统与数据分析。

其三，更强大的连接能力。与微信自身的产品相结合，提供更多行业的连接能力。

其中要指出的是第一方面，关于对小程序开发者的生态支持。现在，很多商家已经拥有了微信公众号，并且在申请公众号时已经提交过很多的材料，但在申请小程序的时候可能就需要把这些提交过的材料重新比较一番，这样便会浪费很多时间。

按照一般情况，如果让商家自己来写代码开发小程序，那对于商家来说其实是有一定难度的。而且这样做也会导致小程序的门槛变高，那些想通过小程序来运营产品的商家就会被挡在这个门槛之外，陷于想做但又无从下手的境地。

小程序其实并不是要做成这样的，微信团队是希望商家能够更为容易地开发与运营小程序的。所以，前面所提到的那些已经认证过公众号的商家是可以选择在微信的后台一键快速创建小程序的。

这可以理解为小程序的本意并不是要设置一个很高的门槛，而是要以一种接地气的方式来更贴近大多数人群，让那些不懂代码的商家也可以参与到小程序的运营当中来。

创建小程序只是第一步，针对有些商家还会有想把自己的服务放到线上来的需求，微信团队推出了门店小程序。有了这个门店小程序，商家就可以直接在公众号的后台选择一键创建门店小程序，再上传自己商铺的一些信息材料，之后一个比较完整的门店小程序就能被快速地创建出来，而在整个过程中，商家并不需要写任何代码。

目前，门店小程序的功能还是相对比较简单的，尽管官方提供了一些另外的服务，比如卡券能力与支付能力，以便为门店创造更多的能力及服务的场景，但官方当前的能力毕竟还是有限的，因而，在小程序下一阶段的规划中便出现了将小程序的开发工作，以及为商家提供更便利的注册方式的工作等交给第三方平台来做这种新的尝试。

门店小程序虽然不用写代码，但也因此比较简单，所以它无法提供丰富的、具有特色的服务。面对这种情况，开放第三方平台的做法就发挥了它的作用。商家可以去寻求小程序第三方开发商的帮助，来开发自己的具有特色的小程序。而且通过第三方来开发，由于是批量管理的，因而开发成本也会相对比较低。

4.2.4 线上线下能够高效互连

小程序是线上与线下商业形态的连接中转站，它承担着既连接微信的社交和媒体属性，又连接微信支付、卡券等一些支付系统的责任。就在 2017 年 5 月 10 日，微信于凌晨宣布开放了“附近的小程序”功能，界面如图 4-13 所示。

打开微信，点击“发现”界面中的“小程序”，进入后便可看到位列第一行的“附近的小程序”。那什么是“附近的小程序”？其实从字面上就能很好地理解，但用一句较为准确的话来讲，“附近的小程序”是微信小程序推出的一种可以帮助商家快速地在指定地点展示小程序，以方便被正处于当地的用户找到和使用的功能。

从用户的角度来看，用户打开“附近的小程序”后，就可以查看这些商家的门店信息，选择合适的小程序来满足自身需要的服务。当然，这对需要马上处理或完成事情这种比较紧急的情况来说，也带来了极大的便利。当发生这种情况时，用户只需通过搜索“附近的小程序”就能快速完成要做的事，例如，预先在小程序上挑选商品与下单购买。

图 4-13　微信“附近的小程序”

“附近的小程序”也是线下场景的集合。对于线上推广来说，它是一个重要入口，提供给线上与线下的新零售无限的发展空间。而事实上，线下场景化运营更是小程序的主战场。

在 2017 微信公开课 PRO 版上，张小龙举了两个例子：其一，扫描公交站牌上的二维码来获得下一辆公交车的到站时间；其二，扫描汽车站中的二维码来购买车票，以避免排长队浪费时间。从这两个例子当中就可以得知小程序从一开始被研发出来就非常看重开拓线下场景化运营。

张小龙推荐使用扫描二维码的方式来进入微信小程序，用他自己的话说便是二维码是微信里的一个基础入口。微信官方更期望小程序的启动来自用户对二维码的扫描。那么这种扫描二维码的方式，其主要的场景又在哪里？没错，就是“线下。”在线下，存在许多可以被利用或者被优化的场景。张小龙举的两个关于等车与买车票的例子，便属于这里所说的线下场景中的典型，而除此之外，还有其他场景，如餐馆点餐等。

目前，随着越来越多的开发者或创业者加入运营小程序的行列中来，一些基于场景创新的产品也随之不断地出现。这些新产品的出现使得线上和线下得到了进一步的高效互连。

举个例子，在“肯德基会员活动”小程序中，有一个功能是“K 金商城积分兑礼”。打开“肯德基会员活动”小程序进入首页，在页面上就会提示用户“注册登录 WOW 会员，积 K 金兑好礼”。若再点开页面下方“K 金商城”的选项，则进入另一个页面，用户会发现在这个页面上，它会更加明显地在出售的肯德基产品优惠券的旁边附上“登录后兑换”字样。

这表明，在这个肯德基的小程序里，要想兑换礼品，首先需要注册登录，登录后才可以累积会员积分，从而得到使用优惠券的机会，以兑换礼品。“肯德基会员活动”小程序首页及其小程序商城界面如图 4-14 所示。

图 4-14　“肯德基会员活动”小程序首页及其小程序商城

“肯德基会员活动”小程序通过累积 K 金兑换礼品的方式来吸引更多的用户触发小程序。而先注册登录才能累积兑换的设置又使得那些想得到优惠的用户必须注册登录，这就有助于小程序获取更多固定的流量。

由此可见，想把小程序做好，注重线上与线下的互连是非常重要的，用微信开放平台的行业产品经理于洪潇的话来讲就是“小程序与零售线上线下相融相生”。目前把线上线下互连做得比较好的小程序“摩拜单车”算一个。

那么，要做到线上与线下高效互连，就需要开发者或创业者不仅仅思考如何善用“附近的小程序”中“自定义关键词”这一功能设置，让自己的小程序被更多的人找到，而且也需要思考在小程序里设计什么样的功能才能吸引人们，在借鉴吸收其他优秀小程序经验的基础上再进行创新功能设置。

而今，在二维码被广泛使用的情况下，人们在户外活动时经常能够看见墙上、柱子上、玻璃上等都标识着企业或商家的公众号二维码或者“扫描二维码下载 App”字样。

前者扫描二维码关注公众号可以获取商家的信息，但可能并非用户所急需的服务；而小程序则不同，如果商家将公众号二维码替换成小程序二维码，那么用户只需扫一扫就可以直接获取所需的服务，具有高效性。

后者扫描二维码下载 App 的方式其实并不是一种吸引流量的高效方式。因为在户外的时候，并不是时时刻刻都有可使用的 Wi-Fi 提供，且并不是每个人都有充足的流量，而下载一个 App 至少需要十几 MB 或二十几 MB 的流量。在这种情况下，又考虑到将 App 下载下来后，可能会既占内存，而自己将来又不会常用到，因而，人们大多数不愿意下载 App。

那么这个时候，小程序就要发挥它的作用。由于小程序具有用完即走的特性，所以它并不需要人们去下载，而只需扫描二维码就可以实现 App 中的基本功能，满足用户当下急需的服务。因而，如前文所写，商家可以将一部分公众号二维码替换成可以一扫描就能调用小程序的二维码，让用户更加快速地从线下进入线上。

试想一下这样的情景：人们通过扫描企业、商家所提供的二维码，把线下各种工作、生活的场景以小程序的形式调用出来，让线上功能和线下场景相互连接，人们在线上完成工作或者服务，既快捷又便利，又能使得线上与线下得以打通。

4.2.5　滴滴出行：滴滴一下，随叫随到

而今，随着越来越多的行业加入小程序的行列中来，各式各样的小程序层出不穷，如点餐类、购票类等。这里将以“滴滴出行”为具体例子，来看看其作为一个打车小程序是如何规划功能，在日常生活中为人们提供服务的。

相较于传统的打电话叫车和路边拦车来说，“滴滴出行”的出现为打车服务

提供了一种新型且快捷的途径。尽管“滴滴出行”已经拥有 App，但作为打车类 App 中用户使用比较广泛的 App，它也加入了小程序的运营行列中，以小程序的形式继续为人们提供高效、便利的服务。

滴滴出行所推出的微信小程序，本质上的服务与 App 是相同的。该小程序也是利用移动互联网的优势，线上点单，线下服务，从一开始呼叫打车服务到下车后使用线上支付车费这一过程，让线上与线下得到了很好的融合，正所谓“滴滴一下，随叫随到”。并且司机师傅可以根据实际情况按意愿接单，这样既节省乘客与司机之间的沟通时间与乘车资源，又能让乘客的打车体验得到最大限度的优化。

但相对于“滴滴出行”App 来说，“滴滴出行”小程序的页面设计以及操作流程简洁了不少。“滴滴出行”小程序可以说是从其原 App 中将主要功能剥离了出来，在小程序里成为最核心的功能，让一些用户不必再像使用 App 时那样，点来点去，不知如何操作，而是可以直接快速地获取想要的服务，这便是小程序的一大优点。

用户要使用“滴滴出行”小程序的时候，打开微信，通过小程序里的搜索功能搜索“滴滴出行”或者扫描“滴滴出行”小程序的二维码即可。进入该小程序首页后，输入手机号获取验证码就可以进行登录，整个过程非常快捷且容易操作。“滴滴出行”小程序首页登录界面如图 4-15 所示。

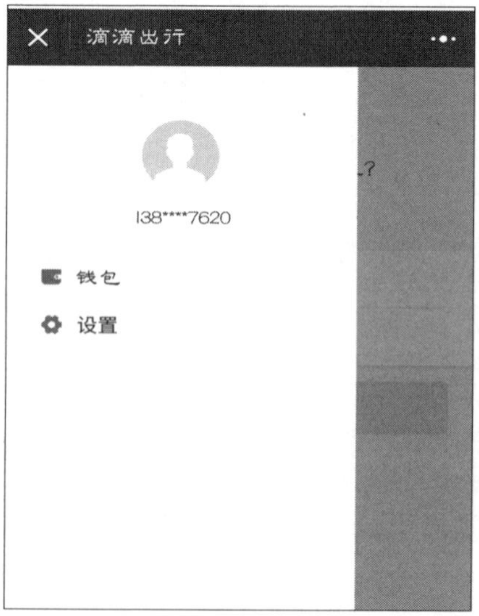

图 4-15 “滴滴出行”小程序首页登录界面

登录小程序后，这时若点击头像，则会出现“设置”的功能按钮，当中为用户提供了“乘客指南”这一服务。用户在使用小程序时出现的问题与疑问，比如“重复支付、支付不成功、司机师傅爽约”等，都可以尝试在这里寻求一些帮助。“滴滴出行”小程序设置页及其乘客指南界面如图 4-16 所示。

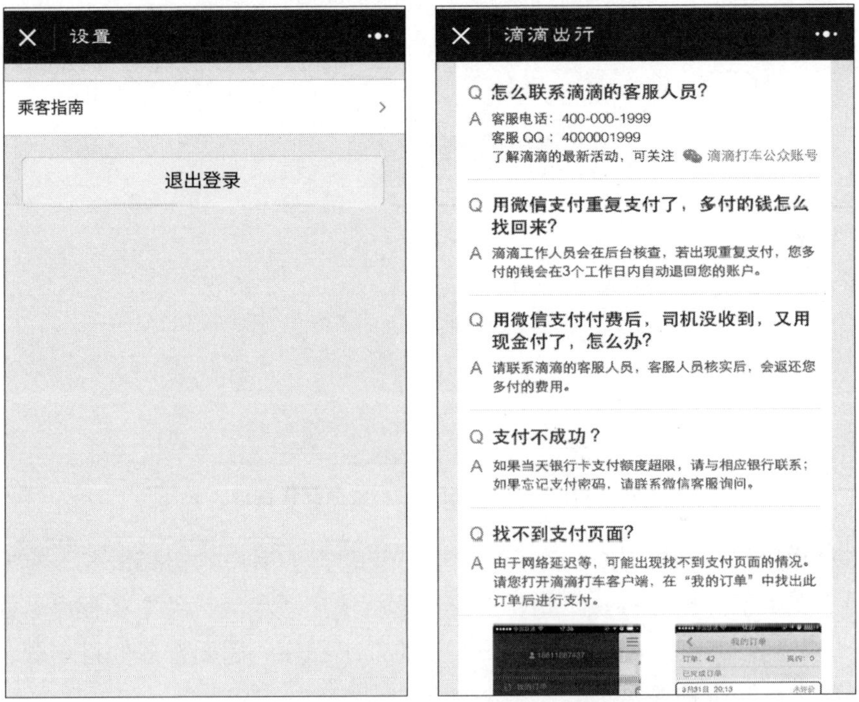

图 4-16　“滴滴出行”设置页及其乘客指南界面

除这些保留的必需功能外，该小程序与原 App 的不同之处就在于非常注重突出核心功能。在原 App 中，用户注册登录后进入首页，可以看见页面上提供了“快车、出租车、专车、顺风车、代驾、公交、自驾租车、敬老租车、豪华车、ofo 单车、二手车”这些丰富全面的服务，并且在首页展示的地图上还能看见附近实时的车辆移动。

而在小程序当中，这些功能与服务都被省去，只保留了输入打车的出发点与目的地这一最核心的功能，以及提供计价规则让用户了解打车的计费情况。原 App 中其他的服务，比如代驾、公交等，都被拆分成另外单独存在的小程序供用户使用。“滴滴出行”小程序操作首页如图 4-17 所示。

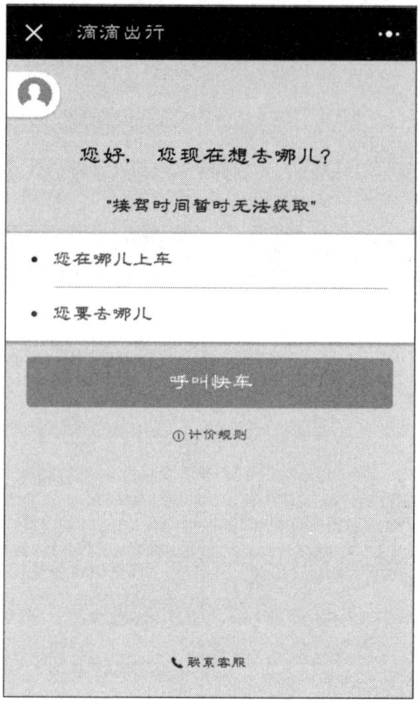

图 4-17 “滴滴出行”小程序操作首页

“滴滴出行”所做的这一点好处在于其考虑到了用户的实际情况而有针对性地为用户提供了打车服务。比如，需要代驾就使用“滴滴代驾”小程序，需要查询公交出站到站情况就使用“滴滴公交查询”小程序，需要普通的打车服务就使用“滴滴出行”小程序。

在“滴滴出行”小程序里，只要输入出发点与目的地，再点击一下下方的“呼叫快车”按钮，然后等待司机师傅接单和到来即可。整个过程既便利又高效，且很容易满足用户的打车需求，对于那些有紧急事件的人们来说更是极为有帮助，真正做到了“滴滴一下，随叫随到”。

4.3 功能设计时要做融合

每个产品都需要进行功能的设计，小程序也不例外。对于小程序的功能设计，必须清楚小程序是作为一个什么样的产品而存在的。换句话说，必须明确小程序的定位是什么。如前文所提，一个小程序应该“体验比网站好，比下载 App 更便捷”。

作为微信中推出不久的服务，小程序的功能设计要遵循它的定位要求，也需要融入其他更多更强大的连接能力，如与微信自身的产品进行结合、切入社交关系、提供更多行业的连接能力。

4.3.1　内容需求要融入微信生态

既然在小程序的内容需求方面需要融入微信生态，那就有必要清楚所谓的“微信生态”现在是以一种什么样的状态存在着的。当前的微信已经成为人们生活中极为重要的社交软件，拥有巨大的流量基础。微信在经历了朋友圈、公众平台、微信支付等功能的成长后，已经形成了平台、用户、第三方这三者之间的一种相互关联、较为稳固的生态关系。

在企鹅智酷发布的《2017 微信用户&生态研究报告》上对微信现有用户数的统计数据是这样的：“在 2016 年 12 月的时候，微信全球共计 8.89 亿月活用户，8 成以上用户使用微信办公，超 1000 万公众平台账号，近一年来带动的直接信息消费，包括通过微信拉动的流量消费、公众平台内容消费及服务消费在内达到 1742.5 亿元。可以说，微信已经成为中国移动互联网的国民级社交应用。”

这一国民级社交应用以庞大的用户群体为生存基础，许多用户在微信这个平台上工作学习、日常社交、支付购物、处理业务等，可以说微信已经基本覆盖人们生活中的高频领域。微信已经形成了一个“微信生态圈”，朋友圈连接着人们之间的社交关系；公众平台的出现让各类自媒体活跃起来，各种消息资讯得到快速、广泛的传播；微信支付则改变了传统的交易方式。而小程序相切合的优质服务行业正是建立在这个生态圈之中的。微信生态圈如图 4-18 所示。

目前，微信的生态圈已经逐步实现了“微信+社交”“微信+媒体”“微信+支付”“微信+生活服务”“微信+企业服务”这五大生态功能。但是微信推出的企业号由于受限于专业功能和参与人数，未能在企业内得到广泛的应用。而其服务号虽然提供给企业发布信息的渠道，但因为消息推送数量上的限制，服务号的繁荣程度也远比不上订阅号。

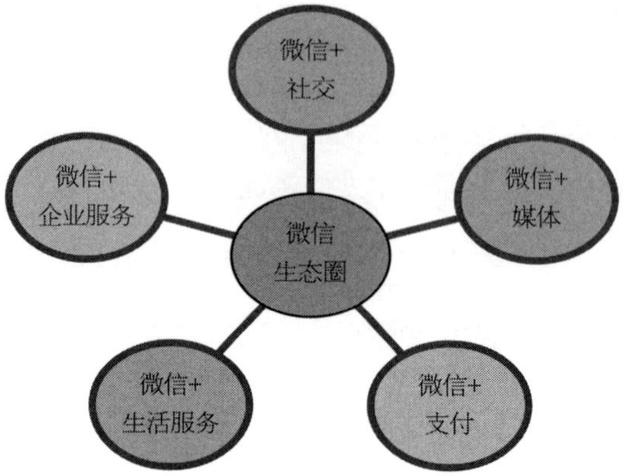

图 4-18　微信生态圈

在微信生态圈中，基础能力的提供是最为主要的。与公众号一样，微信希望小程序的内容能够为各行各业提供服务，满足人们的需求。小程序要连接的不单单是传统商家，而是要让各行各业都可以在小程序里找到属于并且适合自己的连接方式。小程序其实肩负着服务号和订阅号未能完成的使命，让微信生态可以对社交媒体、日常生活、企业工具等领域继续进行渗透。

从微信公众平台公众号推送的消息中可以得知，小程序正在不断地进行升级和优化。微信公众平台在 2017 年 9 月 8 日推送的关于小程序能力升级的消息中这样写道："为了让用户更便捷地获得商家服务，小程序提供了用户支付成功后可以选择勾选查看关联公众号的功能。"如此的做法使得用户与小程序的开发者之间建立起一种联系，用户可以通过公众号来快速地获得订单详情与售后服务等需求服务，以便小程序为用户提供更优质的服务。

在 2017 年 8 月 18 日推送的消息中，关于小程序能力升级的问题，微信公众平台则表示："小程序可以自定义分享配图；公众号及小程序客服可以给用户发送小程序卡片；用户可以在客服会话内查看客服人员的输入状态；支持用户发送当前小程序页面至客服会话。"

小程序的这一能力升级让广大用户能更为便利地享受到小程序的服务。在公众号文章末尾，微信公众平台也提到开放了小程序更多的新能力："从 App 分享小程序消息到微信中，支持获取微信群的相关信息，让群排行和群协作等玩法延伸到微信以外的更多场景；在小程序里可以快速地获取用户保存的有关发票抬头信息，让线上线下的开票流程告别烦琐；开发者还可以使用指纹识别来登录小程序，以强化用户的信息安全。"

实际上，这些能力的优化升级就是将小程序的内容需求融入微信生态的做法。用户有某种需求，那么小程序就要做出相应的反应。可以看出，微信官方希望通过升级优化以及进一步开放小程序的一些能力来吸引更多的第三方开发者加入小程序的行列中来，根据各个行业的需求，为企业或商家设计开发出功能更加适用、体验更加丰富的小程序。

4.3.2　在自有 App 中去粗存精

目前，像“滴滴出行”那样本身就拥有 App 的企业也开始加入小程序行列中。这些 App 可能本身就凭借许多丰富且具有特色的服务吸引着广大群众，但若要做成小程序，就得需要在自有的 App 中去粗存精。因为众所周知，小程序秉持着“用完即走”的理念，是一种轻型的应用，如果在开发小程序时不对原有 App 当中的功能进行取舍，那这便是在做无用功。

除“滴滴出行”之外，以“中国移动 10086 + ”小程序为例。“中国移动”本身也是拥有 App 的，除基础的话费流量查询与充值功能外，还提供各种详细的套餐转变与优惠活动等。本来需要去手机移动营业厅的实体店才能办成的业务，在这个 App 上几乎都能完成。用户只要下载这个 App，就可以随时随地、轻轻松松地使用网上移动营业厅来满足自己的需求，既快捷又便利。“中国移动”App 首页如图 4-19 所示。

图 4-19　“中国移动”App 首页

而“中国移动 10086+”小程序的推出，则为那些需要快速查看话费流量使用情况以及充值的用户进一步提供了便利的通道。在登录进入该小程序首页之后，目前账户的话费与流量使用情况便一目了然，这些相关数据都非常清晰地呈现在手机页面上。若余额不足，用户则可直接点击页面上的“充流量 充话费”按钮来进行交费。“中国移动 10086+”小程序首页如图 4-20 所示。

图 4-20 “中国移动 10086+”小程序首页

所以，在小程序的功能规划中，将自有 App 中的内容去粗存精，其实就是在寻求最初做 App 时的根本目的是什么。比如“滴滴出行”App 就是为了给人们提供便利的打车服务，而“中国移动”App 则是为了让人们可以足不出户就能轻松完成手机的话费查询与充值。那些 App 中其他各种各样的特色服务都是由这个根本目的延伸扩展而来的。

所以现在做小程序的功能规划，其实就是回归本质。不是考虑要提供给用户花样繁多的服务，而是思考用户最基本的需求是什么。最基本的就是最核心的，只有把这一点思考清楚了，才能将自有 App 中的内容进行很好的删减、融合，提炼出最基础也是最根本的功能来作为小程序的核心功能。否则小程序就和 App

没什么两样，也就没有开发的意义了。而这正是根据小程序“小而快”的特点而生出的做法。

小程序虽然给人一种精简版 App 的感觉，但其实跟 App 是不完全相同的。在小程序的页面中一定要突出核心功能，去掉任何与用户的需求目标不相干的内容。明确页面主题，避免出现会对用户的决策和操作产生干扰的因素，从而让每个刚开始使用小程序的用户一下子就能明白自己需要的是什么和接下来该如何进行操作。

像“滴滴出行”小程序与“中国移动 10086＋”小程序等一些类似的小程序一样，做到有针对性地满足用户需求是非常重要的。要清晰、明确地告知用户该如何操作，确保为用户提供便捷、愉悦的使用体验。要清楚地知道做成这样的小程序，什么才是它的核心功能，找好自身的产品定位，那么小程序的运营就向成功迈进了一步。

4.3.3　最好切入社交关系

虽然小程序存在于微信中，但目前小程序依然没有转发至朋友圈的功能，尽管它能分享至好友对话中以及微信群里。那么，如何让小程序被更多的人知道呢？从现状来看，网络社交非常流行。所以，要想让更多的人知道自己开发出来的小程序，就要切入社交关系，借势推广。

在 2017 年 8 月 22 日的微信公开课上海站——小程序专场上，“蘑菇街”小程序的市场负责人王飞谈到，“蘑菇街”小程序之所以能做到用户流量的高转化率，就是因为它的社交化设计。

要知道，“社交”恰恰是腾讯最擅长的领域。它旗下的微信和 QQ，尤其是微信，已经成为现在这个时代人们离不开的社交软件。日常生活中的消息传送、信息分享都可以通过微信这个庞大的移动社交平台来完成，比如使用微信将有趣好玩的信息分享给朋友、群或者朋友圈，可以让更多的人来一同体验乐趣。微信社交使得人们与社交媒体的联系日益紧密，并且建立起了一层不可忽视的网络社交关系。

“蘑菇街”小程序的功能设计正是抓住了这层社交关系，在做功能设计时加入了社交化的设计，并强化一种拼团的理念。相对于“蘑菇街”App 而言，小程序的拼团入口放在了首页更显而易见的位置。并且通过“分享拼团”的方式，“蘑菇街”小程序在上线两个月的时间里就获得了 300 万用户。“蘑菇街”小程序首页及“1 元火拼团”页面如图 4-21 所示。

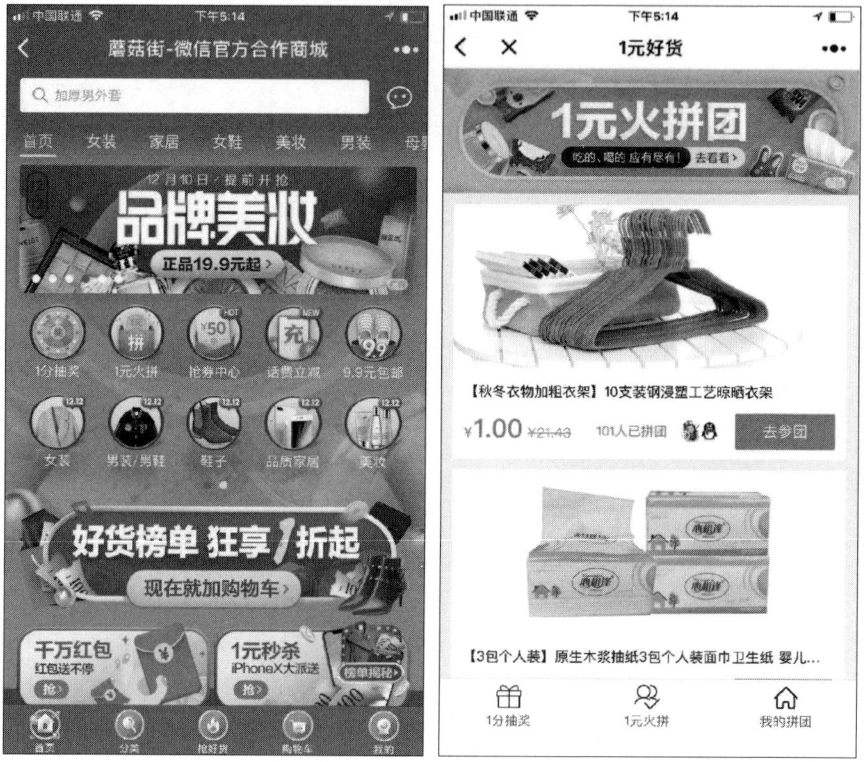

图 4-21 “蘑菇街”小程序首页及“1 元火拼团”页面

目前，在互联网及移动互联网络环境下，年轻人是网络社交的一大主体，他们有着各自的网络文化特征，并形成了丰富多样的族群，如二次元群体等。所以，根据网络年轻人的兴趣爱好，也出现了各种有着明显社交属性的微信小程序。以“包你说”小程序为例，这是一个以微信用户之间的语音互动来抢红包的社交小程序，它与传统的抢红包类似，但又有所不同。

传统意义上的红包是指农历春节时，长辈给晚辈用红纸包裹的钱，但现在逢年过节或者嫁娶以及普通交情的人们也都可以发红包。并且自从网络抢红包兴起之后，发放和收取红包就更为普遍，例如，支付宝的“咻一咻”、微博的“让红包飞”，还有微信的“摇一摇”。尤其是在逢年过节时，网络媒体开放了各种丰富的抢红包活动，既给过节时休息的人们提供了休闲乐趣，又为原本就喜气洋洋的氛围增添了一份活跃。

在朋友圈中，过多地发广告可能会让人感到不适，但若有抢红包的活动，人们其实还是很乐意去参与的，不管能抢到的钱是多还是少。这个“包你说”小程序便是借着人们的这种心理而开发出来的。但它与一般的“口令红包”不同，前面也提到，其主要特色在于语音互动。

要知道，微信之所以能成为广大群众使用率如此高的社交软件，便捷的语音聊天是其中的一个重要原因。所以，语音相对于文字来说，是有其特别的优势存在的。“包你说”小程序便抓住了语音这一优势来吸引人们。

在平常，人们使用的普通的口令红包需要在首页输入口令，而且必须是文字，再输入金额以及要发出的红包数，生成链接后便可转发给好友或群等，并且收到口令红包的用户同样也需输入相对应的文字口令才可领取。而“包你说”小程序则需要用语音来说出相对应的文字才可以领取。语音的方式让人们直接说出口令而省去了打字的时间，而且就算说错，也会让人觉得有意思。“包你说”小程序首页如图 4-22 所示。

图 4-22　“包你说”小程序首页

那么，“包你说”小程序又是如何具体地来做到吸引流量的呢？这里有两点。其一，输入语音口令换取红包这一游戏是放在朋友圈相对开放的场景中的，具有一定的真实性，而且操作简单，只要输入语音就有可能获得红包，这让用户更乐意参与。其二，小程序可塞入广告词和品牌名称等作为语音口令。当用户念出该口令时，便会对品牌产生一定的印象和感知。即使用户没抢到红包，在参与进来后还可看到他人抢红包的一些情况，如人缘关系情况等，可以说这在一定程度上满足了用户的八卦心理。

该小程序可以针对不同的节日，借着节日的性质去设计一些比较有特色的语音口令。比如愚人节就可以设计一些具有小小恶搞意味的语音口令，人们觉得有趣好玩就会乐意参与进来。而随着越多人的参与，这种具有“玩”的性质的小程序依托微信这个强大的社交平台，也容易让已经参与进来的人们将该小程序活动分享给自己的朋友甚至更多的人，这就使得平台的互动活跃度得到了极大的调动，而粉丝对平台的黏性也得到了增强。

由“包你说”小程序可见，在小程序的功能设计中切入社交关系是非常有必要的。就在最近发布的小程序升级的能力中，也增加了小程序分享支持自定义封面图的功能，这就使得小程序在被分享时能够以最贴切的形式呈现给用户，从而吸引到更多的用户。可以说，这种社交关系的融入对小程序的推广具有极大的积极作用。

4.3.4 携程酒店机票火车票：一站式解决各类预订需求

在早期，携程推出的小程序叫作“携程酒店机票火车票”，进入小程序界面后也只有酒店、机票、火车票、汽车票这四大类。而现在在小程序里进行搜索，会发现该小程序的名称已经显示为“携程订酒店机票火车票汽车票门票”，并且其在原来的基础上增加了“专车·租车”“景点门票”“当地向导”“攻略”这 4 方面内容，订票功能变得更加齐全。而从名字上就可以看出，这是一个囊括了各种票类，一站式解决各类预订需求的小程序。“携程酒店”小程序原首页样式与现首页样式如图 4-23 所示。

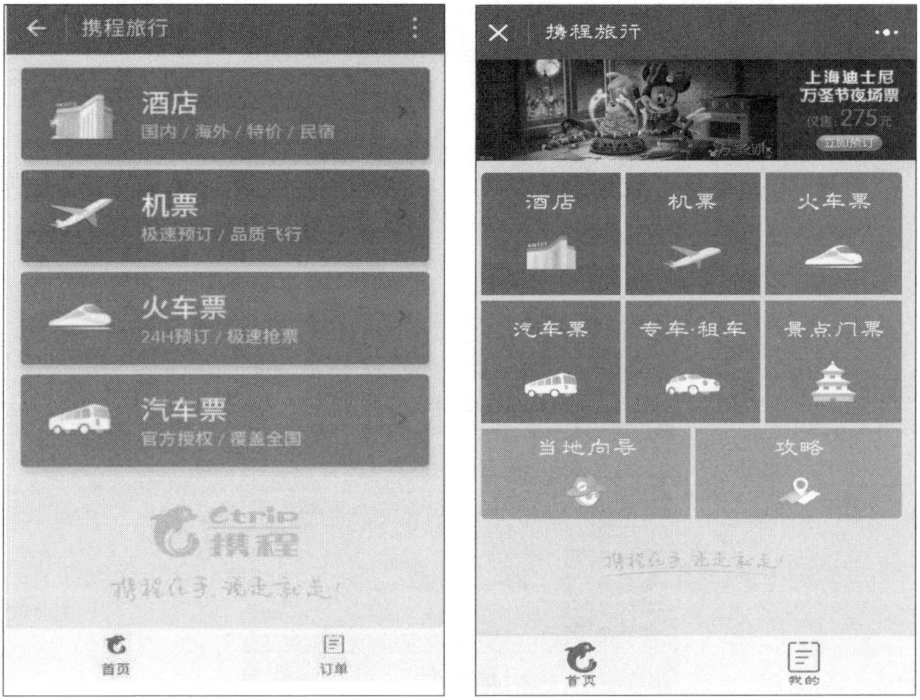

图 4-23　“携程酒店”小程序原首页样式与现首页样式

尽管内容有所增添，但小程序也对这些票类在首页上的入口进行了调整，由原先的列表形式变为现在的图标形式，让首页仍然保持简单、清爽的风格，用户对这些产品可以一目了然。虽然入口简单，但正所谓“麻雀虽小，五脏俱全”。如前面所说，这是一个“一站式解决各类预订需求”的小程序，可以基本满足用户出行与住宿的刚需。

点击小程序的酒店入口，在自动定位或者手动定位后，页面上便会展示出定位状态下携程所推荐的当地酒店。在酒店列表的下方，用户可以选择酒店的价格/星级以及以哪种排序方式，比如受欢迎度、评分高低、距离远近等，来对酒店进行排序选择。

当然，如果用户已经有考虑好的酒店，就可以直接在搜索栏中手动搜索酒店的名称、关键字、位置或者品牌。在预订页面中，用户如果选择在线支付，那么在支付环节，用户就可以直接使用微信支付，这一点对于用户订票的最后一个环节来说着实方便了不少。“携程酒店”小程序酒店预订列表页面如图 4-24 所示。

图 4-24 “携程酒店”小程序酒店预订列表页面

小程序中机票、火车票、汽车票这三类的订票方式比较类似。这三者都简化了预订流程，其预订页面干净、简洁，操作也非常简单。打开小程序预订机票或火车票或汽车票的入口后，只需输入出发地点和目的地，选择出行时间，就能立刻查询，并且在火车票中还提供“只查高铁动车”的选择，为用户过滤掉不想查看的信息，节省不少时间。而“景点门票”的操作同样也非常简单，输入景点地点或者名称，选择想订购的门票种类便可。“携程酒店”小程序机票预订与火车票预订界面如图 4-25 所示。

此外，“携程酒店”小程序新增的另外三个功能也不容忽视。像“专车·租车”“当地向导”“攻略”这三方面内容其实融合了另外的功能服务，以提供给用户更优质的服务。

“专车·租车”其实与“滴滴出行”小程序类似，具有打车的功能，但不一样的地方在于它提供了租车服务。点击“专车·租车”图标进入页面中，可以发现除基础的输入出发点和目的地来叫车的服务外，还有“超级巴士”与“国内租车”服务，而且这两个服务均与旅游出行有着密切的联系，可以说是专为出门在外的旅游者提供车辆服务的，比如接机送机、车站送行等。

图 4-25　“携程酒店”小程序机票预订与火车票预订界面

“当地向导”实际上是另一个小程序在该小程序中的接入，即用小程序打开小程序的功能应用。点击“当地向导”图标，就会跳转到另一个名为“携程当地向导”的小程序。其可以为出行旅游者提供导游信息，以及各种具有特色的旅游种类与服务体验。而在“攻略”这一功能中，用户输入想旅游的目的地、景点或者直接选择页面下方的当季热门目的地，便能看到相关的景点推荐及各种评价信息等。

所以，虽然“携程订酒店机票火车票汽车票门票”小程序以订票需求为主，但订票功能与它新增融合的这些内容事实上都在为出行、旅游服务。人们的出行离不开交通工具，机票、火车票、汽车票、门票这些订票服务，再加上租车、向导、攻略，通过这些功能的融合，在该小程序上其实已经形成了一个比较完整的出行服务体系，人们的每次出行，从住宿、出行的交通方式到景点信息等，都可以在这个小程序上完成，可以说“携程酒店”小程序做到了真正的“一站式解决”。

第二部分

微信小程序的营销与吸粉策略

第 5 章

营销策略：催生新一代营销运营业态

小程序是微信推出的一种新的应用，无论是在功能设计，还是在营销上面，都有其自身的独特性。在对小程序做营销时，除可以使用一些常规的营销手段以外，还可以根据小程序的一些应用特点打造出一些新型的营销策略。每一个新事物的出现，都会衍生出一些新的营销方式。小程序作为移动互联时代的一个新事物，势必会催生出新一代的营销运营业态。

5.1　小程序营销需要掌握的五大要素

随着互联网的不断发展，人们对于需求的便捷性要求越来越高，小程序正是在这种环境下应运而生的。然而，小程序虽然已经推出，但若不能好好地把握住它的优势，策划出一个既能满足用户需求又能增加企业竞争优势的营销方案，小程序也无法发挥出它该有的价值。

就当前国内形势来看，在 O2O 和电商平台的夹击之下，中小企业的竞争优势可以说已经失去，而小程序的出现恰恰给这些中小企业带来了机遇。所以，做好小程序的营销是至关重要的。要想做好小程序的营销，就需要掌握以下五大要素：

（1）快速上线，抢占先发优势。

（2）借助二维码、小程序码发挥创意。

（3）制定周密的二维码投放策略。

（4）“公众号+小程序”两条腿走路。

（5）名字：好记易传播。

下面将就这五大要素来谈一谈做小程序营销时需要注意的问题。

5.1.1　快速上线，抢占先发优势

要开发小程序，就要先整理出用户在使用产品时最需要的功能服务。因为小程序的特性就是“用完即走”，相对于 App 来说，小程序就是比较简单的，并不需要像 App 那样要有丰富多样的功能。因而小程序就具有可快速开发的优势。尽管就一般情况来看，对于没有相关程序编写能力的创业者来说，开发小程序还是有一定难度的，但在小程序接入第三方服务商的合作后，开发小程序的任务就可以交给第三方开发平台来完成，这样就能为企业、商家节省不少人力、物力及时间。

现在在做小程序开发的第三方平台其实有很多，比如“上线了”“腾讯云”“直达客”等。当然，把小程序的开发任务交给第三方来做之后，企业、商家也不能闲着。随着用户的需求越来越多样化，服务种类也需要随之增加。一成不变的功能服务是满足不了越来越多样化的需求的，所以企业、商家就要考虑对小程序的功能服务进行升级优化。

而要进行升级优化，首先就需要确定用户当前的需求有哪些。那么，要获得用户最新的需求信息，就是企业、商家上场的时候了。他们需要尽可能快地去调查研究用户对小程序有哪些不满意的地方，以及最新的需求信息。针对小程序的不足之处，推出相应的解决方案，从用户的使用反馈中获取经验与教训，为企业产品的优化提供有用的信息，以提升用户对企业产品的服务满意度。

小程序的主要开发任务交给了第三方平台，用户的需求信息调研则由企业和商家自身去做。以任务分担的形式来共同开发小程序，那么在节省人力、物力的同时，小程序也就可以实现快速上线，在激烈的市场竞争中抢占先发优势。

5.1.2 借助二维码、小程序码发挥创意

俗话说："佛靠金装，人靠衣装。"对于一般以扫描二维码的方式进入的小程序来说，二维码就是人们对小程序的第一印象，所以，二维码就是小程序的"衣裳"。一件合适、漂亮且具有特色的衣服穿在身上就会加分，同样地，一个具有创意的二维码，不同于原先那种方方正正的黑白印象，势必会引来人们的好奇与关注。

现在网络上也出现了各种创意二维码生成器。在搜索引擎中输入"创意二维码"5 个字便能出现众多可以在线制作创意二维码的网站，比如"草料二维码生成器""Q 码""微微在线二维码生成器"等。

以"草料二维码生成器"为例，如果使用"快速美化器"设计二维码，就不需要注册登录这个网站。该网站的页面非常简洁，操作方式也非常易懂。比如选择"文本生成二维码"，就只需在网站页面左边的文本输入框中输入文字，点击输入框下方的"生成二维码"，就可以在页面右边先得到一个普通的黑白方正二维码。然后在二维码下方可以看见有一个"美化器"选项，点击之后就会出现一个"快速美化器"，在这里，设计者可以选择预设的样式、二维码中间的图标与文字，以及对二维码的局部进行微调。在预设中提供三大类样式，分别为黑白、简约、经典。设计者可以选择自己喜欢的一类对二维码进行美化。

但因为这只是快速美化器，美化的功能并不是很全面，所以设计者还可以选择切换至高级美化器来对二维码进行美化，或者不使用草料二维码生成器，而使用其他美化功能更加丰富、更加强大的二维码生成工具。

而且，现在除二维码之外，微信还推出了"小程序码"。顾名思义，这是一种专属于小程序的码。与方方正正的普通二维码不同，小程序码在整体上呈现一

个圆形，是一种由中心向外发散的形式。小程序码与二维码一样，都可以进行创意设计，并且现在一部分网站还推出了“二维码转换成小程序码的功能”。小程序码示例如图 5-1 所示。

图 5-1　小程序码示例

这些二维码生成平台提供了网络设计二维码的途径，让那些有创意却并没有美术功底的人也能设计出具有创意和特色的二维码或者小程序码，以改换原先人们对二维码的固有印象。

并且借助二维码的宣传优势，将这些具有特色的二维码或者小程序码投放到市场中去，将会更加吸引眼球，让企业产品在市场竞争中脱颖而出，毕竟人们对一个新鲜事物总会存在猎奇心理。所以，作为小程序的“门面”，一个具有创意感的二维码（或者小程序码），也是成功营销的一大要素。

5.1.3　制定周密的二维码投放策略

小程序一般以扫描二维码的方式进入，这就有一个问题值得思考——二维码投放的方法。如何有效地投放二维码其实非常重要，企业需要制定出周密的投放策略，才能使二维码的投放充分发挥出作用。

对于二维码投放位置的考虑，需要了解哪些是投放的适当地点。因为并不是任何地方都适合放置二维码。比如，人们经常会在收到的宣传手册、名片、产品包装、博客、公众号文章等上面看到二维码的标识，这些其实就是有利于二维码放置的地方。而相对地，投放位置本身并不固定的那些地方，比如车辆上、服装上等，就不是理想的投放地点。

二维码要放置在用户容易扫描到的地方，让用户可以轻松地找到二维码，而且应该是任何只要拥有手机的人都可以进行扫描，打开微信或者支付宝扫一扫便可，无须其他特别的二维码扫描器。

一般情况下，商家门店用于收银的二维码会放置在收银台上，因为这个位置最接近进行结算的消费者。消费者在等待商品清点完毕后，就可直接扫描支付。除考虑投放的位置外，还要考虑到网络信号的问题。有些用户的手机网络可能无法使用本身的数据流量，从而导致在扫描二维码的时候出现扫描失败的情况。

在这种情况下，这些二维码可能就无法充分发挥作用。所以，为了尽量避免这种问题，企业或商家就需要考虑是否能提供 Wi-Fi 服务，让用户可以顺利地扫描二维码，以获取相关门店信息或者完成支付。

投放的二维码除位置要醒目以外，其所链接的内容或页面必须保证是有效的。这些已经投放出去的二维码在被用户扫描时，页面要能够保证跳转出来，并且是有效、能正常显示的。只有有效的链接才能发挥作用，进而实现企业或商家的目的。否则，即使用户扫描了二维码，如果页面无法跳转登录，或者页面内容是无效的、不相干的低质量信息，就会影响用户的使用体验，达不到一个良好的二维码营销效果。所以，为了避免出现这种问题，企业和商家要对二维码所链接的页面进行优化，保证页面内容是充实有用的，让用户感受到一种优质的使用体验。

当然，并非所有场景都适合使用二维码，总会有与二维码不相适应的场景。营销人员必须考虑企业本身在某些地方或某些方面是否真的适合以投放二维码的方式来进行营销活动，而不是只一味地投放，不顾实际情况。因此，想要制定出一个周密的二维码投放策略，就需要结合企业和用户的实际情况，综合多方面问题来进行考量。

5.1.4 “公众号+小程序”两条腿走路

2017 年 9 月 22 日，微信公众平台发布消息，说明“公众号数据助手”官方小程序已经升级为“公众平台助手”。这次升级让微信公众号的管理者在手机端能更加方便地查看通知、回复用户、管理留言和赞赏。

结合过去小程序已经开放的能力来看，小程序自上线以来就一直在优化升级，开放新能力，尤其是在与公众号关联这个方面上，逐步实现了用户身份的打通。小程序与公众号的关联入口如图 5-2 所示。

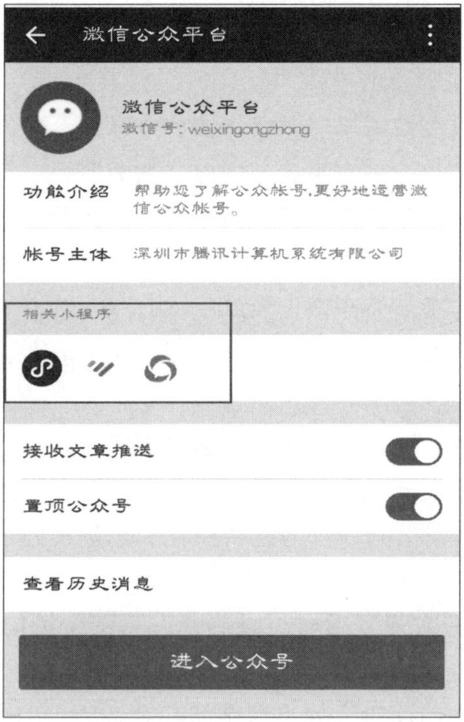

图 5-2 小程序与公众号的关联入口

这种微信公众号与小程序关联，并且所有公众号都可以关联小程序的功能，是开发者与运营者获取微信小程序相关资讯的重要渠道。一个公众号可以关联 10 个同主体的小程序和 3 个不同主体的小程序，公众号在一个月内可以新增关联同主体的小程序 10 次、不同主体的小程序 3 次，小程序在一个月内可以最多被公众号关联 50 次。

公众号在关联了小程序之后，就可以在自定义菜单、模板消息、图文消息等功能中植入小程序，小程序的入口变得简单透明，用户只要点击就可以直接进入。微信平台还支持在公众号的群发文章中添加小程序，让小程序可以通过公众号的群发文章推送给关注者，而这些关注者又可以将这些文章分享至微信群、朋友圈等。通过转发、分享这些社交行为传递企业产品的定位与特色，吸引更多的人前来关注并成为小程序的粉丝。

在小程序还没有开放关联公众号能力的时候，对于商家来说，如何进行小程序的引流以及管理用户是其中的大问题。而现在，小程序开放了关联公众号的能力，那么商家就可以在公众号中嵌入相关小程序，凭借公众号强大的触达能力进行引流，进而摸索出适合商家自身的引流策略，做到“公众号 + 小程序”两条腿共同发展。

企业和商家还可以授权给第三方服务商，让第三方服务商来帮助完成公众号和小程序的创建与绑定。第三方服务商中以“微盟”为例，还可以提供各种微信运营解决方案，为中小企业解决一系列有关开发、运营、推广的问题，以实现精准而高效的营销。

在 2017 年 8 月的微信公开课上海站——小程序专场上，微信团队主要开展了如何通过小程序来实现商业转化的分享活动，同时也讲解了有关小程序运营的一些风向标。

会上，微信开放平台行业经理黄婷谈到了要把公众号品牌升级为一个 IP，用小程序来打造微信体系电商闭环的做法。其大致意思为将公众号打造成一个品牌 IP，继而借助公众号所积攒的粉丝力量将粉丝引流至小程序上，通过公众号来实现电商平台的从 0 到 1。

尽管小程序的第三方开发平台可以更为容易地帮助自媒体公众号转变成电商小程序，使得进入电商的门槛降低，但同时竞争也越来越激烈。所以，这就需要运营者好好思考该如何让自己的小程序能在众多的小程序中一枝独秀。

微信官方就小程序与公众号的关系曾表示：“小程序和公众号并不是对立面，重要的是可以转化。”将公众号和小程序有机结合的这种方式，一方面是通过公众号生产并推送内容信息给关注用户；另一方面是小程序从公众号引流，负责商业服务。“公众号+小程序”将会给企业产品的营销带来一种良好的叠加效应。

5.1.5 名字：好记易传播

在如今这个快餐时代，人们总是看上去匆匆忙忙的样子，多数也没有空闲时间能好好地坐下来看一份纸质报纸、停下来仔细阅读门店上的信息等。随着微博、微信等一些社交软件的出现，人们几乎都在网络上获取新闻资讯，因为这种方式非常便利，不用特意去买一份杂志或者报纸，也可以及时地了解到几小时内或几分钟内社会上所发生的新闻事件。尽管这种方式十分便利，但也造成了人们碎片化阅读的习惯。

网络具有即时性和快速性，为了让人们在浏览网页时能被立即吸引而点进来，新闻的标题往往精练而吸引眼球，以引发人们对事件详情的好奇心。新闻的内容也会简短，因为碎片化的阅读习惯使得人们在面对长篇大论时总觉得太长，以至于提不起阅读兴趣；相反，简短的内容则便于人们阅读和传播。

由此可见，起一个好的新闻标题非常关键，这对于小程序的营销来说也是如此。起一个容易让人记住的名字是一大要素，这将对小程序的推广传播非常有利。

小程序的搜索功能并不是很强大，用户大多通过扫描二维码的方式进入小程序，却不一定知道所使用的这个小程序为何名。尤其是在过去小程序还没开放模糊搜索功能的时候，用户如果并不怎么了解小程序，不知道确切的名字，可能根本就搜索不到小程序，使用起来当然也不会很方便。微信官方考虑到了这一点，现在的小程序也已经支持模糊搜索功能。

那么，具体什么样的名字才算是好记又易传播的呢？给小程序起名字时需要注意哪些问题呢？4 个字——简短精练。企业或商家应尽量使用那种几个字就可以概括出这个小程序的用途与目标的名字。用户在看到这种名字的一瞬间就能明白这大概是一个什么作用、什么类型的小程序。

名字好记的小程序有“饿了么外卖服务”“滴滴代驾”“轻芒杂志”等。“饿了么外卖服务”，显而易见，这是一个专注于外卖点餐的小程序。“饿了么”三个字具有询问是否感到饥饿的意思，这就很容易让用户联想到吃饭，而“外卖”两个字则又告诉用户该小程序是提供外卖服务的，可以即时点单并将餐食送到用户所在地；“滴滴代驾”，汽车按喇叭的声音与“滴滴”非常相似，这个名字便抓住了汽车的特点，表明这个小程序是提供与车有关的服务的，而后面“代驾”二字则更为具体地表明这个小程序是向用户提供代驾服务的；“轻芒杂志”中“杂志”二字便能让用户立刻知道这是与杂志书籍、阅读相关的小程序，且“轻芒”二字具有文艺气息，契合书籍阅读的氛围。

从上述所列举的三个小程序的名字中可以看出，企业或商家给小程序起的名字最好能反映出该小程序的服务方向，并注意用字的简短精练。取名时注意这些问题，有助于用户快速记住小程序，并且时间一久，小程序就可以在用户的脑海中留下较为深刻的印象，从而使得小程序能广泛地传播。

5.1.6 饿了么：体验最便捷的到家服务

如今外卖服务兴盛，究其原因，在于外卖抓住了人们都乐意享受便利的心理。外卖服务是送餐上门的服务，不需要人们亲自到门店去购物、用餐等。随着各种订餐 App 的出现，人们只需在手机上动动手指，选择心仪的商品下单即可。这种情景意味着人们几乎足不出户就可以享受自己所需的服务。

"饿了么" App 正是一家专业的手机外卖订餐平台，各种美食、水果、生鲜、百货等都能订购，为订餐用户提供方便快捷、安全贴心的高品质外卖服务，让他们体验到最便捷的到家服务。

"饿了么" App 如此，其推出的小程序当然也不会偏离它的服务核心。"饿了么"技术大前端部总监林建锋曾表示："'饿了么'开发小程序的主要初衷是在更多的场景下为用户提供外卖订餐服务，让用户可以用自己方便的方式来获得服务。"

当用户使用"饿了么外卖服务"小程序时，只要打开微信客户端的"发现-小程序"，在搜索框里输入"饿了么"进行搜索便可以找到。若已经使用过一次，那么该小程序就会存在于历史记录的列表中，便于用户下一次订餐。

虽说小程序相对于 App 来说省去了很多附加功能，但是在"饿了么外卖服务"小程序当中，定位、点餐、支付功能一应俱全，依然能满足用户的各种订餐需求。而且对于手机时常内存不足的人来说，使用"饿了么外卖服务"小程序点餐，用户根本不用再特意去下载安装一个"饿了么" App，一个小程序就既节省了手机的存储空间，又满足了用户的订餐需求。

除节省手机内存空间这一小程序共有的特性以外，"饿了么外卖服务"作为一个点餐小程序，也是拥有自身的特点的，例如上文所提到的"饿了么外卖服务"小程序的定位、点餐、支付功能，下面就来简单地看一看。

1. 定位

"饿了么外卖服务"小程序可以自动进行定位，锁定用户所在地，在地图上标注周边餐厅的位置，为用户提供周边的订餐服务，如图 5-3 所示。

图 5-3　“饿了么外卖服务”小程序的定位功能

2. 点餐

“饿了么外卖服务”小程序提供预约餐位的服务，节省顾客的排队就餐时间，让顾客用餐更愉快。

3. 支付

“饿了么外卖服务”小程序支持在线支付。用户在确认订单后就可以选择在线支付，完成订单交易，如图 5-4 所示。

图 5-4　“饿了么外卖服务”小程序的在线支付功能

当然，“饿了么外卖服务”小程序在其主界面上的一些小细节也值得关注。例如，进入该小程序首页后，会发现在界面的右上角标注着今日的天气情况，如图 5-5 所示。

图 5-5 “饿了么外卖服务”小程序首页中的天气

天气情况对于用户用餐而言是一个很重要的影响因素。“饿了么外卖服务”小程序贴心地附上今日的天气情况，让用户在订餐时就可以顺便了解现在的天气状况，确保用户可以享受到完美的用餐体验。

除此以外，“饿了么”所采取的“全品类、全时段”战略在顾客的外卖服务消费上取得了很好的成效。例如，超市日用品、夜宵、下午茶等已经成为“饿了么”除正常午餐和晚餐以外的新的增长点；蜂鸟配送的骑手数量和配送效率得到了迅速的增长和提升，用户等待外卖的时间进一步缩短。

可以说，“饿了么外卖服务”小程序既是送外卖，也是送贴心。“饿了么外卖服务”小程序在原有的基础上，不断完善自身还可以继续升级优化的地方，以满足用户的更多需求，真正做到像打出的宣传那样，让用户体验到最便捷的到家服务。

5.2　微信小程序为品牌营销带来的三大机会

所谓品牌营销，是指企业将自身产品的质量、文化及独特性通过某种手段（比如投放广告等）让客户产生对企业产品的价值认可，从而形成品牌效益。而当前在线上投放广告来获取流量的价格不菲，并且用户也更期望能使用一个既有品牌特色而使用体验又舒适的产品。在这种情况之下，找到一个成本低廉但效果更好的营销方式对于企业、商家来说便是至关重要的。那么，这时主要开拓线下的小程序就派上了用场，它为品牌营销带来了三大机会。

5.2.1　“即时”服务：利用线下场景驱动实现

小程序将二维码作为重要的入口，用户使用微信客户端的“扫一扫”功能就能使用。这种方式既省去了下载安装 App 的工夫，也避免了在安装过程中由于手机存储空间不够而导致安装失败的尴尬。

小程序“用完即走”的特色优势为那些用户使用频率不高的 App 带来了福音。使用频率不高的 App 如银行理财类 App、酒店预订类 App 等，由于用户对其并没有那么强烈的需求，因而当手机内存将满之时，用户在权衡之下，就会选择卸载这些只是偶尔会用到的 App。那么这些 App 其实就可以转投开发小程序。如图 5-6 所示为用户的四象限需求层次示意图。

使用一个无须下载安装、用完即走的小程序，便可避免出现上述这种因占用资源而被卸载的问题。当用户想再次使用该小程序时，也只需扫一扫二维码或者去微信小程序中搜一搜即可。

随着小程序的能力不断进行优化升级，其“即时”服务的特性发挥出越来越强大的作用。并且这种“即时”服务可利用线下场景来驱动实现。微信官方对小程序所做的能力升级主要也是与线下场景相关的。

小程序作为连接线上与线下的应用而存在，那么根据线下的用户数据和不同的服务场景，企业就可以设计开发具有针对性的小程序，让用户在线下也能体验到便利的线上服务。下面为三个线下场景的例子。

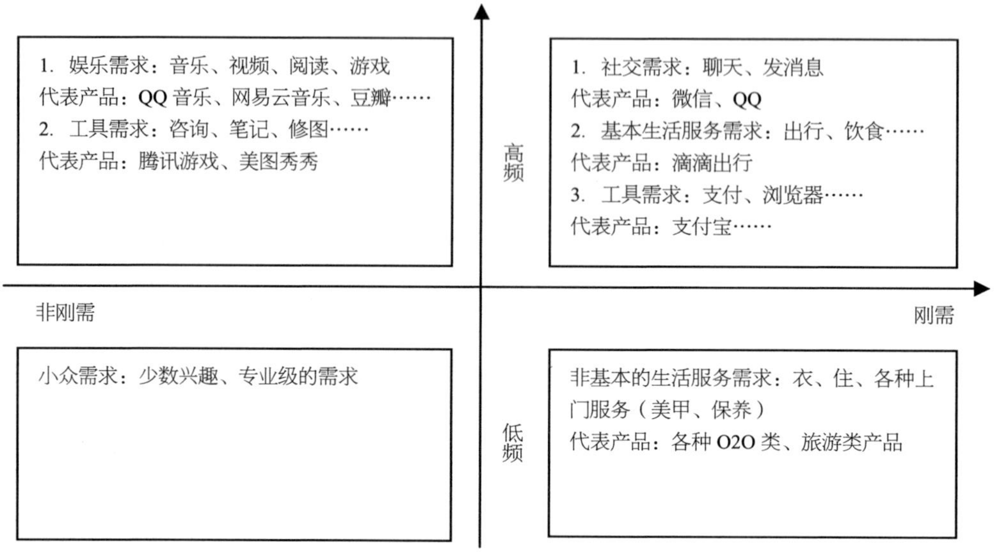

图 5-6　四象限需求层次示意图

其一，停车场。一个开着车去超市购物的人，必定需要停车服务。一般而言，在大型超市的附近都会提供停车的场地，或是露天停车场，或是地下停车场。但有些时候，停车场的标识并不显眼，而其停车位置又比较偏僻，导致顾客不太容易找到。而且就算成功地进入停车场，也可能会因为停车场较为昏暗的光线以及大同小异的停车位而感到方向混乱，找不到正确的停车位置，继而导致原本开开心心购完物的顾客因不能顺利取车而变得焦躁。

对于这种情况，停车场就可以选择使用小程序来解决这个问题。在停车场里向顾客提供可以引导停车及相关服务的小程序二维码，顾客扫描后便可即时获得停车场的信息，如停车场现有空位数量、停车位号、停车场全景景象等，从而解决停车难或取车难的问题。

其二，加油站。传统加油方式的最大问题就是需要排队等候加油，尤其当加油站车满为患的时候，排队就更令人感到头疼和不耐烦。使用小程序就可以解决这个问题。加油站提供小程序二维码，车主只需扫一扫就可以立刻完成加油和支付，大大缩短了加油的流程和时间。

其三，门店购买商品。顾客在完成交易后，对商品二维码进行扫描，便可获取“购物清单”服务。通过购物清单，顾客就可以看到所购买商品的即时信息。在购物扫码后，用户还能及时获取该商品的最新消息，享受商品的自动上新提醒和关联商品推荐服务，省去了专门去搜索查询商品相关资讯的工夫。

除上述这些场景外，其实还有很多其他线下场景，同时也出现了专门的线下场景营销平台，如“乐豆呀”，如图 5-7 所示。

图 5-7　“乐豆呀”线下场景服务商

作为一个专门的线下场景服务商，其主要通过 iBeacon 智能传感器来感知近场顾客，连接线上线下场景。然后再以微信的 H5 游戏和小程序形式呈现场景的内容，改善顾客和线下商家的互动体验。

在“乐豆呀”旗下有 4 个主要产品，分别为红包盒、乐豆客、乐现场、场景服务，其中红包盒与场景服务是主要的服务于线下的产品。

红包盒，顾名思义，与红包有关，在其官网上，对于红包盒这一产品是这样介绍的：“是线下发红包的智能盒子。基于 iBeacon，近场定位、周边互动；顾客领红包，商家赚人气，品牌有曝光；微信摇一摇周边，连接线上线下场景；时下最火爆的互动营销玩法。”通过“微信摇一摇”，“红包盒”将线上线下的场景连接起来，商家和顾客可以随时随地地进行即时互动，既使商家赢得了人气，自身品牌得到了推广，又让顾客有红包可领，可谓一举两得。

场景服务，在其官网上则如是介绍：“是线下场景的数字服务。快速制作小程序，实现数字化服务；海量场景模板，覆盖众多线下行业；基于微信体系，即用即走完美体验；云端服务，会员数据，打造智能商业。”可见场景服务主要是为线下的企业或商家提供场景模板，让他们也能够快速地拥有属于自己的小程序。

西北国际茶城便是借助“乐豆呀”进行场景营销的一个成功案例。西北国际茶城在中秋节假日期间，联合乐豆呀在茶城设置了 50 多台 iBeacon 设备。进入茶城的顾客只要打开微信摇一摇，就有机会获得月饼礼盒、消费满 1000 元减 200 元的卡券等。其中，摇中 6.66 元或者 8.88 元红包的顾客还有机会参与 iPhone 手机的抽奖活动。这样一种即时的互动方式，让顾客可以在现场随摇随抽奖，使得茶城现场人气爆棚，打响了茶城品牌。

5.2.2 “个性”服务：利用 UnionID/OpenID 实现

如果想让小程序达到“个性”服务的目的，那么利用 UnionID/OpenID 来实现则不失为一种值得考虑的方法。

而要利用 UnionID/OpenID，就需要对什么是 UnionID、什么是 OpenID 有一个大致的了解。从这两个英文名称中共有的“ID”两个字母，其实便可猜测出 UnionID/OpenID 应该与“身份标识”有关。

UnionID 是指“用户统一标识，在同一个微信开放平台账号下的不同应用，同一个用户的 UnionID 是相同的”。

OpenID 则是指“普通用户的标识，对当前公众号唯一。一个 OpenID 对应一个公众号。不同的公众号，同一用户的 OpenID 不同，UnionID 则相同”。

所以，开发者可以通过 OpenID 来获取用户的相关信息，通过 OpenID 来获得用户的 UnionID。对于在微信开放平台上拥有多个公众号的企业或商家来说，如果是在原有一般的 OpenID 机制当中，则不同的微信公众号之间所拥有的关注用户便是无法共享的，但现在微信拥有的 UnionID 机制则打破了这一壁垒。利用 UnionID 可以帮助企业或商家识别出不同公众号下的关注用户是否为同一人，这有利于统计出确切真实的用户关注数，继而实现多个公众号之间的互通，将提供给该用户的服务都连接起来。

在微信公众平台于 2017 年 7 月 26 日发布的消息中这样写道：“为保证良好的用户体验，方便开发者将小程序、公众号和 App 之间的用户信息进行互通，将对小程序获取用户信息和 UnionID 的方式进行升级。”具体表现在：

（1）用户只有在主动点击小程序开发者在页面中设置的按钮后，其头像、昵称等信息才会被获取。

（2）在同一个微信开放平台上具有相同主体的公众号、App、小程序上，曾经授权微信登录及已经关注公众号的用户，在打开小程序时，其 UnionID 可以直接被小程序开发者获取，而不需要用户的再次授权。

可见小程序获取用户 UnionID 的方式得到了进一步的优化。小程序、公众号、App 这三者之间的信息得以更好地互通，用户也能获得更好的使用体验。企业或商家正好可以借着这次升级带来的优势，对获取到的 UnionID 更好地加以利用。

微信的 UnionID 机制为小程序的开发者和运营者提供了管理用户资料的更优方式，其具体表现在于用户行为数据的统计管理上。例如，当同一用户以同一个微信账号登录手机端应用、PC 网站及公众号这三大平台时，这三个平台就会将该用户的数据信息进行统一的存储，无论用户在哪个平台上进行操作，这三个平台都会统一地做出相应修改。

这一机制对于用户来说，只要用户注册了一个微信账号，便可使用这个账号同时登录手机端应用、PC 网站及公众号，实现跨平台的登录，而无须再次注册账号，省去了烦琐的注册流程及注册时间，极大地方便了用户的使用体验。

也正是因为微信的这一 UnionID 机制，企业或商家可以针对收集到的不同用户的信息，依据用户以同一个账号跨平台登录所产生的行为数据来提供相应的“个性”服务。以“非常香港优惠券”小程序为例，如图 5-8 所示。

图 5-8　“非常香港优惠券”小程序

在该小程序底部，有一个名为“购物清单”的版块，在该版块中，用户可以创建或者查看一个购物清单，以提醒自己需要购买哪些商品，而不至于记忆混乱或遗忘，导致原本想要的商品却没有成功购买到。

除用户自己设定以外，该小程序还会根据用户已创建的购物清单来进行商品地点或优惠等的相关推荐。该小程序中的“购物清单”功能不仅可以为用户记录所要购买的商品信息，还能针对用户的购物需求，为用户做出个性化的产品推荐。

这一个性化服务的实现便得益于这一 UnionID 机制。“非常香港优惠券”小程序中的“购物清单”可以利用 OpenID 来识别用户的使用频率，并根据用户的历史购买习惯自动生成购物清单，向用户推荐契合其喜好的商品。

再如“小泊停车”小程序，这是一个为用户提供停车费移动支付、停车位闲时共享等服务的停车类小程序。从该小程序的信息页面中可以看到，其关联了小泊停车的公众号“小泊”，如图 5-9 所示。

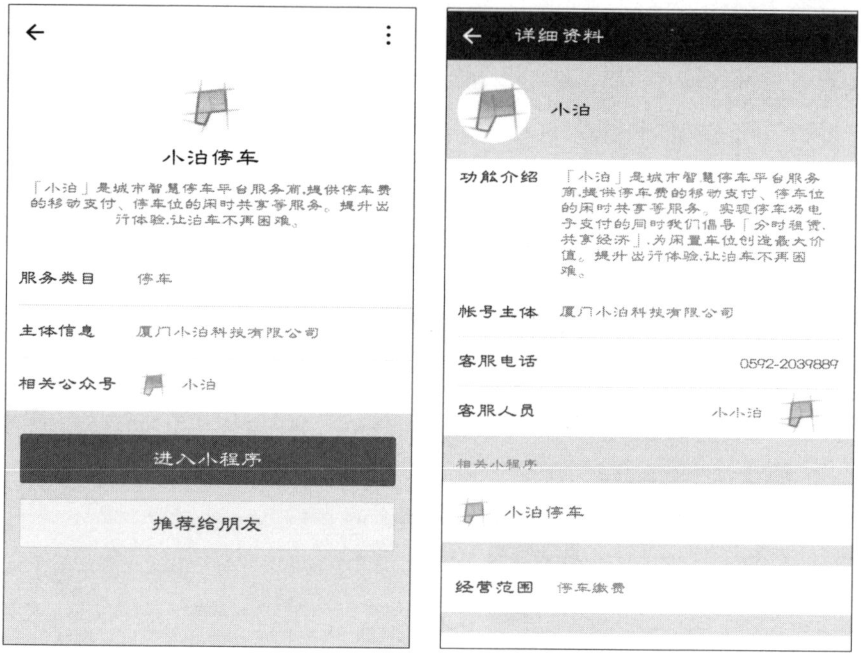

图 5-9 “小泊停车”小程序及其关联公众号

用户在使用“小泊停车”小程序的同时，可能已经关注了其公众号，那么该小程序就可以利用 UnionID 辨别出使用小程序和关注公众号的用户是否为同一人。在该小程序与其公众号上都提供了用户停车缴费的服务，如图 5-10 所示，左为“小泊停车”小程序，右为“小泊”公众号。

由图 5-10 可见，该公众号还提供停车缴费的历史记录查询。那么小程序依据所获取的用户 UnionID，就可以判别出用户是已经缴过停车费还是未缴费，继而告知用户已完成了缴费或提醒用户尽快完成缴费，为该用户的下一次停车提供有针对性的“个性”服务。

微信的 UnionID 机制在小程序推出以前就已经实行，后来微信官方又将小程序获取用户信息和 UnionID 的方式进行了升级，可以说这为广大企业和商家解决了因账号繁多而引发的管理难的问题。并且，凭借小程序与不同主体之间关联的灵活性，企业和商家可以对不同的用户进行标签化管理，即向用户推荐“精准”产品，提供“个性”服务，让企业和商家的整个微信账号体系的活跃度得到不断提升。

图 5-10　“小泊停车”小程序与其公众号的缴费服务

5.2.3　“黏性”服务：与公众号结合实现

小程序虽然拥有向用户推送模板消息的能力，但仍然不能与公众号那种强大的推送能力相提并论。而要做一个品牌的营销，运用各种手段将产品成功地推广出去，是需要媒介的。既然小程序没有如此强大的推送能力，那就需要结合公众号的能力来实现品牌营销。

目前，已经有众多企业、商家及个人在运营公众号。经过长时间的运营，必定也积累了不少的人气，有大量的粉丝集聚在公众号上。此时若是利用小程序与公众号之间可相互关联的能力，将小程序的即时服务与公众号运营结合起来进行营销，便可进一步增加用户黏性，从而增强品牌效应。

尽管张小龙表示小程序的研发主旨是为了提高用户的使用效率，而非增加产品与用户之间的黏性，但对于一个已经具有一定影响力的品牌来说，必须承认，公众号已经成为其触达用户的一个重要渠道。

当小程序与公众号相结合后，内容与流量之间的变现便可实现，尤其是对于电商性质的小程序和公众号而言。例如，有一个服装品牌，上线了三个面向不同年龄层的服装电商小程序，那么它就可利用小程序与公众号之间可以相互关联的能力，将这三个服装小程序关联在一个专攻服装咨询推送的品牌公众号上，再配合公众号优质内容的推送来为小程序“打广告”，让公众号本身积攒的大量粉丝被导引至小程序上，在小程序上进行商品的选购，进而成为小程序的用户，实现从公众号粉丝向小程序用户的转变。

像上述这种方式，其实就是凭借公众号的内容营销，以及粉丝对公众号品牌的忠诚度来玩转粉丝经济。在如今这个时代，粉丝的力量是巨大的。当一个小程序与一个具有强影响力的公众号完成关联对接后，公众号粉丝就会由于原先积累的好感度与忠诚度而去点击所关联的小程序。人们对于大品牌总会有一个这样的惯性思维：一个有影响力的品牌应该会选择一个有价值的事物来合作。同样，人们也愿意相信一个具有影响力的品牌公众号所选择合作的小程序必定有其独特的价值。

在一般情况下，公众号长久以来所积累起来的粉丝在短时间内是不会放弃继续关注的。他们已经习惯于阅读这个公众号，即已经对该公众号产生了忠诚度。而且，如果公众号每次推送的内容都能保证优质，所推出的互动活动也极具趣味性，那么粉丝的忠诚度也就能长期保持，产生所谓的“用户黏性”。

正是因为公众号所具有的这种能力，当把小程序与公众号结合起来时，小程序“黏性”服务的提供也就有了实现的方式。

以“时尚临风”为例。“时尚临风”成立于 2014 年，但它成为拥有 70 多万粉丝的品牌公众号只花费了短短的两年时间。而且，“时尚临风”公众号并不是徒有大量的粉丝数，其所推送文章的每篇阅读量也能达 5 万次以上。“时尚临风”公众号及其关联小程序“i 爱买”界面如图 5-11 所示。

由此可见，“时尚临风”公众号有着巨大的粉丝吸引力，以及积累的粉丝力量，而这也就为后来“时尚临风”选择利用小程序“i 爱买”来做电商奠定了一定的流量基础。

在利用小程序来为用户提供黏性服务这一方面，“时尚临风”选择在公众号中每周推广 3 次“i 爱买”小程序以及小程序的购买体验，让粉丝对“i 爱买”小程序逐渐产生熟悉感，继而形成深刻印象。与此同时，“时尚临风”也在公众号中发布一些有关“i 爱买”小程序的购物活动，让公众号粉丝转变为小程序的购买流量，以提升小程序的用户黏性。

图 5-11　“时尚临风”公众号及其关联小程序“i 爱买”界面

这是“时尚临风”这一品牌的做法，当然，其他企业或商家也可采用相同或类似的做法。依据小程序所开放的能力，小程序和公众号结合都可采取以下的方式来实现小程序的“黏性”服务。

一方面，公众号利用先前就已经开放的小程序卡片、嵌入小程序的图片或文字等能力，让粉丝在浏览公众号推文的同时就能实现小程序的跳转对接，将公众号粉丝引流至小程序上。值得一提的是，2017 年 11 月 9 日，小程序开放了可以通过公众号底部广告位进行推广的能力。对于小程序来说，这无疑增加了一种在公众号中的推广途径；对于粉丝来说，则又多了一种进入小程序的方式。

另一方面，利用原有的公众平台助手和小程序数据助手，并结合小程序的第三方数据统计平台来分析用户画像，辨别用户对产品的购买倾向。面对那些具有价值的用户，运营者就可在公众号中为其推送精准化的内容；同时，在小程序中，运营者也要相应地为用户提供精准化的服务，从而实现用户黏性的提升。

第 6 章

小程序全方位吸粉的三大关键词

无论是小程序的开发还是运营，其最终目的还是要吸引用户使用。所以，对于小程序吸粉的问题是广大小程序开发者及运营者所必须关注的重要环节。对于小程序来说，要想全方位吸粉，就需要关注分享、互动、植入这三大方面。本章将具体介绍如何通过分享、互动、植入这三种方式来为小程序吸粉。

6.1　分享

虽然小程序是一个新推出的应用，但是到目前为止，推出也有一年多的时间了。有些企业和商家可以说已经将小程序运营得如鱼得水，但同时也存在一部分企业、商家或初创者还不能完全把握住小程序的运营机制，不知道如何才能让自己的小程序吸引到大量粉丝的情况。

面对上述这种情况，就非常有必要清楚，如果想让小程序做到大量吸粉，那么小程序中的“分享”能力便是一个重要方面。

作为微信生态体系中的一员，小程序有着天然的社交属性。因而，在日常社交中，应该利用多种方式来鼓励用户分享小程序。下面就从“靠‘小利益’鼓励分享”“靠话题唤起评论与转发”“靠线下活动增加分享渠道”这三个方面来对小程序如何通过“分享”来实现吸粉目的进行解答。

6.1.1　靠“小利益”鼓励分享

当人们的面前摆有一份非常可观的优惠，且这份优惠又触手可及时，人们会怎么做？相信绝大多数人会选择领取这份优惠。为什么？这是因为人们都会有一种“优惠心理”，尤其是在面对社交媒体上所给予的购物优惠时，这种摆在眼前动动手指就可以获取的利益，人们又为何不尝试领取呢？

而且，像这样的优惠活动，比如发放优惠券、送现金红包等，在用户点击“领取”按钮的时候都会附带提示用户将这一活动分享给微信好友、微信群或朋友圈，让更多的用户参与该优惠活动，博得高关注度。

尽管一些优惠力度可能并不是很大，送的现金红包数额也并没有很多，但是不管力度大小、数额多少，只要存在可取的利益，就存在引发用户转发分享的可能。这种方式其实就可称为“靠‘小利益’鼓励分享”的方式。而同样地，为达到小程序的吸粉目的，这种方式依然可行。

现今，小程序虽然还不能分享至朋友圈，而只可以分享给微信好友、微信群，但这对于目前的小程序来说，并不会对其分享行为产生巨大的影响。依靠这种小利益来吸引用户进行分享的小程序其实也有不少，当中最突出的当属电商类（商城类）小程序。

电商类小程序由于其电商的性质，逢年过节免不了举办各式各样的优惠活动，比如支付满减、限时折扣、限时秒杀、分享即可领取优惠券或现金红包等。而这些优惠活动恰恰就可以吸引到可观的人数，让他们参与其中。

当这些人通过这些优惠活动获得了小利益后，基于分享喜悦的心理，他们就极有可能将这一优惠活动分享给微信好友或微信群，让周遭人一同加入该小程序的优惠活动中来。这就是一个通过分享“小利益”来为小程序吸粉的过程。

以“拼多多”小程序为例，这是一个电商类小程序。从其名字上就可以看出，该小程序的关键点就在于这个“拼”字上。用户发起拼团活动，通过将这一活动分享至微信好友或微信群的方式来召集朋友、家人、亲戚等，从而完成以低价购买商品的目的。“拼多多”小程序界面如图 6-1 所示。

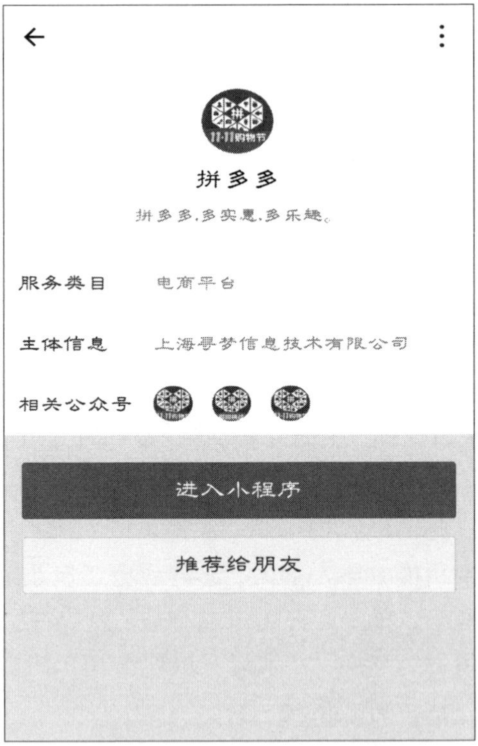

图 6-1　“拼多多”小程序界面

这种以比原先更低的价格就可以买到想要商品的拼团活动，想必绝大多数人是乐意参与的。当一个人想购买一件心仪的商品，但其价格却令人望而却步时，拼团就是一种非常好的方法。他可以为此发起拼团活动，然后将拼团活动分享给他人，以召集跟他有着一样想法的人。如果收到这条拼团活动信息的人也正有此意，那么为了达到最终的购买目的，他就会加入进来，帮助发起人继续分享拼团活动，以凑足拼团所要求的人数。

“拼多多”小程序这种可以通过拼团来实现低价购买商品的方式，在某种意义上，其实就是在靠小利益来鼓励人们分享。不管拼团可以减免的花费是多还是少，面对这样触手可及的优惠，大多数人乐意去参与拼团活动。所谓花更少的钱买心仪的商品，何乐而不为？

正是由于这样的小利益，才能让人们自发地、一个接一个地分享拼团活动给其他人。一传十、十传百，就会有越来越多的人开始关注这个小程序，甚至还可以积累起固定的粉丝用户，从而达到吸粉的目的。

再如美食外卖类的小程序，在用户完成订单的支付后，有时会跳出一个分享即可领取满减红包的页面，引导用户将该页面分享给微信好友或微信群。以“美团外卖+”小程序为例，在点开这类分享页面后，大致会出现诸如图 6-2 所示的内容。

图 6-2　“美团外卖+”小程序满减红包分享页面

为了在下一次点餐的时候可以使用红包参与满减活动，用户就会主动地将该页面分享给其他人。并且，这一分享活动中的红包领取具有随机性，比如，在分享的链接上会显示诸如“第 8 个领取的人红包最大”字样。红包金额的随机性更为这一优惠分享增添了趣味性，有利于激发人们的参与积极性。

不管怎么说，靠“小利益”来鼓励人们分享的这种方式，恰恰与人们追求优惠的心理相契合。而如果一个小程序又正好拥有满足人们优惠心理的“小利益”，则必定可以为其吸粉助一臂之力。

6.1.2　靠话题唤起评论与转发

在如今这个时代，没有话题度的事物就很少甚至没有关注度，更不用提为其写评论或转发了。只有有话题度的事物，才会被人们关注，才会被广泛地评论和转发。就好比微博有一个热搜榜，一些新闻资讯之所以能上热搜榜，大多是因为有大量的人在关注它们、搜索它们、转发它们。

那为什么要搜索它们呢？正是因为它们有话题度，有值得被讨论的意义。且不管是不是所有人都是因为对该新闻感兴趣而进行搜索、转发的，但这至少说明了一点，靠话题是可以唤起人们的评论与转发的。

当发布的话题成功地唤起了人们的大量评论和转发后，这就意味着关注的人数在不断上涨。而且如果能一直保持发布具有吸引力的话题，鼓励人们持续不断地分享，就能吸引并积累不少的忠实粉丝。那么，小程序吸粉当然也可运用这种靠话题唤起评论与转发的方式。

先来看一份数据，表 6-1 所示为小程序统计平台“阿拉丁”所发布的小程序内容榜 TOP10（2017 年 10 月 30 日—11 月 5 日的周榜）。

表 6-1 “阿拉丁”所发布的小程序内容榜 TOP10（2017 年 10 月 30 日—11 月 5 日的周榜）

排　名	小程序名称	阿拉丁指数
1	汽车之家	6599
2	实时 NBA	6255
3	有车以后	6223
4	轻芒杂志	6114
5	玩车教授	6099
6	知乎 Live	5976
7	人民日报	5712
8	今日头条	5562
9	毒舌电影社区	5399
10	腾讯新闻精华版	5335

由表 6-1 可以看出，阿拉丁指数排名前三的小程序依次为“汽车之家”“实时 NBA”“有车以后”。而且纵观榜单的 TOP10，会发现名列该榜单前位的小程序都有其话题讨论度。比如“实时 NBA”小程序（如图 6-3 左图所示），可以为球迷提供 NAB 的比赛资讯、NBA 赛事的视频直播，以及回看当天 NBA 比赛录像的功能。除此之外，在该小程序中，用户还可以对某一赛事的新闻热点进行点赞或评论，如图 6-3 右图所示。

图 6-3 “实时 NBA”小程序界面

NBA 是广大篮球迷最为关注的赛事，因而 NBA 便有着极大的话题讨论度。比如哪支队伍获胜了、谁又获得了最佳球员、投篮的精彩瞬间等，都会引起篮球迷的广泛谈论。

“实时 NBA”小程序正是抓住了篮球迷对于篮球赛事的这种高关注度，实时发布关于赛事的新闻资讯，吸引篮球迷进来观看和评论。基于对篮球赛事的兴奋情绪和热烈关注，篮球迷就有极大的可能将在该小程序上获取的最新篮球资讯分享给其他热爱篮球的朋友，让他们也加入该小程序的实时讨论中。

对于篮球迷来说，有一个可以获取最新篮球资讯，并且还能尽情观看赛事直播和回放的应用，必定是具有极大的吸引力的。“实时 NBA”小程序作为目前市面上优秀的篮球小程序之一，可以说其凭借“NBA”这个话题唤起了不少篮球迷的评论与转发。也正因如此，它才能取得在该榜单位列第二名的好成绩。

再如榜单中的“毒舌电影社区”，这是一个可以观看电影、电视剧以及发布影评、剧评的小程序，也可理解为一个可进行电影分享、评价、互动的社区。“毒舌电影社区”小程序界面如图 6-4 所示。

图 6-4　“毒舌电影社区”小程序界面

在“毒舌电影社区”小程序上，主要有四大版块：影评、新汁源、搜索、我的。“干死烂片”作为“毒舌电影”主打的口号，其最核心的体现就在“影评”上。“毒舌电影”的影评一直以来都以犀利著称，使得用户在看完后大呼过瘾，这有助于让用户成为该小程序的忠实粉丝。

电影、电视剧作为人们日常生活中的一大娱乐消遣，可以说非常具有话题的讨论性，尤其是那些正在热映或正在热播的影视剧作。“毒舌电影社区”小程序则正好为广大电影、电视剧观看群体提供了一个可以观看视频资源、发表评论、阅读影评、互动交流的空间。

在这个空间里，用户能够在观看影视作品的同时，和线上的其他人进行影视艺术方面的探讨与交流。如果有一篇极具水平的影评发表在该小程序上，并且还是针对时下的热点影视剧作而生发出来的，就有很大的可能吸引到可观数量的用户前来关注并探讨。就算并非真正感兴趣，但因为是热点，也会让人多看一眼，从而有助于获得大量的评论。

人们都会有一种这样的心理：当遇到与自身观点契合的评论和观点，或者觉得该观点有值得被讨论的意义时，便会忍不住将这一信息转发给他人，比如好友，以获取认同感或达到推荐的目的。这里所谈到的观看影视剧作、发布影评就是这样的道理。

“毒舌电影社区”小程序有着自身独特的表现方式。正是这种犀利、独到的影评见解，吸引了一大批粉丝。他们可以在这个小程序所提供的空间中尽情地互动、交流、评论，将有意思、有探讨意义的影评或影视剧作转发、推荐给他人，让更多人成为该小程序粉丝中的一员。

所以，要想让这种内容型的小程序吸粉，其内容必须言之有物、见解独到。并且结合时下热点话题，比如可以将标题设定为类似于“近期值得去电影院观看的十大电影推荐”这样的字眼等来吸引用户的点击。

当然，不仅仅是“毒舌电影社区”小程序，其他各类小程序也可以依靠话题唤起评论与转发的方式来实现吸粉的目的。如“玩物志购物商店”小程序此前就 5 月 20 日这一天的特殊性推出了“三行丧诗”的活动。由于其与“三行情诗”反其道而行的方式，以及情感的共鸣性，成功地吸引了大量用户参与其中。并且随着活动情绪的高涨和发酵，“三行丧诗”就成了一个“话题”，鉴于“话题”的新鲜有趣，人们就会主动转发、评论。伴随着关注者、参与者的不断增加，小程序吸粉的目的也就一并达到了。

6.1.3　靠线下活动增加分享渠道

如果想让小程序在原有的基础上增加一些分享的渠道，那么其实可以通过在论坛发帖、举办沙龙或网络直播的方式来完成。下面就以这三种活动方式为例，来谈一谈小程序该如何凭借线下活动来增加分享渠道。

1．论坛

论坛就是一个可以进行发帖、回帖并讨论的平台。在当前的各种网络聊天形式中，论坛可算是由来已久，也正因如此，论坛所积累的用户基础也是非常广泛且坚实的。因而，利用论坛来为小程序增加分享渠道不失为一种有效的方法。

一般而言，在地方上都会有一个地方性论坛，由于地域上的接近，论坛的用户就会产生一种强烈的归属感。正是因为这种归属感，会使得论坛积累起一大批的固定用户，并形成地方性论坛的一个独特优势——可以举行同城活动。

举行同城活动可以说是地方性论坛的最大优势。如果能举行一个以小程序为主题的同城活动，那么这对小程序的分享传播便是极为有利的。举行同城活动有着以下好处，如图 6-5 所示。

（1）以小程序为主题的大型同城活动可以起到为小程序宣传的作用

（2）可以把在活动上拍摄的照片与文字记录发在论坛上，增加论坛发帖量，从而增加论坛的讨论度

（3）在举办同城活动的整个过程中，新成员容易被吸引

图 6-5　举行同城活动的好处

小程序有着自己的论坛，如“蜂鸟小程序开发者社区”“咫尺论坛”等。此处将主要谈一谈国内领先的小程序开发者聚集地——咫尺论坛。“咫尺论坛”依托于“即速应用”这个小程序开发工具而生，不仅仅为开发者提供开发小程序的基础服务，也为他们提供小程序的各种资讯信息、疑难问题解决方法等。

在该论坛上，有一个“官方活动”版块，在该版块中包含着各种小程序制作创意大赛、小程序的全国巡回线下沙龙等活动。人们可以报名参加这些活动，也可同时将这些活动转发至朋友圈，以吸引更多的人来参与。这当中提到的线下沙龙也正是接下来所要讲的第二种可以增加小程序分享渠道的线下活动。

2．沙龙

举办小程序的线下沙龙也有很多，如深圳 Can+众创空间于 2017 年 1 月 14

日举办了以“小程序来了，创业者有哪些机会”为主题的小程序线下讨论沙龙；又如深圳咫尺网络科技开发有限公司于 2017 年 3 月 4 日举办了“微信小程序线下沙龙”。

在咫尺网络科技开发有限公司所举办的“微信小程序线下沙龙”上，主讲嘉宾一方面结合小程序的发展现状来深度分析小程序的未来发展趋势，另一方面结合市场需求来详细剖析小程序所带来的行业变革和市场价值。

在主讲嘉宾分享完后，还有现场提问环节。活动参与者可以在会上针对嘉宾所说提出自己的疑问或见解，还可以向嘉宾咨询自己对小程序的疑惑。通过主讲嘉宾在线下沙龙上分享小程序经验的这种方式，小程序的发展现状及前景就可以被更多的人更加深入地了解到。所以，总的来说，举办线下沙龙，对于小程序来说主要有以下好处，如图 6-6 所示。

（1）沙龙一般会邀请一些具有经验的专家来对沙龙主题进行讲解。这种有规模的线下沙龙可以聚集起一定的影响力，非常有利于小程序的分享传播

（2）线下沙龙是真人的面对面活动，可以在现场与专家进行当面的互动与沟通。尤其当专家本身就具有一定的人气时，沙龙就能吸引到更多的人来参与。与会人员可能还会将该活动的信息分享给其他人，比如“这次沙龙会有某某很厉害的专家来参加，我们也去观摩一下”等

（3）因为线下沙龙可以在现场直接面对面地交流，因而在沙龙上可以设计一些与观众的互动，比如关于小程序的问答或游戏之类。在问答完后或游戏结束后，可以给参与的观众赠送奖品。当然，也可以给所有与会观众赠送相关的礼品，促使他们将本次活动分享出去，为小程序的分享传播做出努力

图 6-6　举办线下沙龙的好处

3. 直播

近几年，网络直播非常兴盛，尤其是现在各类网络直播平台 App 的出现，使得人们在手机上就可以进行直播。作为现今的一种新型网络社交方式，直播可分为线上直播和线下直播。

与线上直播不同，线下直播具有更强的互动性和感染力。例如，一个商家和

一位当红网络主播合作，商家邀请主播参加其所举办的线下的实体店活动，或门店开业，或商家小程序上线等，在活动中进行现场直播。

主播可以在直播中宣传商家的小程序，例如，呼吁粉丝通过小程序来购买该商家的产品。借助主播本身所积累的高人气，不仅可以确保这一线下直播能拥有可观的观看人数，还可以让商家的小程序通过这一方式被推广出去，达到“一传十，十传百”的分享传播效果。利用直播的粉丝效应，小程序的吸粉目的也就能进一步实现。

6.2 互动

当下已经形成了一个大而密的社交网络，人们几乎每天都要在微信上聊天、在网页上看资讯、在微博上看新闻。各种在网络媒体上的互动非常流行、非常频繁，尤其是在手机上的社交互动。网络互动已经成为人们日常生活中无法脱离的一种社交习惯。

小程序作为互联网中的一员，如果想吸引到更多的粉丝，那么增强其互动性便是让小程序实现吸粉目的的又一种重要方式。

6.2.1 互动性：商家与客户交流互动

一个好的产品应用应当是可以实现商家与客户之间的双向交流的，小程序也是如此。小程序作为连接线上与线下场景的一个轻型应用，肩负着连接人与服务的使命。而其连接人与服务的其中一点就体现在商家与客户之间的交流互动上。

所谓商家与客户之间的交流互动，就是指一方面商家能定期向客户推送产品资讯与活动信息，另一方面客户也能对活动给出相应的反应。对于小程序来说，互动活动在小程序上是能够实现的。小程序支持商家的营销互动活动，包括秒杀、拼团、积分、优惠券等。

就在 2017 年 5 月 19 日所发布的小程序新能力中，微信公众平台这样写道：“小程序可以通过 iBeacon 方式，找到周边的设备，实现‘所到即所得’。”其内容介绍如图 6-7 所示。这意味着结合 iBeacon 技术，商家与客户在小程序营销活动上又有了新的互动玩法。

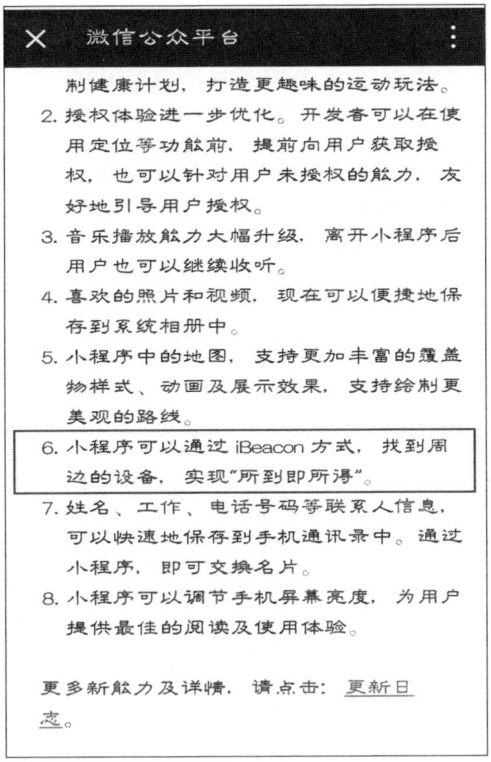

图 6-7　小程序支持 iBeacon 技术

先前“微信摇一摇周边”的功能已经接入了 iBeacon 技术，那些线下门店所举办的“微信摇一摇”的促销、优惠活动，有一部分就是依靠 iBeacon 与微信间的蓝牙信息交互来实现的。现在支持了 iBeacon 技术的小程序通过这种新互动玩法势必会吸引更多的活动参与者。

例如，商家的实体店位于某停车场附近，该停车场已经接入了小程序应用，而商家也在停车场中提前布置了三台及以上的 iBeacon 设备，那么借助 iBeacon 的定位功能，用户就可以获取自身停车的位置，而商家则可以获取用户的距离信息。

在停车场定位的基础上，为了增加与客户的互动性，商家利用小程序和 iBeacon 技术还可以匹配出其他更多好玩的互动活动。商家可以对在停车场中通过小程序来标记停车位置的用户推送模板消息，其内容为商家本日或最近正在举行的营销活动。

同时，商家在自身实体店内也应当布置 iBeacon 设备，以类似“贪吃蛇”游戏的方式，引导用户按照一定的路线来到商家门店。在这一过程中，用户可以通过“贪吃蛇”游戏来获取商家所送出的商品的优惠福利，比如支付满减、到店即送优惠大礼包等。

在这样的游戏互动下，出于新鲜感和好玩的心理，用户主动使用小程序的可能性就会大大增加。而且，如果商家能通过小程序时常开展这类营销互动活动，那么势必会积攒起一批忠实的小程序粉丝。

当然，先前也提到了利用小程序的模板消息能力，这一模板消息推送其实也是商家与客户之间的一种互动。以“爱鲜蜂闪送超市”小程序为例，其就充分利用了小程序模板消息的能力来与客户交流互动。

尽管这种方式似乎只是文字消息的一种传递，但针对用户对所推送的模板消息的反应，“爱鲜蜂闪送超市”小程序就可以做出是否继续向该用户推送活动消息的决定。

对于用户来说，通过阅读模板消息上的优惠活动信息，也可以获取关于商家最新的活动信息。如果时时有有趣的活动，那么这也有利于提高用户对商家活动的参与积极性，商家也能因此而获得更多收益。商家和客户之间以此形成的良性互动也就为商家的小程序提供了吸粉的契机。

6.2.2 眼球性：吸引网民眼球，引起网民关注

眼球性，是指某事物具有吸引力，能引起他人的关注。如果在人们未开始使用某一事物之前，就首先被该事物的外在形象或广告宣传吸引住，那么这其实就是吸粉成功开始的第一步。

所以，如果小程序也可以做到具有眼球性，那么其粉丝的积累在一开始就不会那么困难。人们总是对新鲜事物具有猎奇心，尤其当这一事物与众不同时，人们就会止不住好奇心去关注它、了解它。

例如，当路过某一广场时，正有一群人热闹地围成一团，并且在人群中央还立着一个硕大的广告牌，上面神秘兮兮地写道：“5 块钱的幸福是什么？”文字旁边附着一个二维码，而并没有类似主持该活动的人存在于现场。那么，作为一名路过者，究竟会不会加入该人群中呢？其实，在路过者驻足停留在这一人群周围的那一刻，就意味着他已经被该活动吸引了。这正是这种活动形式的目的所在。

类似地，一个具有眼球性的小程序，势必会引来一批人的关注。小程序刚上

线一年多的时间，可算是一个较为新鲜的事物。此时，如果推出的小程序还别具特色，那么获得大批人的关注则是必然的趋势。

但小程序与例子中可摆放在实际场地中的广告牌不一样的地方是，小程序是作为手机微信中的一个轻型应用而存在的。因而，对于实现小程序要取得高关注度，进而积攒粉丝的目的，网络就是最为有力的方式。

如今的网络传播速度极快，一个现象级的事件、一个特立独行的人，以及一个与众不同的小程序都极易吸引网民的眼球，进而引起网民的关注与讨论。小程序需要有可被关注、可被讨论的点，而这个点就是小程序所具有的独特性，比如，它的哪些功能、服务是其他小程序所没有的，或者相比于其他小程序，哪些功能与服务做得更加精良和完善。

现在各类小程序多种多样，有工具类小程序、餐饮类小程序、出行交通类小程序、电商类小程序等，每种类型里的小程序少说也有七八个。而一个可以吸引大量网民眼球的小程序，必定要在同类型的小程序中脱颖而出，甚至在所有小程序中都很出彩。所以，小程序要想脱颖而出，就必须有自身独特的闪光点。例如，可以就小程序的某一功能精益求精，达到其他小程序无法匹敌的程度。

拥有独特闪光点的小程序，就拥有了吸引网民眼球的资本。只有当一个小程序真正具有应用价值，且独特之地又正切中用户痛点时，网民才有可能自发地将该小程序分享给更多的人。否则，一个并没有什么应用价值，且独特性又只是一种功能摆设的小程序，可以凭借什么来吸引网民，以及请求网民来使用呢？

6.2.3　舆论性：网民与网民的跟帖、回帖互动

在信息爆炸的网络时代，当某一事物或事件被人们广泛地谈论、传播、评价时，舆论就产生了。眼球性可以说是舆论发生的一个前提。一旦某一事物或事件具有眼球性，那么被关注和被讨论就是无法避免的，就算只是小范围的关注和讨论，那也被算在其中，事物或事件因此也就拥有了舆论性。

舆论性的其中一个表现就是网民与网民的跟帖、回帖互动。网民跟帖、回帖是他们讨论、评价某一事物或事件的一种行为方式。随着讨论的网民越来越多，跟帖与回帖的数量也会一并增长。

如果该事物或事件具有持久的高关注度与影响力，那么按照这样的趋势，该讨论帖就极有可能成为热门帖。而一旦成为热门帖被发布在微博、朋友圈等影响力更广的社交媒体上，针对该事物或事件的讨论就会不断扩散开来，进而反映出

公众/多数人的共同意见，形成舆论。

对于小程序来说，想要将其推广出去，并且被大众广泛使用，便要借助舆论的力量。那些本身具有眼球性的小程序则将更易于借助舆论的力量被推广开来。但是舆论力量有利也有弊，正向舆论具有积极的帮助作用，反之则可摧毁事物本身。

对于小程序而言，对小程序正面积极的舆论可以为小程序吸粉，而对小程序负面消极的舆论则会给小程序带来恶意评价，甚至摧毁小程序的未来发展。所以，在借助舆论力量时，一定要引导网民对小程序的正面舆论。只有传播正面的舆论，才会有利于小程序的吸粉事业。

既然先前已提及网民跟帖、回帖是舆论性表现形式中的一种，那么下面就将谈一谈小程序该如何通过网民的跟帖与回帖实现推广、吸粉。

小程序运营者可以选择某一社交平台，先由自己发帖子。小程序初运营者可参照此法。因为其小程序事业刚刚起步，小程序本身也还没有多大的影响力与关注度，所以要想让网民自发地为其小程序发帖是有些困难的。

在小程序运营者自己发帖后，便可由自身的小程序运营团队来维护帖子后续的发帖、跟帖进程。在维护期间，运营团队可以定期在帖子上发布一些于自身小程序有利的宣传文案，以显示出其小程序的独特之处。

同时也要对小程序做一个详细的信息介绍，诸如小程序的使用方法、小程序所能提供的功能与服务、小程序的有关图片等，并且对网民的评论要及时回复与互动。

当然，在帖子中发布一些用户所写的关于使用完小程序后的良好体验也是推广小程序的有效方法，因为用户的使用反馈可以反映出该小程序的优劣势。一个正面、良好的使用反馈，就会为小程序树立起一种可信赖感。基于这种可信赖感，网民在浏览帖子的时候，受到其他用户的推荐，使用小程序的可能性就会大大增加。

而当被推荐的网民使用过后发现确实如帖子上所说的那样时，他们就极有可能针对此话题为该小程序继续发帖、回帖。当越来越多的网民对该小程序的使用体验达成良好的共识后，网民自发的跟帖与回帖也就会越来越多，而帖子的热度也会不断增长，甚至成为热门帖，被置顶，被全民关注。

一旦帖子成为热门帖，小程序的讨论度、关注度不断走高，那么此时再加以正面的舆论引导，小程序实现大量的吸粉便势在必得。

6.2.4　热点性：借助热点事件 VS 制造热点事件

热点事件与舆论无法分割。一个热点事件，必然会引发公众舆论。没有热点也就没有舆论，更不会促成一个成功的事件营销。

借助热点事件来为小程序吸粉，即事件营销，通过有组织地策划和利用具有社会影响力的热点事件来推广小程序是可以尝试的一种方法。但在利用事件营销的时候，有三点需要注意。

首先，要有明确的目的性。小程序的运营者第一步要做的就是明确自己的目的——为什么要借助热点事件来为自己的小程序做推广？借助什么样的热点事件？借助该热点事件是期望小程序能得到什么样的好处？只有弄清楚这些问题，才能开启事件营销的头。

其次，要清楚事件营销所具有的风险性。热点事件由于其热点性会引发各种舆论，又因为媒体、言论所具有的不可控性，并非借助的每个热点事件都能起到对小程序的正面导向作用。小程序的运营者应该对这一风险性有一个预估，在借助热点事件时，把控好力度与尺度。

最后，热点事件的选择要有针对性。在每个不同的阶段，总会有一些热点事件发生，如何从这些热点事件中选择出一个契合自身小程序营销的事件是小程序运营者需要知道的。借助与小程序相合的热点事件，对小程序吸粉事业来说便是如虎添翼。

此外，除借助热点事件的热点效应这一方式外，小程序运营者也可通过制造热点事件来推广小程序，这种方式也一并属于事件营销。

在制造热点事件时，同样需要有针对性，根据自身小程序的特性，以及迎合用户的需求，策划出一个针对该小程序的热点事件，如“玩物志购物商店”小程序推出的“三行丧诗”活动。这样才能引发公众的好奇心，产生“这到底是一个什么小程序”的疑惑，进而吸引公众来一探究竟。

求真务实也是制造热点事件时所要遵循的原则。由于网络的快速传播性，不仅仅确凿的新闻消息传播迅速，各类谣言也因此可以被飞快地传播开来。所以，在制造热点事件时，制造者必须求真务实，拒绝虚假营销、恶意炒作；否则会败坏人们对小程序的好感，那些感到被欺骗的用户也不会继续对该小程序保持忠诚。

6.3 植入

一个产品的最终目的是让消费者来购买或使用，那么，如何让消费者知道该产品的存在呢？没错，就是打广告。只有让人们首先知道该产品的存在，人们才会进一步产生是否要去购买或使用该产品的意愿。

小程序要想成功营销，实现吸粉目的，当然也需要打广告，做广告的植入。因而，本节就通过显性植入和隐性植入这两大方式来谈一谈小程序该如何通过广告植入来吸粉。

6.3.1 显性植入：地铁、公交站、报纸、店铺

所谓显性植入，顾名思义，就是明显地、直白地将产品广告展现在人们的眼前，让人直接就能看出这是某某产品的广告，而非以那种拐弯抹角的方式来宣传产品。

这种植入方式可以是以文字为形式的广告信息，也可以是以声像为形式的广告信息。前者以印刷媒体为传播媒介，如刊登在报纸上、传单上的广告等；后者以电子音像媒体为传播媒介，如百货大楼前的滚动广告牌、在电视上播放的广告等。

将小程序的广告植入这些载体或场所中，有利于人们直接、便捷地获取到有关小程序的信息。这些载体如报纸，就是人们日常生活中常用的东西；又如场所，地铁、公交站、店铺、百货大楼……这些地方每天都会有大量的人群流动，是人们出行活动的主要地点。在这些地点植入小程序的广告，就算人们没有特别留意，但是每天抬头不见低头见，这些小程序的广告植入就会在有意无意中给人们留下印象。

所以，小程序恰恰可以利用显性植入的这一优势来实现吸粉的目的。由于都是人们日常生活中的常见场所或使用的工具，所以人们也会更容易接受小程序。例如，地铁上拥有小电视，便可在小电视上播放小程序的宣传视频；在地铁隧道的两侧也会有广告宣传窗，便可将小程序广告植入隧道两侧的宣传窗中；而在地铁口或换乘之地，偶尔也会有卖报的窗口，就可将小程序广告植入报纸，供人们等地铁或坐地铁时阅读。

公交站同样如此。在站牌附近贴上小程序的宣传广告，并尽量保持张贴位置

在人们水平视线的范围内，便于人们观看。店铺、百货大楼前的滚动广告牌体型大、位置醒目，广场上人流量也大，在滚动广告牌上植入小程序的广告，更容易受到人们的关注。

将小程序显性植入人们的日常生活中，无论是在人流量大的场所中，还是在时常使用的工具上，都有利于人们直截了当地接受小程序、使用小程序，最终成为小程序的粉丝。

6.3.2　隐性植入：软文、影视剧、网红直播

隐性植入是相对于显性植入而言的。相比显性植入直接将小程序广告投放在显眼位置的方式，隐性植入的方式要更为委婉，其可植入的地方有软文、影视剧、网红直播等。

软文一般是指那些具有软性广告宣传意味的文字内容。一篇优秀的软文可以为企业及产品带来可观的收益，即所谓的软文营销。

想通过软文来达到小程序吸粉的目的，就需要掌握软文写作的技巧。小程序软文要结合与小程序有关的实时热点，例如，微信官方最近是否又开放了小程序的新能力、最近哪些小程序上了热门榜单之类，这些都是写作小程序软文时可借鉴的热点。

软文还要与所推广的小程序有特征关联，即软文中要放大、突出某个小程序的功能特性以吸引粉丝。所写软文要能唤起用户的共鸣，切中用户痛点。当然，软文的文字风格也需要注意，不走寻常路、新潮、有创意、有趣味的软文有利于引起用户的阅读兴趣。

除软文外，在影视剧中植入广告是当前一种较为普遍的做法。影视剧植入的优点在于这种方式缓解了观众对传统硬广告的排斥心理，使观众在不知不觉中就接受了某产品的广告宣传。不过实现这一点的前提是植入影视剧中的广告要能与影视剧本身完美地融为一体，否则容易导致观众出戏，甚至引发对该植入产品的反感。

所以，小程序在选择影视剧植入时要考虑到与影视剧的关联性及契合度。例如，影视剧中如果出现用餐点外卖的场景，那么契合这一场景的餐饮类小程序就可选择植入其中，这样便不会产生强烈的违和感。

近几年，网络直播兴起，网红主播也随之流行。美食吃播、游戏直播、唱歌直播……各种直播层出不穷。当直播者的直播视频受到越来越多的人关注时，直

播者就可能演变为网红。那么借助网络红人直播的粉丝效应，就可将对口的小程序植入他们的视频直播中，例如，大胃王的吃播就可植入美食类小程序，化妆博主的直播则可植入美妆类、电商类小程序，促使观看直播的粉丝转化为小程序的粉丝。

通过这三种隐蔽的小程序植入方式，既能消解大众对硬性广告的生理性反感，又能让小程序被人们在不自觉中接受和使用，有利于小程序吸粉目的的实现。

第 7 章

六大新潮的吸粉工具开启流行玩法

为了让更多的人了解某一产品或者服务，运营人员必须借助一些工具来进行推广。小程序作为一种新的应用形态，推广工具也有其自身的特色。本章就将介绍小程序的六大新潮吸粉工具，谈一谈这六大工具是如何开启推广小程序的流行玩法的。

7.1 专属推广工具

对于小程序来说，专属的推广工具有两个：一是普通的方正形二维码；二是小程序码。普通的方正形二维码在小程序推出之初就被极力推荐使用，这是用户从线下进入小程序的最直接方式；而小程序码则是微信官方于 2017 年 4 月所发布的一种专属于小程序的新型“二维码”。

用户只需使用微信中的“扫一扫”功能，对小程序的二维码或小程序码进行扫描，便可进入小程序。小程序的这两种专属推广工具其实也就是小程序的吸粉工具，利用这两种专属推广工具，小程序的运营者可以有效地进行小程序营销。

7.1.1 扫描二维码直接进入小程序页面

在小程序推出初期，并没有固定的入口，用户如果没有使用过小程序，便不易找到小程序的入口。但众所周知的一个最直接的进入小程序的办法就是扫描二维码。可以说，小程序的入口就存在于二维码中。

尽管现在微信官方已经开放了多个小程序入口，但不可否认的是，二维码依然是小程序的一个重要流量入口，以扫描二维码的方式打开小程序仍然是大多数人的一种习惯性选择。

二维码扫描并不需要用户自行进行小程序关键字的搜索，而只需要拿起手机，打开微信“扫一扫”，扫描商家或网络上所提供的二维码，就可直接进入小程序页面，享受小程序“用完即走”的服务。

二维码连接着人与人、人与物以及人与服务。二维码的普遍使用使得小程序在人们的日常生活中有着诸多应用场景，举例如下。

1. 餐厅用餐

顾客在点餐时只需扫一扫商家贴在桌角的小程序二维码就可直接在小程序上完成点餐。服务员会在相应的时间内将点好的餐食送到顾客面前。整个点餐过程不需要面对面与点餐员沟通，一个二维码、一部手机就可以完成。

2. 停车场停车

车主在收费停车场停车或取车的时候，可以使用微信扫一扫停车位边上的小程序二维码，直接进入一个提供停车服务的小程序页面中。该停车小程序会自动告诉车主其所在的停车位置、停车时长，以及停车所要支付的费用，车主可一次性了解所有的停车信息。

3．公交站等车

乘客所等的公交车迟迟不来，不知还需等待多久。这时，乘客便可选择扫描公交站旁的小程序二维码，如“车来了精准的实时公交”小程序。在该小程序上，乘客可以查询公交到站还需要的时间、公交的出行线路，以及下一班公交的出发和到站时间。

当然，使用扫描二维码这种方式来使用小程序服务的前提是这些场景都有提供小程序二维码的服务。否则，用户也就只好打开小程序“搜一搜”，使用关键字自行进行小程序的搜索。“搜一搜”可谓是除二维码扫描以外的另一种最直接进入小程序的方式。

微信官方于 2017 年 4 月正式开放了“长按识别二维码进入小程序”的能力。用户可长按识别从微信好友、微信群分享、公众号推文中所获得的小程序二维码打开小程序，而不仅仅限于扫描二维码的这种方式。

“长按识别二维码进入小程序”也意味着商家有了推广小程序的新思路。商家一方面在实体店中投放小程序的二维码，另一方面在公众号推文中嵌入小程序的二维码，让用户在阅读推文时就可长按识别二维码直接进入小程序，为小程序吸引原公众号的粉丝。

7.1.2　专属的小程序码，开启推广新模式

大约是不满足于现在普遍使用的黑白方正形二维码，微信官方于发布“长按识别二维码进入小程序”能力的 4 天后就推出了“小程序码”。

小程序码，从字面上看便可理解为小程序专用的码，否则不会以“小程序”来作为前缀。小程序码所起到的功能作用与普通二维码相同，两者最直观的不同点在于图案样式上。小程序码改变了普通二维码的方正样式，如图 7-1 所示，左图为小程序码，右图为普通二维码。

图 7-1　小程序码与普通二维码示例

从对比图中可以明显地看到，小程序码以由中心向外发散的圆形为图案样式。相比于普通二维码，小程序码更具个性、更加美观。总的来说，小程序码具有以下优势，如图 7-2 所示。

（1）观赏性：小程序码不同于普通二维码的方正样式，是以圆形的样式呈现的，独具个性且更加时尚美观，让用户有一种美的视觉享受。

（2）高容错性：小程序码中间用于添加商家或企业 Logo 的区域并不包括数据编码的部分。而普通二维码如果要添加 Logo，就需要把中间区域的数据编码信息去掉，因而小程序码的容错性更高。

（3）安全性：由于是小程序专属的二维码，所以小程序码目前只可通过微信生成，在微信中识别。小程序码在一定程度上受微信的掌控，而普通二维码则可由多种工具生成，容易携带“病毒”，因而小程序码的安全性将会更高。

图 7-2　小程序码的三点优势

小程序码的独特样式将会成为人们识别小程序的一大标志。而且，小程序码也并非局限于图 7-1 左图这一最基础的呈现形式，与普通二维码一样，小程序码也可在原有样式的基础上做进一步的个性化设计。

如“罗辑思维”公众号所关联的“得到”小程序，其小程序码的色彩非常丰富明丽，并且还具有动态效果；又如“变脸”二维码创始人——漫画家“笑脸兔”

所设计的一个“微信公开课”的小程序码，其很好地利用了小程序码本身由圆心向外发散的结构框架，在结构框架中融入了向日葵的整体造型。

这种具有时尚艺术感的小程序码正好迎合了当下人们的口味。一个不同于一般二维码样式、具有新鲜感和时尚感的小程序码必定能瞬间抓住人们的眼球。因为人们都会有一种猎奇心理，新鲜的、具有特色的事物能较为容易地引起人们的关注。

小程序码可以进行设计，这也为商家开启了新的推广模式。商家可以自己或者委托设计方来设计自家专属的个性化小程序码。小程序码相当于小程序的门面，用户会最先通过小程序码来认识商家的小程序。所以在第一步就做到利用小程序码来吸引用户可以说是小程序推广成功的开始。

7.2　熟人社交推广工具

所谓熟人社交推广工具，从字面上理解就是指人们经常使用的，用以联系家人、亲戚、朋友、同学、同事等有过较多接触的人的社交应用，比如微信、QQ、微博。

由于是熟人，这就使得在微信、QQ、微博上建立起了一张熟人关系网，而这一熟人关系网正是一种推广小程序、为小程序吸粉的有效方式。

7.2.1　微信群、QQ 群

微信作为当前极为火爆、使用极为频繁的社交应用，在人们如今的日常生活中占据着重要地位。在微信中，最普遍的维系熟人关系网的方式就是组建一个微信群，现在几乎每个人的微信里都会有大大小小好几个微信群。

当前的小程序虽然还并不支持分享到微信朋友圈，但是小程序还具有“分享至微信群”的功能。微信群将会是小程序吸粉的一大利器，所以商家要利用好微信群的优势来实现自家小程序的推广和吸粉。那么，微信群对于推广小程序来说，究竟有哪些值得一提的优势呢？

第一，小程序是依托微信而生的，微信群也正是微信中的一种群聊形式。由于两者均属于微信这个大生态体系，那么相比在其他社交媒体上的分享传播，小程序在微信群中的分享转发就要来得更加直接、有效和便捷。

第二，微信群无法通过搜索来找到。想加入微信群的人需要通过扫描群二维码的方式入群，或者由本身已在群中的好友邀请入群。所以，这在一定程度上可以保证熟人网络不发生断裂。

第三，微信群大多是以熟人的关系而组建起来的，那么基于对好友的信任，群友就会尝试着去接受分享在微信群中的小程序链接，并继续分享给其他人。这在一定程度上可以保证群聊好友会做出相应的回应，小程序通过这种群友之间的信任感也就能被推广传播开来。

得益于微信群分享这一传播途径，一些适用于群聊场景的小程序也就能更容易地被微信用户所接受和使用，进而通过微信群这层熟人关系网络向外传播扩散，达到小程序的吸粉目的。

既然微信群对于小程序来说有这般推广功效，那么与微信群类似的群聊功能——QQ 群又可以对小程序起到什么样的作用呢?

尽管 QQ 群和微信群一样都具有群聊功能，但不同的是，QQ 群除了可以由群中人邀请外人入群以外，也可通过自行搜索群账号、群名称等方式来入群。QQ 群这种搜索方式赋予了用户更多的自主性。

QQ 群虽然并不能像微信群那样直接接受小程序的分享，但也有着一定的推广作用。例如，可在 QQ 群里发布一些关于自家小程序的基本信息以及近期运营活动的相关资讯，又或者在 QQ 群里发送小程序的二维码和小程序码的图片，让群好友可以通过扫码的方式打开小程序。

但如果这个 QQ 群并非由自己创建，而是由他人创建的，那么想要在 QQ 群中推广小程序，则切忌一入群就开始在群中发广告。就算本身是认识的关系，也尽量不要采取这样的做法，因为这种做法容易招致他人反感，严重的甚至会被群主或群管理员踢出群。所以，在 QQ 群中发布推广消息之前，最好和 QQ 群主或群管理员打好关系，了解该 QQ 群的特性。

为了让小程序在 QQ 群中的推广能实际有效，在一开始加群或创建群的时候，就要给 QQ 群做一个定位。如果是由自己创建的，则可将 QQ 群定位为小程序的推广；加群的时候则要根据一些条件有针对性地寻找对小程序感兴趣，或者有小程序推广价值的 QQ 群，而非随意加群。

虽说 QQ 群算是熟人社交工具中的一种，但相对于微信来说，QQ 群的使用群体更多的是年轻人，而微信的使用者则不光是年轻人，还有年长者。微信群的受众面比 QQ 群要更广泛。所以，如果能同时使用微信群和 QQ 群来做小程序的推广，便可有双重的保障。

7.2.2　QQ 空间

虽然现在好多人已经转战微信朋友圈，但其实 QQ 空间依然是一种重要的推广工具。以“小米”为例，小米的红米手机在 2013 年上市的时候，有超过 900 万的用户通过 QQ 空间进行预约，这使得小米的 QQ 认证空间的粉丝数急剧上升，从 100 万人骤增至 1000 万人。而在第二年，也就是 2014 年，“小米”又选择在 QQ 空间首发红米 Note 手机，引爆了销售热潮，仅半年时间，其 QQ 认证空间粉丝数就已达 2700 万人左右。

由此可见，尽管大多数人现在更倾向于使用微信朋友圈，但 QQ 空间的推广作用也不可完全忽视。QQ 空间作为腾讯公司于 2005 年开发出来的一项 QQ 功能，在多年的发展下也积累了不少的用户和忠实粉丝，而这便是利用 QQ 空间做推广的重要基础。

QQ 空间是一种类似博客性质的应用，是腾讯 QQ 用户的一个个性化网络“家园”。在这个“家园”中，用户可以写日志、说说，上传照片、听音乐、玩游戏，对“家园”进行个性化装扮等。

那么，QQ 空间赋予用户的这些功能究竟该怎么利用起来，怎样用于小程序的推广事业呢？以下（见图 7-3）为 3 点办法。

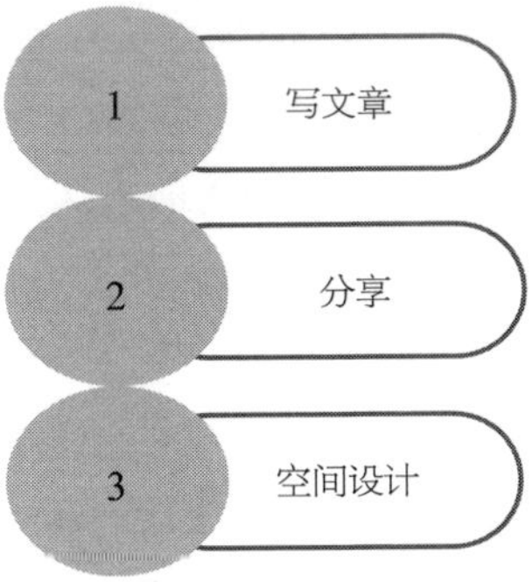

图 7-3　利用 QQ 空间做小程序推广的 3 点办法

（1）写文章。先前已说到 QQ 空间类似于博客，有发布文章的功能，那么在 QQ 空间中就可以定期发布一些关于自家小程序的原创文章，介绍小程序的基本情况、产品定位、相关活动、未来发展规划等，让进来浏览文章的 QQ 好友可以对这一小程序有一个大致的了解。

所发布的原创文章一定要吸引人，注意标题要简洁明确，内容要真实有趣。内容要和标题相照应，不要做“标题党”。只有让文章显得既有量又有质，才能让 QQ 好友在浏览文章时对文章作者产生信任感，进而对文章所论述的主体——小程序产生兴趣。

文章在被阅读后，就有被评论的可能。所以，作者要及时对这些评论进行有针对性的回复和互动，而不要不予理会。因为当评论者尤其是游客总是不能得到及时有效的回复时，就容易失去耐心，而这就可能导致小程序失去一个潜在用户。

对于那些高质量、有价值的文章，不仅有被评论的可能，而且极有可能会被 QQ 好友自发地进行转载，进而形成病毒式的推广传播，潜在的用户被吸引过来，最终成为小程序的粉丝。

（2）分享。文章写好了就可以发布在空间日志中。可是该怎样增加阅读点击量呢？QQ 主人可以选择自主分享已发布的有关小程序的文章，让文章显示在 QQ 好友的空间动态中，好友只需点击动态里的这一文章链接就能阅读文章原文。自主分享——所谓“自我推销”的这种推广方式也是极其重要的。

除分享文章外，用户还可以在空间相册中上传、分享有关小程序的真实照片，如小程序的二维码、小程序码、小程序信息页、小程序应用首页、小程序上所展示的产品类目图片等。并且最好不要加密该相册，要让所有好友都能看到相关的照片。

既然提到空间相册不要加密的问题，那就得提一提 QQ 空间访问权限的问题。为了能让小程序被更多的人知道，吸引到更多的粉丝，用于推广小程序的这个 QQ 空间就不要加密，即设定的访问权限是向所有人开放，让所有人都能进来阅读到小程序的有关资讯。

（3）空间设计。QQ 空间可以进行个性化装扮，因而在利用 QQ 空间推广小程序时，可以先将 QQ 空间的主页装扮成类似官网网站的形式，以表现出一种“专业性”，让 QQ 空间显得更具权威感和可被信任感。

QQ 空间的装扮，一方面可以使用充值“QQ 黄钻”的方式来获取更多精美的装扮；另一方面可以进行自定义装扮，即在空间模块中添加各种相应的小程序图片、视频等的网页链接。用户可根据实际需求来选择适当的方法对 QQ 空间进行装扮。

一个好的门面设计可以为产品的推广增加优势。QQ 好友或游客如果能在进入 QQ 空间的瞬间就被这经过精心设计的空间主页所吸引，就有很大可能去点击空间中的具体内容，诸如日志版块、说说版块、相册版块等，看一看该空间经营者在空间中所发布的内容是否也如此吸引人。而这样 QQ 好友或单纯的 QQ 游客就有了成为小程序粉丝的可能性。

7.2.3　微博大 V 转发

想要让小程序获得更多的关注和使用，请求微博大 V 转发是一种很有效的办法。大 V 之所以被称为“大 V”，就是因为那些已通过认证的微博用户有着相当高的人气和影响力，会有大批的粉丝对他们进行持续的关注和追踪。

而正因如此，微博大 V 所转发的内容或者其自己发的软文，如介绍某某小程序可以发挥什么样的作用等，势必会引来相当数量的粉丝关注，令粉丝一探究竟：“既然我关注的这个微博大 V 转发这样的内容，那么该小程序想必是有其独特之处的，我应该去搜一搜这个小程序。”

而一旦这一微博内容在微博上传播开来，也就意味着小程序的营销推广离成功又进了一步。但大 V 无缘无故为什么要为了你的小程序而特意转发微博或者自己发一条微博来推广呢？所以，要想让大 V 转发来帮助自己推广小程序，一般情况下离不开以下几点：

（1）你的小程序真的非常新颖有趣，有值得被推广的价值。

（2）你的小程序和大 V 之间存在商业合作的可能性，比如美妆类小程序可以与美妆博主合作。

（3）你的小程序有发展前景，在推广后有引起话题热度的可能性。

（4）大 V 与你本身就存在认识关系，且关系不错。

总的来说，要想让小程序内容可以被微博大 V 转发，其最好符合以上几点中的一点。小程序新颖有趣、有发展前景，这两点是小程序自身的优势。一个既新颖有趣又有发展前景的产品，如果再加上与大 V 自身的利益相契合，那么大 V 就极有可能接受这一转发请求，推广你的小程序。

付费转发是一种让大 V 转发的最直接的做法。大 V 也不是白白干活的，付费转发一方面可以让大 V 获取一定的收益，另一方面也能让委托大 V 进行宣传的小程序得到一定程度的推广。但不管是自主转发还是付费转发，都必须遵守微博转发的规则，不得发布不实的信息。

小程序如果能得以转发推广，那么依靠大 V 所积累的粉丝基础，这当中的一些粉丝（当然并不能保证全部粉丝）就会开始关注小程序，或者成为小程序的使用者，大 V 的粉丝就会变成小程序的粉丝。

当一个大 V 开始转发，并引起了话题热度后，另外的一些大 V 为了跟进热度，也就会开始自主转发这些热点的微博内容。由多个大 V 共同转发、传播，小程序的吸粉目的也就能更为容易地达成。

这里附带提及的一点是，与微博大 V 类似，QQ 空间也存在认证空间，在认证空间中发布小程序的热门话题也不失为小程序吸粉的一种可用方法。

7.3 陌生人社交推广工具

既然有熟人社交推广工具，那么相对应地也就很容易想到是否还有陌生人社交推广工具呢？答案是肯定的。所谓陌生人社交推广工具，是指在社交应用上，彼此之间是陌生人的状态，而不像微信、QQ、微博那样，是熟悉的家人、朋友或同事。

陌生人社交的“陌生”体现在随机性上，如微信“摇一摇”“附近的人”“漂流瓶”这些认识新朋友的方式。“摇一摇”是通过摇晃手机的方式；寻找“附近的人”是根据手机持有者所在地点的变换而变换；而“漂流瓶”则是通过在大海里随机打捞漂流瓶的方式。下面就将谈一谈如何利用这三种陌生人社交推广工具来推广小程序，为小程序吸粉。

7.3.1 摇一摇

微信“摇一摇”是腾讯推出的一个交友应用，其入口在微信的“发现”界面中，位于“朋友圈”入口的下方，如图 7-4 左图中方框框出的部分。图 7-4 右图是使用微信“摇一摇”时的主界面。

“摇一摇”的最大特点就是通过摇一摇的方式，微信可以为用户匹配到同一时间在一定距离范围内触发该功能的另一名微信用户。微信以这种方式来帮助用户认识新朋友，增加了用户与用户之间的互动，提升了用户黏性。

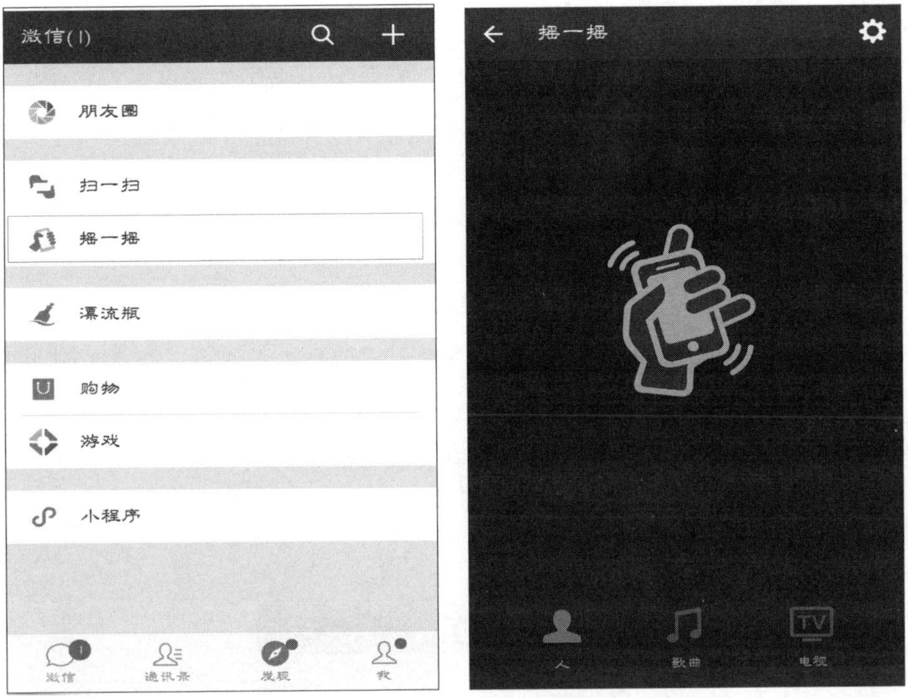

图 7-4　微信“摇一摇”

但这就出现了一个问题：虽然“摇”到了新的朋友，但对方却并不一定同意你的好友申请。鉴于陌生的关系，小程序的推广者与对方并没有联系的基础或可信任的基础。那么，对于这个问题，又该怎么办呢？

面对这种情况，微信个人的个性化设置就派上了用场。在未正式成为好友之前，对方所能见到信息也就是微信头像、昵称、个性签名，再加上对陌生朋友开放的仅十天的朋友圈，推广者于对方来说也是如此。

所以，推广者所能做的就是在微信的个人设置上做文章。这里主要谈及微信的个性签名设置。个性签名是微信用户的一种自我表达，用户可以将个性签名设置为自己的座右铭、当前的生活状态或所追求的目标理想。

所以，个性签名其实能在一定程度上反映这是一个怎样的人的，比如是否可靠、是否可信赖、是否可以进行生意往来。

那么，对于推广小程序而言，推广者就可将个性签名设置为企业的宣传口号，也可设置为主打小程序的宣传标语，抑或将所要达成的小程序事业目标作为个性签名。在以微信“摇一摇”的方式申请添加好友时，对方就能看到推广者所精心设置的个性签名。

在小程序推广者要利用微信“摇一摇”来获取小程序的潜在用户资源时，最好提前就将微信账号的个性签名设置好，以便在申请添加好友时，给予对方接受申请的考虑余地，从而提高被对方接受好友申请的可能性，为小程序的推广事业顺利开拓一个获取用户的途径。

7.3.2 附近的人

与 QQ“附近的人”类似，微信也拥有“附近的人”功能，这一功能在微信的“发现”界面中可以看到，如图 7-5 中方框框出的部分。若并不能在这一界面中查看到该功能，则说明用户还未开启该功能，需要进入微信的设置页面，选择“通用”中的“功能”选项，将“未启用的功能”一栏中的“附近的人”添加为启用功能。

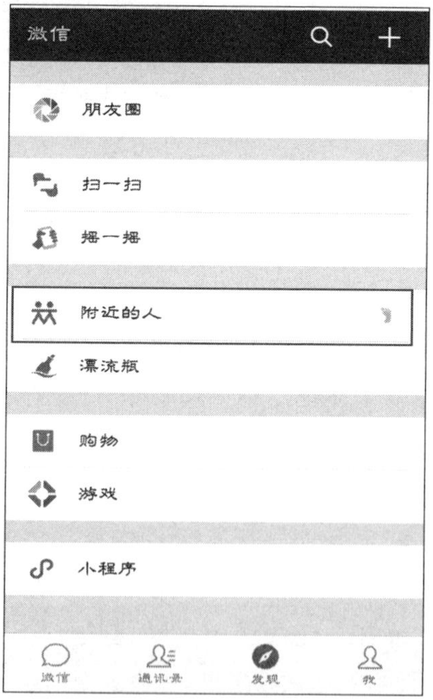

图 7-5　微信“附近的人”

虽然微信“附近的人”功能的作用与 QQ 中的该功能在本质上相似，都是交友，但一些有独特眼光的人却看到了“附近的人”功能中所蕴含的商业推广价值。

例如，一些微商就凭借“附近的人”做起了自己的生意。

但是，由于“附近的人”具有匿名性，所以人们在面对这上面的陌生人的邀请或产品推荐时，总会存在防范心理，一般不会轻易相信对方所言。对于那些一上来就打广告的“附近的人”，则会选择直接忽略，对于对方所提出的关注店铺之类的请求也只会看过就自动忘却，而不会真正按照对方所说的那样做。

因此，要想利用“附近的人”来推广小程序，就必须清楚这一点——不能只看到“附近的人”中所具有的大量潜在用户，而要从陌生人的心理角度出发，注意交流沟通时的用语礼貌和谈话技巧。

通过“附近的人”进行推广，主要体现为以下四个步骤：第一步——搜索；第二步——沟通；第三步——转化；第四步——互动。把握好这四步，就可以有效地实现小程序在“附近的人”这一陌生人社交工具上的推广。

第一步——搜索，在“附近的人”中搜索潜在用户。当小程序推广者使用自己的私人微信号来搜索附近的人并申请添加好友时，不得不承认，如果微信身份显示为女性，那么好友申请的成功率将会更高。

在申请添加好友之前，小程序推广者应将微信头像设置为企业的 Logo。因为 Logo 是企业的一个形象标识，包含着企业的品牌文化。使用企业 Logo 作为微信头像，有利于提高微信账户的权威性和可信任度，消解用户的怀疑与戒备。

在搜索、添加好友之前，与设置微信头像一并要做的是设置微信的昵称和个性签名。由于是用作小程序的推广，所以微信的昵称可以直接设置为小程序的名称，或者拥有该小程序的企业和商家的名字。个性签名则可设置为小程序的宣传标语，或者输入小程序所主打的领域，以及可提供服务的简单介绍，例如“饿了么外卖服务”小程序的介绍就是“中国领先的外卖订餐服务平台，配送美食、生鲜、水果、鲜花、蛋糕、甜品、超市百货，准时送达”。

经过这一系列的设置，在彼此添加为好友之后，双方就能直接获取到有关小程序的一些基本信息。当有需要时，对方便可在微信小程序中使用“搜一搜”功能搜索小程序来使用。

微信账号通过这样的设置便于展现企业和小程序的特点，容易给“附近的人”中的微信用户留下印象，有利于提高他们主动申请添加好友的概率，而小程序也能更容易地找到潜在用户。

第二步——沟通。在成功与附近的人成为微信好友以后，互相之间的交流沟通便必不可少。由于成为好友的时间不长，所以彼此必定还是陌生的。那么，如何进行顺利而愉快的沟通就是小程序推广者所需掌握的技巧。

沟通可分为两种，一种是言语上的沟通，另一种是行为上的沟通。言语上的沟通在这里就体现在微信聊天上。虽然已经从陌生人转变为微信好友的关系，但在成为好友的初期阶段，仍属于一种陌生人关系，因为此前并没有过接触，彼此并不熟悉。所以，在聊天过程中，对方还是会存在一定的防范之心，且聊天话题的起头也并不会非常容易。

那么，在初期阶段其实可以选择第二种——行为上的沟通。所谓行为上的沟通，在这里就体现为朋友圈的互动，例如，给对方所发的朋友圈点赞或予以正面评论，让自身在对方的朋友圈中具有一些“存在感”。

朋友圈的点赞或评论都会有消息提示，当对方查看这些消息时就能比较容易地注意到推广者的微信动态。或者用于打发时间，或者出于好奇，对方就极有可能打开推广者的微信朋友圈。

基于此，推广者的微信朋友圈可以定期发布一些有关小程序的资讯、图片及小程序最近的更新升级动态等。但要注意避免过度刷屏，否则极有可能被对方屏蔽拉黑。

但考虑到微信朋友圈可进行“不可见”“仅半年可见”或“仅三天可见”的开放设置，在成为微信好友后，推广者可能并不能查看对方的朋友圈。那么，推广者就需要在微信聊天时注重沟通技巧，切忌一上来就发送意味不明的小程序推广信息，这很有可能会被对方认定为垃圾广告的推销。

第三步——转化。当已经与对方保持了一段时间的交流沟通后，就是时候着手将他们转化为小程序的目标用户，吸引他们成为小程序的粉丝了。

在微信的聊天界面中，有一项发送“名片”的功能。“名片”功能不仅可以发送其他好友的个人名片，还可以发送公众号的名片。因此，如果在与对方聊天的过程中谈起了有关公众号或小程序的话题，那么推广者就可以将一些已经与自身小程序相关联的公众号的名片发送给对方。

对方在打开公众号的同时，势必就会看到关联的小程序。而公众号本身的消息推送又可以在有意或无意之中将小程序的有关资讯推荐给用户，进而引导用户去使用小程序，实现普通微信好友向小程序粉丝的转化。

第四步——互动。要与对方保持长期的友好互动。吸引粉丝是一项需要长期积累的工作，长久地不与某个人联系，其关系就会渐渐地疏离。如果无法保持和陌生好友的长期互动，那么陌生好友就真的只限于单纯的“陌生好友”而已，小程序在“附近的人”上的推广也就会止于添加好友与发送名片。保持长期的友好互动有利于避免用户的流失，也有利于为小程序积累一些固定的用户。

7.3.3　漂流瓶

漂流瓶是微信为用户提供的一种新型、有趣的交友方式。这种交友方式是向大海中任意投放一只漂流瓶或者打捞上任意一只漂流瓶，任何一名微信用户都有可能捡到其他用户所扔出来的瓶子，因而具有随机性。微信漂流瓶的入口（方框框出部分）及主界面如图 7-6 所示。

图 7-6　微信“漂流瓶”

微信用户可以在漂流瓶中输入自己想说的话，再将其扔进大海，等待他人的回应。当然，用户也可自行打捞漂流瓶，回复他人的漂流瓶。这样一来一往，便是一种用户与用户之间的匿名交流方式。

漂流瓶的主要作用似乎只是交友，但不同的人就会有不同的着眼点。普通用户可能只将漂流瓶用作一般的聊天交友工具，可对于商家来说，漂流瓶就不仅仅是一个陌生人交友工具，而更是一种有效的推广营销途径。小程序的推广也可利用漂流瓶来进行。

商家利用漂流瓶来做小程序推广的方式，其实就是一种主动营销。商家主动出击，投放已编辑好内容的漂流瓶，比如内容为小程序的推广文案之类，以吸引捡到瓶子的微信用户去主动搜索该小程序，或者主动向商家请求添加好友。

凡是做推广，都有某些问题需要注意，微信漂流瓶也不例外。商家在扔漂流瓶和回复时，要注意以下几点技巧：

（1）切忌直接打出直白的广告，即硬广形式，以免招致对方的厌恶。

（2）在漂流瓶中写一些软文性质的小程序推广文案以吸引用户，文案或幽默、或有趣，或者有相关优惠活动、公益活动。例如，此前某银行开展了捡爱心漂流瓶赚积分的活动来为自闭症儿童提供帮助。

（3）要对具有有效回应的漂流瓶做出及时的回复，积累潜在客户。

（4）在与捡到漂流瓶的用户对聊时，切忌一上来就打广告。要注意先交朋友再做生意，不要急于求成。

除这些以外，商家在漂流瓶应用中的个人信息也可做相应的设置，比如头像和昵称的设置。在微信漂流瓶中，商家可对微信头像进行设置，如图 7-7 所示。

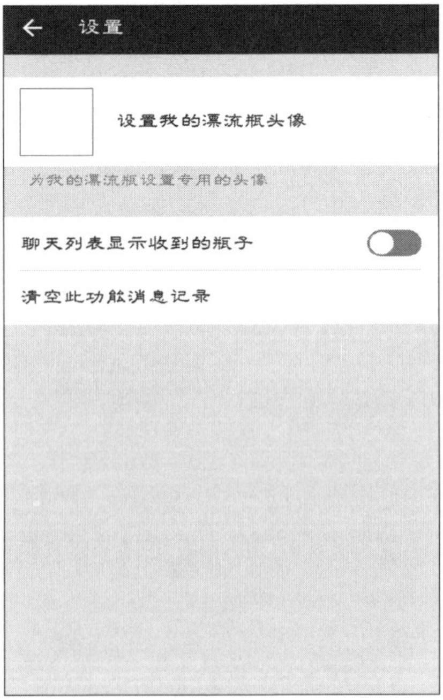

图 7-7　微信漂流瓶头像设置

为了对应小程序的推广，可将头像设置成与小程序相同的品牌图标，或者设置成小程序码，让对方用户在与商家聊天的同时，能一眼就明了商家的意图。

在设置微信昵称时则可在一开始就设置为所推广的小程序的名称。这样起到的效果与将头像设置成小程序图标其实是相同的，对方用户可以快速、准确地获取到商家及其小程序的相关信息。

微信漂流瓶除可扔文字内容的漂流瓶外，还可扔语音内容的漂流瓶，如图 7-8 所示。商家可在漂流瓶中输入有关小程序信息的语音，再将其扔进大海。语音的方式由于是真人声音，因而有利于给予用户更真实的对话环境。

图 7-8　微信漂流瓶可输入语音

漂流瓶这一工具不只在微信当中存在，在 QQ 邮箱及其他一些应用上也存在。同样的推广方法也可用在其他应用的漂流瓶中。但运用微信漂流瓶的好处在于，它和小程序同属于微信这个生态体系。用户在微信漂流瓶中收到推广信息后，搜索、使用小程序就可以紧接着一并在微信体系中完成，不用特意退出另一个应用来搜索小程序。

7.4　自媒体平台推广工具

广义的自媒体包括个人主页、BBS 论坛、博客、微博等；狭义的自媒体则以微信公众号为领头羊，再加上网易、腾讯等自媒体写作平台。自媒体的三大特点就是平民而个性化、门槛低而易操作、交互强而传播快。

如今是一个自媒体时代，每个人都有机会成为自媒体的运营者。在自媒体不断壮大的同时，如何把握住自媒体平台中的商机，为小程序吸引粉丝，是每位小程序运营者都需要考虑的问题。下面就将通过微信公众号、垂直社群、互动吧、微视、贴吧、论坛这六大自媒体平台来谈谈小程序该如何利用自媒体平台做推广。

7.4.1 微信公众号

微信公众号是当前极为流行的自媒体平台之一。每个人都可以创建自己的公众号，推送相关的资讯。那些运营有方的大 V 公众号更是积攒了大量的粉丝，每篇推文的阅读量甚至可达上万次。一个优秀的微信公众号有着强大的影响力与号召力。那么，同属于微信这一生态体系的小程序就可借公众号来引流。

此前微信官方就已经发布了公众号与小程序相互关联的能力。用户在关联能力的作用下，可在公众号与小程序之间跳转自如，其“引流”的构想也将能更容易地实现。公众号已经成为小程序的一个自媒体平台推广工具。

但公众号与小程序关联后，公众号究竟是如何发挥作用，实现小程序的推广和吸粉的呢？或者说，这两者一旦关联，公众号可以给小程序带来什么样的好处呢？

第一，通过公众号菜单进入小程序，有利于增强小程序的吸粉能力。已经与公众号相关联的小程序可被添加至公众号的自定义菜单中，用户在浏览公众号时，只要点击一下就能打开小程序。小程序运营者不仅可以在公众平台上设置这一功能，还可以通过自定义菜单的接口来设置。

从公众号进入小程序，事实上就为小程序解决了粉丝该如何积累的问题。因为小程序不像公众号那样存在于订阅号中，既可以被用户关注，又有强大的消息推送能力，小程序无法像公众号那样积累粉丝。

然而，现在可通过公众号打开小程序就意味着公众号的粉丝将成为小程序的粉丝，两者的粉丝可以互通。对于常常需要用到的小程序，用户可通过已经关注的公众号来解决。当然，前提是该公众号已关联了用户所需的小程序。

第二，通过使用公众号给粉丝发送通知的方式，有利于激活小程序粉丝。公众号具有强大的触达用户的能力；小程序虽具有发送模板消息的能力，但终究不能与公众号匹敌，小程序与其粉丝之间的联系存在断层。

所以，当与公众号关联后，小程序就被赋予了与粉丝交流联系的功能。粉丝通过点击公众号所推送的消息通知就能打开小程序。在公众号上，粉丝则可获得与小程序相关的资讯，让小程序和其粉丝之间保持双向的联系，有利于保持粉丝的活跃度。

第三，公众号群可为小程序做推广。公众号与小程序的关联规则并非只能一个公众号关联一个小程序，而是可以互相关联多个公众号或小程序：公众号可关联同一主体的 10 个小程序、不同主体的 3 个小程序，而小程序则最多可被 50 个公众号关联。

所以，在推广小程序时就可利用多个公众号，即公众号群来实现。这些关联的多个小程序都会出现在公众号的资料页上。在资料页的“相关小程序”中，公众号关联了哪些小程序，粉丝一目了然。而在点击了“相关小程序”中的任意一个小程序后，点开小程序的资料页，也能看到小程序关联了哪些公众号，如图 7-9 所示。

一个公众号可能关联着多个小程序，而一个小程序也可能关联着多个公众号，如此连环关联，便形成了一张公众号与小程序之间的关联链条网，公众号与小程序之间就实现了无缝连接、完全打通。

多个公众号的力量总比单个公众号来得更强大，尤其当多个有影响力的公众号品牌都在极力推广某一小程序时，那么该小程序吸粉的目的就能更容易地达成。所以，如果自身并没有公众号或者所拥有的公众号本身影响力不够、关注度不高，那么寻求一个或多个具有更大影响力的公众号来为小程序做推广就是一种值得尝试的方法。

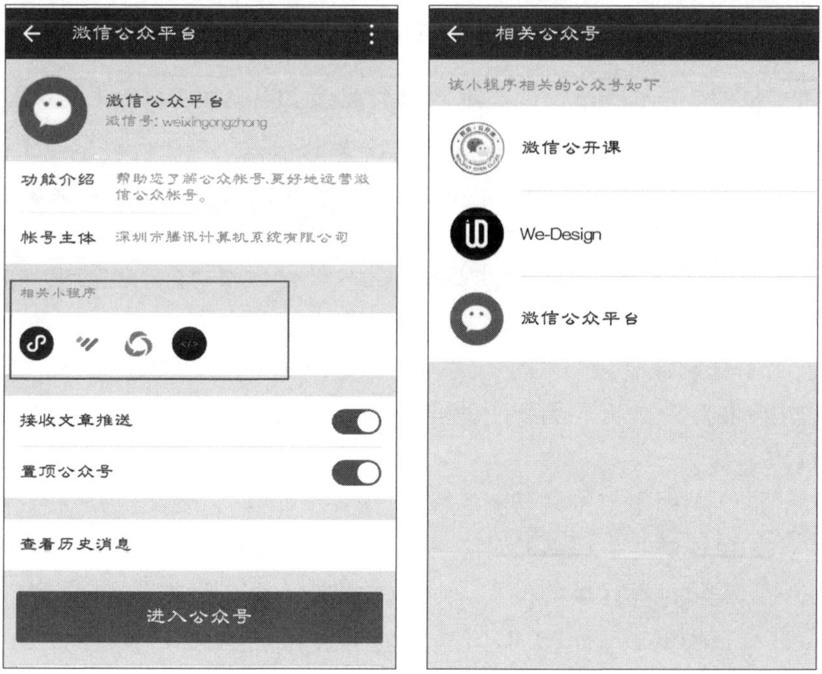

图 7-9　互相关联的公众号与小程序

图 7-9　互相关联的公众号与小程序（续）

第四，在公众号推文中可嵌入小程序的链接。推文底部还提供了小程序的广告位设置，可为小程序进一步做推广。推文中所嵌入的小程序链接可为文字链接、图片链接，抑或小程序卡片、长按识别小程序码等，让用户在阅读推文的同时，只需轻轻点击链接就可打开小程序。

推文底部的小程序广告位功能是微信官方于 2017 年 11 月 9 日所发布的新能力，也是小程序利用公众号推广的又一新途径。若要发挥这一广告位的作用，则需要广告主先登录微信公众平台，进入广告主模块，选择创建“公众号广告”，再选择“电商推广”或者“品牌活动推广”栏目下的“底部广告”来完成小程序广告的投放。

不过，这一小程序广告并非随意投放，所投放的广告要契合公众号推文的主体内容，比如餐饮类的小程序要对应美食推荐类的推文，电商类的小程序则可对应服饰介绍、美妆推荐之类的推文。由于这种内容上的相关性，小程序广告的点击量就会在一定程度上有所增加，有利于小程序精准地吸引到目标用户。

7.4.2　垂直社群

什么是垂直社群？可以把这四个字分解为“垂直”和“社群”这两个词来理解，所谓垂直是和平行相对而言的，平行涵盖的主题、领域是比较全面的，那么垂直就可理解为单一的主题或领域；所谓社群，是人们基于一个共同的目标而聚集在一起做某事的群体。

将这两者的理解合起来看，何为垂直社群就显而易见了。垂直社群是指某一单一领域/主题内，基于共同目标而聚集在一起活动的群体，其更侧重于行业的细分，更体现某一领域的专业化程度。例如，骑行类社群就比笼统的运动类社群要来得更为细致。小程序通过垂直社群来实现流量变现将更具针对性。

垂直社群由于其某领域或某主题的突出特点，其所需求的服务也具有特定的方向。小程序运营者可以找准一些契合自身小程序定位的垂直社群，将小程序投放其中。

例如一个骑行类社群，可以投放与骑行相关的小程序，诸如图 7-10 所示的“骑行者联盟”“骑行装备市场”“骑行好物商城”等小程序；又如一个探讨诗歌的社群，可以投放与诗歌有关的小程序，诸如图 7-11 所示的“一起朗诵”“诗词文学精选”“诗歌和诗人”“诗词 365”等小程序；其他的则以此类推。

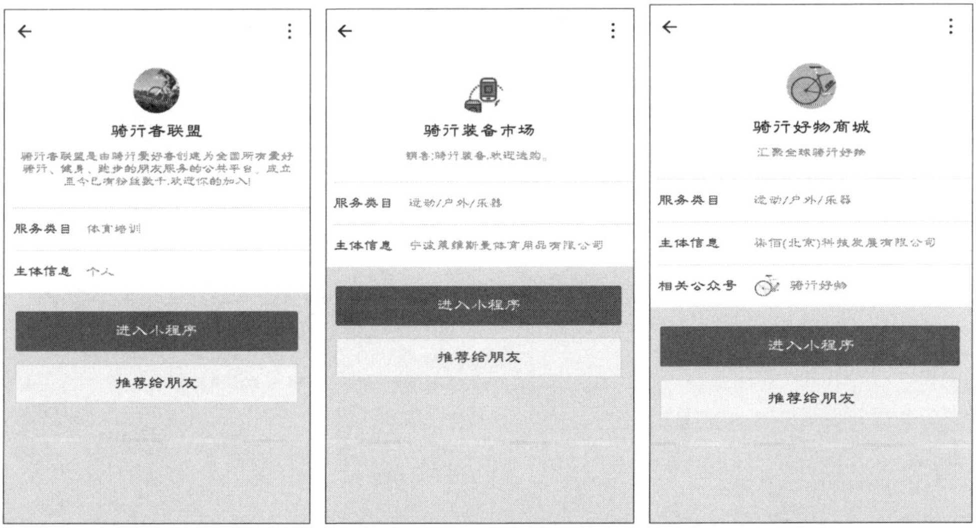

图 7-10　骑行相关小程序

图 7-11　诗歌相关小程序

这些小程序对于垂直社群来说，可以为其提供另一种活动方式，或作为主要的活动场所，或作为辅助工具，如读书打卡类小程序为读书社群提供签到打卡的能力，以更好地管理社群和为社群成员提供服务。

现在社群小程序也正在兴起，如“玩社群”小程序。运营者还可以根据自身的兴趣爱好或者目标用户的兴趣爱好，自己在微信上创建一个社群小程序，凭借垂直社群的特性，将该小程序推广出去。

相比于综合类的大众化社群，垂直类社群由于其更高的专业化程度，社群内部成员的交流互动会更加频繁，更爱好具有深度的话题、相关言论及文章。垂直社群的成员，其思维更加深入，口味更加“刁钻”。

所以，当小程序被这样的垂直社群青睐的时候，小程序本身就能更容易地取信于人，形成良好的口碑，吸引到更多的粉丝。并且由于垂直社群的专业化，小程序吸引到的粉丝群体也将更加精准和优秀。

7.4.3　互动吧

“发活动、找活动就上互动吧”是“互动吧”这一活动平台的口号。从其口号中就可以看出，“互动吧”的主要功能就是发活动和找活动。发活动面向活动主办方，为主办方提供高效便捷的活动创建与宣传方式；找活动则面向用户，可以帮助用户更便利、更轻松地找到心仪的可参加活动。

“互动吧”通过各种终端如其官方网站 HDB.com、App 应用、微信公众号等来为用户提供各种各样的活动信息。除此之外，“互动吧”也拥有自己的微信小程序——“互动吧”小程序，如图 7-12 所示。

由图 7-12 可以看到，“互动吧”拥有 6000 万的注册用户，并且有 20 万的用户保持在线活跃。拥有如此大用户基数的“互动吧”，当然得好好利用一番，利用“互动吧”推广小程序。

好的活动可以召集到大量的人群。当人数达到可观数量以后，也就意味着该活动已经火爆开来。而一旦某事物引发火爆潮流，就会有更多的人自发地聚集在一起，加入这一活动中。

所以，商家要想让小程序积累更多的粉丝，就可以通过在“互动吧”小程序上发布一些与自家小程序相关的活动，诸如节假日使用小程序购物优惠活动、×××照片有奖征集活动等，以吸引广大用户参与。

图 7-12　“互动吧”相关小程序及其小程序资料页

当然，不仅可以通过“互动吧”小程序发布相关活动，还可以通过“互动吧”的公众号或者直接在“互动吧”的 App 上同时发布相关的营销活动，以全方位召集用户来参与活动。

以小程序来推广小程序，有利于让用户首先对“小程序”这个应用产生一个先入为主的概念，让用户在不知不觉中就接受了小程序的体验与使用。

在“互动吧”上也时不时地会有小程序论坛峰会的活动，如图 7-13 最左边图中用方框框出的“2017 阿拉丁首届小程序生态产业峰会”。

小程序运营者可以报名参加类似这样的小程序论坛或峰会。因为类似这样的会议，主办方都会邀请一些专家、嘉宾来分享运营与推广小程序的经验和方法，如图 7-13 最右边图中有一个活动环节为由 SEE 创始人兼 CEO 所演讲的“自媒体+小程序让变现触手可及”的案例分享。

通过参加互动吧上的这些与小程序相关的活动，小程序运营者可以学以致用，从诸多分享的案例中找到适合用在自身小程序上的一些运营与推广办法，为小程序积累粉丝制定相应的可实施方案。

图 7-13　“互动吧”中的相关互联网专场活动

7.4.4　微视

“微视”与微信小程序一样同属于腾讯旗下，只不过“微视”是一个专注于短视频分享的 App 应用。近两年，短视频分享 App 尤为火爆，但其实腾讯早在 2013 年就开始布局短视频的业务了。所以，作为腾讯旗下的首款短视频分享社区，“微视”也可以说是国内较早的一批短视频 App。

然而，“微视”并没有像“秒拍”“美拍”“小咖秀”“抖音”等短视频 App 那样获得预期的好成绩，在 2015 年 3 月被腾讯官方战略性放弃，从而错过了短视频应用的“爆发期”。

尽管如此，“微视”在 2017 年选择了不动声色地回归，在 App 应用商店中已可搜索并安装“微视”，如图 7-14 所示。在新榜的采访中，微视团队表示回归后的微视将依旧主打做一个“好玩有趣”的短视频应用，以迎合年轻人的喜好。除此以外，微视还将与腾讯旗下的其他产业，如腾讯视频、腾讯动漫、腾讯游戏中的特有优势相结合。关于产业结合的这一点，微视团队则举了一些例子，如将王者荣耀的 AR 玩法置于短视频分享中推广王者荣耀、与 QQ 空间深度合作获取流量等。

图 7-14　App 应用商店中的“微视”

在未来，“微视”和微信小程序势必会有一些交流合作，比如，在“微视”上制作与某个小程序相关的短视频，或者由“微视”开发与“微视”相关的小程序等。

在未来，“微视”将逐渐与腾讯旗下的其他平台打通，一旦与微信平台打通，那么微信小程序通过“微视”来推广也并非不可能。“微视”是一个主打年轻人领域的短视频分享社区，其所具有的自媒体性质对于推广小程序来说，也是不容忽视的。

7.4.5　贴吧

贴吧是为志同道合的人提供某种类别主题的一个交流讨论平台。在这个平台上，吧友大都因为对同一个话题感兴趣而聚集在一起。而平台则又结合了搜索引擎，将这些有共同话题的吧友精准地聚集在一起，因而也可以说贴吧是一个以兴趣为主题的互动平台，其为兴趣而生。

兴趣是多样的，自 2003 年贴吧正式上线至今，贴吧已经涵盖了生活、教育、娱乐、体育、游戏、企业等各个领域，每日平均话题总量可达近亿个，每月的活跃用户数大约有 2 亿人，许多热帖、神帖首先在贴吧中出现。

这意味着贴吧有着庞大的粉丝基础。所以，利用贴吧来推广小程序也正是瞄准了贴吧所拥有的这一庞大的用户群。

不同的贴吧可能会有不同的吧规，但一般而言都会有一个通用的发帖规定，比如不顶旧帖、不发重复帖、不发恶意帖等。否则，所发的帖子就会被吧主或吧务删掉，严重的甚至还会被禁言，或者拉入黑名单。

发帖是在贴吧中做推广的一般做法，因而在利用贴吧做推广时，需要推广者拥有敏锐的市场洞察力，选择出适合推广的贴吧，以及懂得发帖的技巧，以避免被禁言或者被拉黑的问题。否则，连一般的发帖都不能做好，就更别提想利用贴吧来好好地推广小程序了。

在利用贴吧推广小程序时，必须注意发帖的这三点内容：贴吧的选择、帖子的标题、帖子的内容。下面就从这三点来具体谈一谈发帖需要注意的问题。做好以下（见图 7-15）三点，有利于小程序在贴吧中的推广事业获得事半功倍的效果。

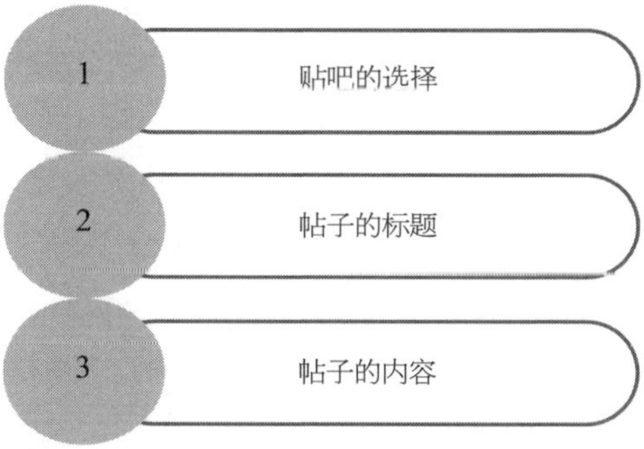

图 7-15　贴吧推广所要注意的三点

1．贴吧的选择

选择一个适合的贴吧发帖是最为关键的一步。所谓适合的贴吧，是指发帖的贴吧主题要契合所要推广的小程序，即两者具有相关性。比如餐饮类的小程序若要在贴吧中发帖，则可选择与餐饮相关的贴吧，像“美食吧”“外卖吧”之类都是可以发帖的贴吧。

在贴吧的选择上，贴吧主题是一点，另外一点则是贴吧成员的数量及其活跃度。贴吧有大有小，有活跃度高的，也就必然有活跃度低的。既然要推广小程序，那必定希望通过贴吧吸引到大量的流量。所以，推广者应该选择那些成员基数大且活跃度高的贴吧。

任何一个真正想把自己的产品推广开来的推广者，想必都不希望看到自己所发的帖子只有寥寥几人回应，甚至无人回应，直至最终变成“一潭死水”，再也泛不起一点波澜。因而，在贴吧的选择上，小程序的推广者要寻找与自身小程序相匹配的贴吧，并且该贴吧的吧友基数要大且活跃度高。除此之外，和吧主搞好关系也是非常重要的。

2．帖子的标题

帖子的标题相当于这篇帖子的门面，是抓人眼球的最直接内容。所以，标题要足够吸引人，要令吧友或者单纯浏览贴吧的游客产生阅读兴趣。

在编辑帖子的标题时要注意体现小程序的关键词，诸如小程序的名称或商家店名之类。而为了突出关键词，对标题的长度也要把握好，太长的标题会妨碍吧友阅读，导致其无法获取关键信息。要学会只用一个简洁明了的标题传达出帖子主题。

有一些贴吧还会对发帖的格式做出规定，这指向的主要对象就是帖子的标题。吧友在发帖时会被要求统一帖子标题的格式，例如，在要发的帖子的标题前会加上一个固定前缀，以保持整个贴吧在视觉上的整齐和谐，而不至于令人感到凌乱且难以查找。

因此，推广者在发帖时如遇到对发帖格式有要求的贴吧，则要注意遵守其格式要求，避免打乱其所规定的格式；否则就会面临被删帖的可能，那么该帖也会就此作废。

总的来说，在编辑帖子的标题时，有三点需要关注：其一，标题要新颖、有吸引力；其二，标题要突出关键词；其三，标题要精练，而不能过长。

3．帖子的内容

如果说帖子的标题是门面，那么帖子的内容就是帖子的主心骨了。在编辑帖子的内容时，要保证内容与帖子的标题是相互对应的，即两者要相关。帖子的内容要真实有效，不得散布虚假信息和不实言论，否则就可能被称为“标题党”之类的帖子。

在保证帖子内容真实性的同时，还要避免为了急于求成而过多地在帖子中添加小程序地址链接或企业网站地址链接的这种操作。所添加的链接要尽量保持在5个以内。因为在帖子中过度发链接也会面临被删帖的可能。同样，这一点也可被推及发帖的数量上。在同一个贴吧里，不要过多地发布推广帖，发帖量最好不超过 3 个。

当然，帖子的内容不能仅仅发链接。吧友打开一篇帖子，结果帖子中孤零零的只有几个不知道是什么内容的链接，没有任何相关的信息介绍，这就必然会给吧友带来困惑，甚至因担心其为恶意的链接而更不会选择点开它。

为了避免此问题，推广者在编辑内容时，就需要将所推广的小程序的信息都写出来，最好附上小程序图片，或者企业、商家就小程序而开展活动的图片等，以“文字+图片”的内容形式来吸引吧友或游客。

考虑到网友的接受限度，帖子的内容也尽量不要复制粘贴他人所写的小程序推广软文，这种内容的帖子收效甚微。因为大量雷同的帖子内容可能会被贴吧直接认定为广告帖，进而被删掉。而且，相同内容的帖子，吧友看见一两次还能接受，但看见十几次甚至几十次就可能会越来越反感，下次再碰到类似的帖子时也许就会直接忽略。

7.4.6　论坛

在自媒体时代的前期，论坛推广更侧重于信息的传播，以包装策划企业产品的方式来迎合网友的需求。而在如今的移动互联时代，论坛推广更侧重于为中小企业增加网络信息量。尽管从目前论坛的发展趋向来看，正逐渐走下坡路，但由于其门槛低、价格低的优势，依然是企业推广产品的重要工具。

小程序作为新兴事物，距离正式上线的时间也就一年多，一些中小企业、商家也刚刚踏入小程序运营的领域。如何将小程序推广出去，吸引到大量的粉丝，便是他们当前所考虑的问题。

对于这些中小企业或初创企业来说，囿于财力、物力等不可抗因素，作为最为常见的网络推广方式之一——论坛，就是一个值得选择的小程序推广工具。

利用论坛来推广小程序，其实方法及所需要注意的要点与贴吧推广是有所类似的，因为论坛也是通过发帖、回帖的形式来实现网友之间的互动交流的。但既然是不一样的两个平台，其推广方式也还是有所不同的。在利用论坛推广小程序的过程中，有两点必须清楚。

其一，论坛推广在质不在量。论坛以发帖、回帖为主要的互动方式，但这并不意味着发大量的帖子就一定能达到推广小程序的效果。相反，频繁地发同一类或相同内容的帖子，会有被删、被禁的可能。

不求帖子数量的多少，而是要保证帖子的质量。应选择优质的、与小程序相关的论坛来发帖，比如咫尺论坛、微信小程序俱乐部、蜂鸟小程序开发者社区等。在这些论坛上都会有一些有关小程序的问答、教程、资讯之类的内容，那么对于一些小程序的问题，就可以有针对性地进行专门帖子的定期更新，提供小程序的使用教程，为小程序用户答疑解惑。

并且也要对帖子下的评论与回复做出及时的回应。及时回帖互动，有利于提升整个论坛的活跃度。论坛一旦具有高活跃度，那么在论坛中所发布的小程序推广帖也就能更容易地被关注到；否则，在一个死气沉沉的论坛中发帖，不管帖子质量是否够高，都很难立刻引起关注和讨论。

其二，成功的论坛推广就是将各种营销方式结合起来，即整合营销。整合营销方式包括精准营销、口碑营销、病毒营销、事件营销，还有其他诸如视频营销、体验营销等。小程序在通过论坛推广时要将这些营销方式恰当地结合起来使用。整合营销中的几种营销方式如图 7-16 所示。

图 7-16　整合营销中的五大营销方式

（1）精准营销。精准营销是指推广的产品要契合论坛的性质类别，什么样的产品找什么样的论坛来推广。例如，一个主打服饰的电商类小程序，就可以通过“中国服装网 · 论坛”来推广；而餐饮类小程序则可通过天涯社区下的“餐饮业”版块来推广。

当然，在一个小程序专属的论坛中发帖也必定是可行的，比如在上述所提到的咫尺论坛、微信小程序俱乐部中发帖。推广者所发帖的论坛一定要精准，契合小程序这一新兴应用的主题，或者契合小程序类别的主题，以实现精准营销。

（2）口碑营销。为什么要用论坛来推广小程序？其目的就是让在论坛上的用户及游客可以对某一小程序产生正面的认识与评价。

为了让网友对某小程序留有正面的印象，推广者在发帖时可选择将用户使用小程序后的正面反馈信息作为发帖内容。亮出使用者的好评并附上相关的小程序首页图、小程序二维码等图片，以小程序良好的使用体验来吸引论坛用户、游客，继而形成一种口碑营销，使他们成为小程序的粉丝。

（3）病毒营销。所谓病毒营销，是指这一帖子被疯狂地传播、转载，产生像病毒传播一样的效果。在帖子被更多人关注的同时，产品也就实现了推广营销。

所以，要想让小程序的推广帖在论坛中能产生病毒传播般的效果，就得保证该推广帖的内容既精良又有可读性，既新颖又有值得被讨论的话题度。如果再加上小程序本身自带优势，则更为小程序的吸粉锦上添花。

（4）事件营销。一次成功的推广往往离不开某些热点事件的配合，因为事件具有热度，所以当帖子内容跟进了某些热点事件时，就会吸引到一定数量的网友来围观、讨论。

就推广小程序来说，应该关注并跟进小程序每一次的新能力开放，比如微信官方团队所举办的大型小程序活动专场、公开课，以及微信官方在某会议上所发表的重要言论等，都是小程序实现事件营销的几个重要事件获取来源。

推广者可针对微信官方所发布的小程序新能力、重要活动、会议上的观点言论来编辑帖子内容，并根据事件的发展进行及时的帖子更新。因为热点事件总会有一些后续发展，所以当推广者及时更新帖子时，有利于满足网友对事件后续发展的好奇和追踪之心。

（5）其他营销。发帖时可以添加专门为小程序所制作的宣传视频。帖子的内容不能仅仅是视频的链接，也要相应地附上一些文字介绍，让论坛用户或游客在观看视频之前有一个心理预期。

利用论坛来推广小程序，不能单单使用一种营销方式，因为单一营销的推广力量比较薄弱，而多种营销方式结合则可以优势互补，产生更强有力的推广效果。

7.5 线下推广工具

线下推广是相对于微信、微博、QQ、论坛推广等线上推广而言的一种推广方式。它的存在，使企业的整个营销活动可以实现闭环。并且，营销活动最终效果的好坏也取决于线下推广。

因而，做好线下推广对产品本身极为有利。就小程序而言，线下是其推广的一个重要场景。除使用传统的贴海报、发传单方式来推广以外，请务必记得使用二维码这个目前流行的线下推广工具。

7.5.1 海报、传单

张贴海报、发放传单是两种最为传统的线下推广方式。在一些实体店的大门上或墙上，经常可以见到大幅的精美海报，让顾客在一进门时就能一眼被吸引住。在小程序的推广上，其实也可以利用张贴海报的方式。

那些拥有小程序的实体店商家，可以在顾客出入的地方设置一个支架，上面张贴关于小程序的海报，并且最好展示出小程序的优势、所能提供的服务，以及正在进行的优惠活动等。

或者直接在大门上和店内墙壁上贴上精美、有创意的小程序海报，让顾客在进门或在店内消费时，可以驻足停留，进而受海报上的宣传图片、文字指引，拿出手机打开小程序并使用。

而想让海报上的图片、文字能一下子击中顾客心理并主动打开小程序，就需要对海报上的内容进行精心设计。一般来说，设计一幅优秀的海报，主要注意 4 点要素，分别为主题明确、文字精练、布局合理、图文结合。

1. 主题明确

这是用于推广小程序的海报，所以“小程序”这一主题不能偏离，不能让用户在看了海报以后不知所云。海报的主题导向是要让更多的用户来使用小程序，所以必须对海报将会予以用户的行为导向有一个清楚的设计思路。

2. 文字精练

海报上的文字不能过多，过多会显得累赘，而重点也就不易突出，而是应该言简意赅。标题是海报中关键的一点，要突出小程序这一内容主题，比如类似于

“×××小程序优惠活动进行中”这样的标题。其他文字可以是对小程序基本信息的简单介绍。用精练的文字传达小程序的相关活动，比如优惠、抽奖等，便于用户阅读与理解。

3. 布局合理

海报的排版布局很重要。合理的布局可以使重点突出，避免海报内容的杂乱无章，让用户更易抓到小程序的关键信息，比如该小程序能提供给用户哪些功能与服务，或者小程序有哪些门店活动信息。

4. 图文结合

海报对于观者来说应该具有一种视觉上美的享受。除必要的小程序宣传文案以外，海报上可再附上相关的小程序图片，比如小程序的 Logo、二维码、用户使用小程序的评价截图等。其中 Logo 要放置在海报中显而易见的位置。图文结合的形式会更具说服力，更能吸引到用户的关注。

在设计小程序海报时，除做到以上 4 点基本要素以外，商家还可以进行个性化的创意设计，在海报上展现出本店小程序的风格特色。根据商家喜好、目标用户特征及小程序的定位，商家可以在设计海报时将这些因素结合起来考虑，形成自身独特的海报风格，或走萌系风格，或走高端商务风格，抑或走科技感风格等。

海报的色彩搭配也是风格设计中需要注意的一点。好的色彩搭配可以体现出一种整体和谐感。商家在海报色彩的选择上，可以以其所运营的小程序的色彩为主题颜色，再辅以其他相配的颜色，让用户在未正式使用小程序之前就能对小程序有一个整体印象。

海报设计完成以后，其张贴的位置便是另外一个推广要点。实体店的顾客进门处、店内墙壁上、大型广告牌上、宣传窗中等都是适合张贴海报的地方。这些地方都有一个共同的特点——醒目。海报张贴的位置要醒目，无遮挡物，以便于用户发现。

另一种传统的线下推广工具是传单，其与海报有些类似，像缩小版的海报，并且可以一份一份地传到用户的手中。但传单的问题在于相当一部分的传单在发到人们手中之后会被扔掉，导致传单上有关小程序的信息无法有效地传达给人们。

由于现在较为低廉的印刷成本，以及发传单的简单性，所以尽管发传单的方式存在以上问题，但其仍为一种被普遍采用的推广手段。想要避免出现以上传单被扔的这种问题，就需要注意发传单的一些技巧。

在利用传单推广小程序的过程中，推广人员要注意三个场景，分别为用户接受传单、阅读传单，以及用户根据传单内容做出行动。

在用户接受传单的场景中，推广人员的着装要正式，最好着公司工服，这样有利于增强用户的信任感。同时推广人员要避免话术过长，以免增加反感度。

在用户阅读传单的场景中，涉及传单内容如何设计的问题。一般来说，用户接到传单也不过是一瞬间的事儿，而其阅读传单更是如此。用户不会花费过多时间在传单内容的阅读上，尤其是本身正在逛街或只是路过的用户。所以，在传单的内容中不必有过多的小程序活动的优惠信息，只要有一个能抓住用户眼球的优惠内容就足够了。例如，传单上只印“×××小程序‘11.11’满减福利发放”，再附上一个小程序二维码即可。

用户根据传单内容做出行动的场景是在前两个场景实现的前提下进行的。在这一场景中，用户是因传单内容而受到情绪驱动去使用小程序的，所以把握好前两个场景，那么到了这一场景中，用户自然而然就会使用小程序，进而成为小程序的粉丝。

可以说，海报与传单是当今仍不可弃用的两种小程序线下推广工具。而且随着技术的发展，海报也不再单纯地只有纸质海报，线上的微海报也已被广泛使用。网络上有各种可以制作微海报的网站平台，不需要推广者拥有多少技术基础，只需在线上注册登录后就可直接进行海报的设计制作。以这种方式来制作海报，省时省力，小程序的传播范围也将更广泛。

7.5.2 二维码

2012 年，国内开始广泛接受把二维码当作移动设备的上网入口这一概念。由此，二维码的移动应用市场也逐渐发展起来。一些互联网行业巨头将大量的财力、物力投入到二维码的研发和推广上，大众群体对于二维码也有了更为成熟、深入的了解。

时至今日，二维码的运用已经非常普遍，其覆盖了人们的支付交易、出行交通、点餐吃饭等各个方面，在人们的日常生活中几乎处处可见二维码的影子。

如此普遍的二维码恰恰是用户进入小程序的最普遍方式。小程序在推出之初没有固定的入口，扫描二维码就是它最主要的打开方式。虽然现在小程序开放了越来越多的入口，但二维码仍是小程序各种打开方式当中的主要承担者。

由此可见，二维码对于小程序来说有着极为重要的意义和作用。那么，在线下推广小程序的时候，就可以从二维码入手。

二维码由于其操作简单、便利的特点，颇受人们的喜爱，通过扫描二维码来实现相关应用的服务已是人们的普遍选择。因而，为了在小程序的推广上能充分发挥出二维码的作用，推广者在投放小程序的二维码时，可以对二维码本身进行个性化设计，也可制定一个周密的二维码投放策略。

虽说好看的皮囊并非最为主要的，但不可否认的是，一个好看的皮囊要比一个呆板的皮囊更容易引起关注，这是由人们第一眼的视觉感受所决定的。

同样，当一个方正形的普通黑白二维码与一个具有创意和设计感的二维码放在一起时，绝大多数人第一眼就会注意到那个与众不同的二维码。例如，德国某一在线玩具商店就曾利用乐高拼凑出一个独具创意的二维码模型，在吸引到顾客关注的同时，又增加了商品的销售量。在用户不了解小程序的情况下，二维码就是用户对小程序的第一步认知。所以，如何取得用户的第一眼关注是二维码推广中的重要内容。

除通过设计个性化二维码的方式来吸引用户的关注以外，二维码投放的位置也是有一定的考究的。在生活中的任意一个地方，人们可能会看到各种各样的二维码图案，有些是有序的，有些则是杂乱无章的，像牛皮癣一样地贴在墙上、电线杆上等。就推广效果来说，这种投放杂乱的二维码要比精心设计过投放位置的二维码差很多。

二维码正是因为具有操作便利的优点才深受人们喜爱。所以，在制定二维码的投放策略时，牢记二维码的“便利”优势，将这一优势充分地发挥出来。否则位置投放失误，如过高或过低，那么操作再便利的二维码也发挥不出其应有的推广效果。

一个适合投放二维码的地方最好能够让用户触手可及。二维码的投放位置最好让用户只需将手机放在大约胸口的位置就可以完成二维码的扫描，不用特意踮脚或弯腰。

适宜二维码投放的地方还可以是用户从一个地方转移到另一个地方的中间通道，以及用户容易驻足停留的地方。前者是“通道时间”，后者是“等待时间”。

前者可体现在交通出行方面，如在地铁站、火车站和飞机场等地。在这些交通站点中，都会存在通行的过道，这便是小程序投放二维码的理想位置。利用通道时间，将小程序主动带到用户面前，促使用户付出实际行动，即用户可以在等待地铁、火车、飞机时利用闲暇时间扫描二维码，获取小程序。

后者可体现在用餐、住店方面，如在餐厅、酒店、旅馆等地。用户在目的地的停留时间越长，就越有可能将扫码行动落到实处，而这样小程序也就更容易增粉。“等待时间”与“通道时间”不同，“等待时间”发生的前提是用户已经到达目的地，而非仍处在路途上。以餐厅为例，就是指用户已到达餐厅，等待上菜的这段时间。

那么，利用这段等待时间，其实就可以在餐桌的桌角部分或在摆放于餐桌上的纸巾盒之类的物件上投放相应的餐饮类小程序二维码。在等待时间中，用户等待的原因是需要关注的重点。因此，在二维码投放策略的制定上，要注意投其所好，即投放用户在当下最需要的小程序二维码。

7.6 入口推广工具

这里所说的“入口”，是指互联网意义上的“入口”概念。有人可能会奇怪，不是据张小龙所说，小程序并没有固定的入口吗，怎么这里又提到了入口推广工具？

微信官方起初没有给小程序在微信中放置入口，不开发小程序商店，也不支持通过搜索引擎的方式来搜索小程序。然而，从小程序后续的能力升级与发展来看，微信官方其实在微信应用中已经给小程序开放了多个入口，据不完全统计，小程序的入口方式已有 40 多种。这里所要论述的是微信搜索中的“搜一搜”入口和第三方平台的“小程序商店”入口，谈一谈如何利用这两个入口来实现小程序的吸粉目的。

7.6.1 微信搜索

微信于 2017 年 5 月 17 日更新了 6.5.8 版本，同时上线了“搜一搜”单独入口的功能，如图 7-17 所示。

图 7-17　“发现”界面中的“搜一搜”功能

微信“搜一搜”功能类似于一个搜索引擎，为何这么说呢？这是因为在使用微信“搜一搜”功能时，只要像在搜索引擎中那样输入任意的几个关键词，就会出现相关的搜索结果，包括公众号文章、朋友圈内容、百科、小说、音乐……当然还有本文所谈论的主角——小程序。

使用“搜一搜”功能，搜索相关小程序的关键词就可以召唤出小程序。这就表示在微信中，小程序多了一个入口，用户进入小程序的方式也在原有的基础上得到了增加，但是微信小程序与“搜一搜”功能的联系并不止于此。

2017 年 6 月，有些用户通过微信“搜一搜”使用关键词搜索小程序的时候，陆续发现在出现的结果页中，有些小程序的信息条上附有“广告”字样，如图 7-18 所示。

在“搜一搜”中的小程序上添加广告位，使得用户在使用关键词如“酒店”“汽车”“女装”等进行搜索的时候，添加广告位的小程序能在结果页中首先出现并排在第一或靠前的位置。基于这个原因，用户就会有很大可能选择首先打开排在前位的小程序。

小程序如果能占得“搜一搜”结果页中的前排位置，则将会在很大程度上提高用户对小程序的访问率。而除在小程序上铺设广告位以外，关键词的布局也是不可忽略的一点。

图 7-18 “搜一搜”结果页中小程序上的“广告”

在刚开始使用小程序时，用户可能并不知道小程序的准确名字，他们基本上是通过某些与需求目的相关的关键词来搜索小程序的，这就要求小程序运营管理者合理布局关键词。

关键词可分为核心关键词与长尾关键词。核心关键词指目标用户可能会用来搜索的词。小程序运营者需要根据自身小程序的类别及关键词搜索热度定期梳理、调整自身小程序的关键词。长尾关键词则指“搜一搜”下拉框中所出现的关键词。基于用户对小程序的模糊搜索，下拉框中的关键词推荐将更容易影响用户的选择。

微信“搜一搜”入口的开放，对小程序来说会是一种更有效的变现手段。而同时把握搜索的关键词布局，尤其是长尾关键词的布局，将更有利于提高用户对小程序的点击率和使用率，进而为小程序积累粉丝。

7.6.2 小程序商店

虽然张小龙明确表示不会做小程序商店，但这并不意味着第三方也不会做。正是由于微信官方并不做小程序商店的决定，给了第三方商机。如今已有各种各样的小程序商店如雨后春笋般涌现出来，如表 7-1 所示整理了 10 种小程序商店。

表 7-1 10 种小程序商店

小程序商店名称	网　　址
知晓程序	https://minapp.com/miniapp/
第九程序	http://9.cn/

续表

小程序商店名称	网　　址
91 小程序商店	http://www.wechat-cloud.com/
51 小程序商店	http://www.51app.com/
糖宝小程序商店	http://www.minatui.cn/
柴火	http://m.chathot.com.cn/xiaochengxu?p_sub_type=4004
有设	http://www.uoshe.com/
晓程序啦	https://www.xcx.la/
微信小程序大全	http://we123.com/
Xtrending 小程序商店	http://xtrending.com/

网络上还存在着诸多种类的小程序商店。小程序商店作为用户进入小程序的另一种入口方式，解决了用户找不到小程序入口的问题，并且在用户寻找小程序的同时，还可以提供其他各类精品小程序。

小程序商店，顾名思义，可理解为类似普通意义上的商店。人们在普通商店里可以挑选各式各样的商品，那么，在小程序商店里，用户便可以挑选各种类型的小程序。

小程序商店既然供用户挑选心仪的小程序，那么必定要让用户便于选择。在绝大多数小程序商店的网站页面上，都会对小程序进行分门别类，并且还会开辟类似热门小程序推荐、小程序口碑榜这样的版块。

以“知晓程序”这一小程序商店为例，在其网站首页上，对小程序就有“精品推荐”“口碑榜”“新锐榜”“每周新品推荐”“趣味体验”等版块分类。而一般能够出现在诸如“精品推荐”“口碑榜”版块中的小程序，想必大多数用户都会尝试着去使用一番。

而出现在诸如“新锐榜”或“每周新品推荐”等版块中的小程序，表明近阶段这些小程序有着一定的热度与人气。基于这一原因，用户为了跟随热潮，也就会产生使用在这些版块中的小程序的可能性。

所以，要推广小程序，和各大小程序商店进行合作不失为一种值得考虑的办法。因为如果能让自身的小程序出现在各大小程序商店中的热门推荐、精品推荐、口碑榜这样的版块中，那么小程序被广大用户知道并使用的可能性也就会进一步增大，而被广大用户使用也就意味着“吸粉”。

第三部分

微信小程序的评估与优化

第 8 章

效果评估：防止失败的重要防线

任何产品要想得到长足有效的发展，不仅要有合理的运营模式，还要对其进行效果评估。如果省略这一步骤，我们就不能及时了解用户的使用情况，这样就无法制定之后的发展路线。因此，及时有效的效果评估是我们了解市场走向、确定小程序发展方向的必经过程。

8.1　后评估的好处

后评估是对已经完成或者已经运行一段时间的项目的结果与预期目标、实际操作进行对比，为项目的前期活动提出改进建议，比如，优化项目执行过程、提升项目收益等，从而为项目之后的发展方向提供可靠的参考依据。对小程序来说，后评估更加重要。因为随着小程序各方面能力不断进行升级、更新，小程序各模块的优化迭代、效率提升势在必行。下面具体讲一下后评估会对小程序项目带来哪些好处。

8.1.1　能判断是继续前进还是及时叫停止损

人类的一切活动都需要考虑到时间和内容上的合理性。比如，小程序的产生和发展是否满足时代的需求，是否具有可持续发展的意义。因此，在产品研发的任何一个时间段，都需要对它的发展现状做出一个合理性的评估。

所谓评估，是指针对小程序的实际效果、市场价值、发展趋势和持续发展的可行性，结合它在不同时间段做出的不同表现，通过分析、研究、比较、判断来做出一个客观、系统、准确、全方位的评价，总结它的发展现状，并为它未来的发展趋势给出合理化的建议。

针对产品研发的项目，在前、中期所做的评估中，只能判断它在研发之初的市场情况或者前期发展如何，但互联网时代的发展、用户需求的改变、同行业的竞争关系导致产品的需求也会有所改变。小程序问世，应用的人群、广度和环境都会在不同的发展过程中发生变化，但此种变化是良性的还是恶性的不得而知。

一项功能的出现，它在诞生之初是由于时代需求，但今后的发展程度却是不定向的，也许在某个时刻，它便不再适应时代的发展，随之被淘汰。要想保持小程序的发展契合时代发展的需要，就要及时进行后评估，在它可能出现危机之前做好合理的调整工作。对小程序的发展现状、有效发展的可行性、在它发展过程中出现的问题及今后可能会出现的问题做出准确的判断，为今后小程序的运行和推广提出合理化的建议。如果运行顺利，则继续运行以寻求更长远的发展；如果运行不顺利，则及时叫停减少损失。

8.1.2　能判断是维持原有路线还是及时调整策略

一个新产品的发展，往往是在不断的尝试与探索中寻求一条最适合自己的道路。在探索的过程中，难免会有错误的发生，如果没能及时发现已经发生的错误和将来可能会发生的风险，则无疑会对它今后的发展造成极大的影响和无法估量的损失。

互联网时代的高速发展导致了没有一项功能可以在不变通的情况下持续发展，小程序也一样。小程序在问世之初，是一种全新的移动端交互模式，很多用户对它没有足够的了解，它的发展方向很有可能会随着使用人群的改变而发生改变。要想在原有的基础上进一步发展，就要结合各个方面对它的发展现状进行全方位的分析判断。

后评估的作用在于它能根据当前的发展情况，及时找出在它发展过程中存在的弊端、可能出现的问题，然后给出相应的解决方法。如果发展方向正确，有持续发展的可行性，那么维持原有的发展路线；如果发现目前的发展情况不好或者发展空间受到了限制，就要及时调整策略，以待后续发展。

后评估不仅可以针对产品的当前发展状况进行分析，也可以对产品的后续发展给出一定的建议。这对小程序的用户体验、发展前景、发展方向等各个方面具有重要的意义。

下面介绍一个成功借助小程序的案例：借助微信小程序开发工具开发的“尚设商城”小程序（见图 8-1），打着“原创”的旗号及时改变营销策略，在经济萧条的零售商城行业闯出了一条道路，还成为微信小程序开发商业落地的最佳典范之一。

图 8-1 “尚设商城”小程序页面

“尚设商城”小程序打着“原创”商品的旗号，在小程序中设计私人定制、设计师专区、买家秀专区等模块。这种独特的设计模块让用户能够眼前一亮，忍不住点击进去查看并使用相关功能。

如今，在零售商城行业，有些公司破产，有些老板跑路，有些企业业绩下滑……呈现一片萧条的景象。在这种情形下，一些媒体开始大肆报道零售业的衰退等。虽然零售业对一些人来说是最坏的时代，但对一些借助小程序的人来说可能是最好的时代。“尚设商城”小程序专注于为设计师及绘画爱好者提供产品化服务，将设计师提供的图案印刷在产品上，精选设计师作品，为用户提供最新的原创商品。

“尚设商城”小程序致力于“原创”的这种定位，正是抓住了消费者的消费痛点。年轻人作为当今社会的主要消费群体，他们的消费倾向占据了市场的主导地位，“80 后”“90 后”，还有一部分消费观念比较前卫的“00 后”，他们的生活态度与其他年龄层次的大不相同，追求的生活品质也不一样，对服装的要求已经不满足于传统的穿着方式，越来越多的设计师在寻求突破以求适应大多数人的品位。“尚设商城”小程序通过“卖设计”走出了一条不同寻常之路。当然，只是具备别具一格的设计风格还是不够的，还需要有很强的营销能力和配套管理能力的品牌。

微信小程序出现之后，有些商家和企业开始借助微信小程序，帮助商户适应新的消费方式及市场竞争，不仅重视在营销及管理上的开发（小程序开发成本低，很多中小型商家都能够负担起相应的资金），而且重视风格上的独特性可以强化品牌的核心竞争力，有效的运营模式有助于产品的推广，对它的可持续发展有重要的意义。在这一点上，“尚设商城”投资“原创”，则可以强化品牌核心竞争力，推动转型商城新模式的持续发展。所以，做零售的商家及其他中小型企业可以借鉴“尚设商城”的这种模式，利用小程序开辟一条创新之路。

8.2　小程序评估数据指标

对小程序的效果评估，最好的方式便是从数据入手，根据不同的指标，深入分析小程序在各个方面的运营情况。小程序的运营情况可以用两组数据来进行分析，下面我们详细介绍一下这两组数据具体包括哪些。

8.2.1 运营概览数据

在对小程序进行效果评估时，要利用不同的数据分析指标，展现它的运营成果。具体的运营概览数据指标分为以下 8 种，如图 8-2 所示。

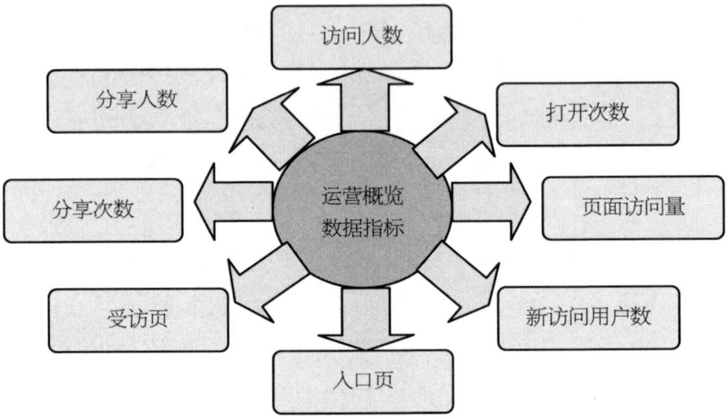

图 8-2 运营概览数据指标

（1）访问人数。一个用户在访问小程序内的某个页面时计为一次。访问小程序内页面的用户数量就是访问人数，相同的用户对同一小程序的重复访问不计算在内。

（2）打开次数。一个用户从打开小程序开始，到主动关闭小程序或因其他原因自动退出时结束，这一段过程计为一次。所有用户打开小程序的总次数就是打开次数。

（3）页面访问量。用户对某个页面进行一次点击，页面访问的数量计为一次；用户在不同页面之间的跳转、对同一个页面的重复访问计为多次。所有用户访问小程序内所有页面的总次数就是页面访问量，而不是小程序所有页面的数量。

（4）新访问用户数。首次访问小程序页面的用户算作新访问用户，每个新用户访问一次小程序时计为一次。首次访问小程序页面的用户数就是新访问用户数。

（5）入口页。小程序的默认页面，也就是用户在进入小程序之后所显示的页面。每个页面都有不同的二维码，用户扫描不同的二维码可以进入不同的页面。

（6）受访页。小程序的所有页面，也就是用户在进入小程序之后可以访问的所有页面。

（7）分享次数。用户可以对小程序进行分享，对其分享的总次数就是分享次数。

（8）分享人数。分享小程序的总人数。

对小程序的效果评估不能盲目，而要收集一定的数据，用数据说话。在对小程序运营一段时间之后，要对以上这些数据指标进行统计分析，然后再考虑如何提升这些数据指标，并及时提升小程序的各项功能模块。

8.2.2　有效用户行为数据

用户在使用小程序时的种种行为都是有具体数据的，如点击、加载、刷新、搜索、分享、收藏等，把这些行为串联起来，对小程序的数据分析是非常有意义的。下面介绍一下用户行为数据在小程序中的具体体现，如图 8-3 所示。

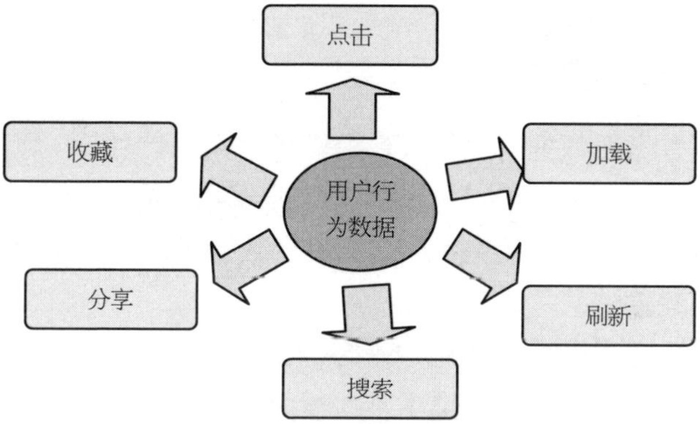

图 8-3　用户行为数据

（1）点击。用户的点击率直接反映了小程序在人群中的受欢迎程度。用户点击表示他对相关内容感兴趣，有继续浏览的可能。

（2）加载。表示用户不仅对某一方面的内容感兴趣，还可能对小程序内的多个不同的功能感兴趣。加载的时间越长、次数越多，表示用户对小程序的相关内容越感兴趣。

（3）刷新。表示用户对某些内容或者功能有再次了解的想法，说明相关内容符合用户的需求，有进一步提升的价值或者发掘更多用户的空间。

（4）搜索。说明用户在主动、明确地查找某些内容，表示用户是有目的性地在浏览，搜索的频率体现了小程序对用户的吸引程度。

（5）分享。表示用户认可小程序的某些功能，并向他人推荐。这就容易形成线下口碑推广，增加更多的消费人群。

（6）收藏。表示用户对小程序的功能很满意，有长期关注的意向，说明针对此小程序而言，该用户已经成为固定用户。

8.3 小程序评估数据统计方法

上一节对小程序评估数据指标进行了详细论述，了解了哪些数据对小程序评估有用之后，接下来就要对这些数据进行统计了。那么，如何对相关数据进行统计呢？对小程序评估数据的统计主要有小程序官方数据统计、自定义/第三方埋点统计及无埋点统计三种方法。

8.3.1 小程序官方数据统计

微信小程序有多个数据的显示，它提供了数据统计功能，除了有之前统计并计算的数据之外，还有实时数据的显示。在后台可以看到详细数据，比如，小程序的在线访问量及产品的使用情况，这些后台数据可以方便小程序运营者全方位地计算小程序的运营情况。

微信官方并没有对小程序做用户来源的统计，所以没有相关数据。除上面列举的几种数据之外，小程序还提供了某些行为数据。针对行为的监测，运营者可以更好地计算出小程序运营的具体情况。如图 8-4 所示是小程序的部分官方统计数据分析界面。

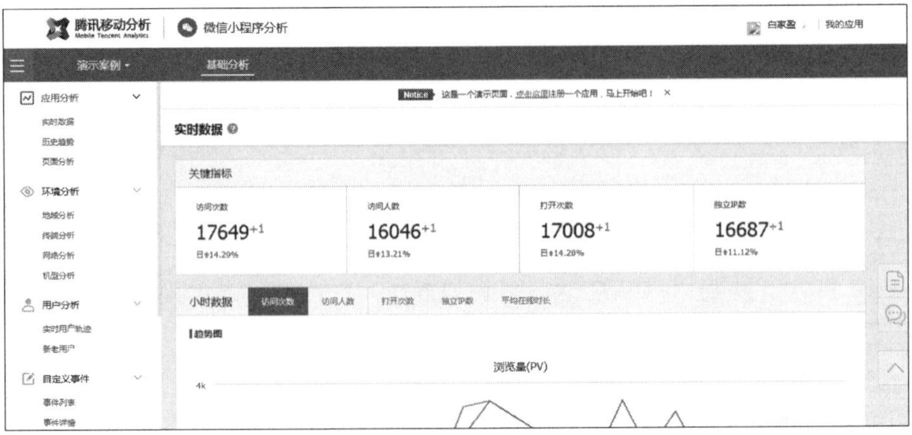

图 8-4 小程序的部分官方数据统计分析界面

8.3.2　自定义/第三方埋点统计

第三方埋点统计是很久以前就开发出来的统计方法，被大多数人所认可。它的具体操作方式是为每一个用户行为定义一个事件，当事件被触发的时候，生成信息并且上传，然后进行统计。这种方法能够统计的数据比较全面，因此在当时受到广泛应用。

埋点统计虽然能够记录的数据比较全面，但是它有一个无法忽视的缺点，那就是成本太高。埋点统计在开发方面所需时间太长，不仅需要开发人员花费大量的时间去计划和开发，而且它的不确定性也太高，比如不埋点就无法得到数据、在埋点时犯了一些技术性的失误以至于造成了埋点的遗漏或者错误，都会使数据有所偏差。而且埋点统计的数据无法回溯，就算发生了错误，也无法看到之前的数据进行比对，也就不能找到问题所在。

所以，在开发前期就要投入大量的时间和精力，仔细规划好每一个步骤，以避免不必要的失误，规避风险。在对小程序的各项数据进行统计时，也可以采取自定义/第三方埋点统计方法，在开发小程序的过程中设计一些必要的“埋点”，以便全方位地了解各种数据。下面列举一些埋点统计的数据指标，如图 8-5 所示。

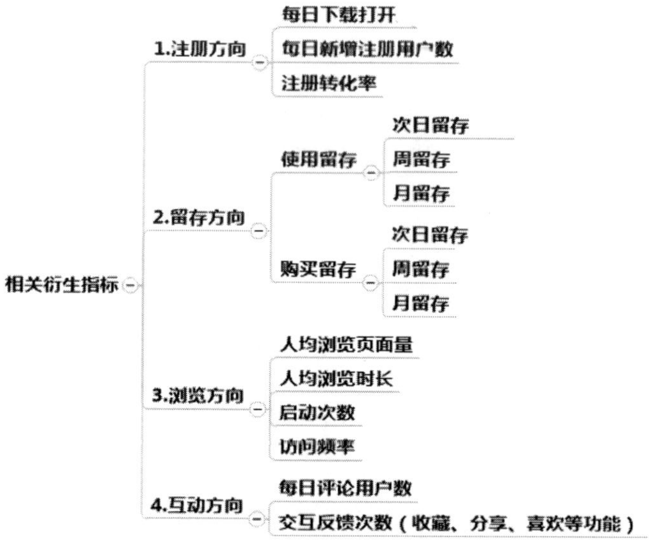

图 8-5　埋点统计的数据指标

8.3.3 无埋点统计

埋点统计因为成本和操作上的许多问题，可能有些商家或企业负担不起，所以这种统计方法没有流行开来。鉴于此，近些年流行一种无埋点统计方法，大范围的人群都在使用这种统计方法。

无埋点统计方法操作便捷，只需要定义一个需要统计的指标，就可以进行分析，还可以自定义分析方法，所以它的用法十分灵活。针对小程序而言，想要获得它的用户行为、用户特征、页面浏览量、访问人数等多个数据，只需要一次性集成 SDK（开发工程师为小程序的不同功能建立应用软件时的开发工具的集合）即可。

8.4 小程序评估数据分析五大方法

无埋点统计方法统计出来的数据固然很全面，但是由此衍生出来的问题就是：数据太多，多而不精，很难逐条有效地进行分析。如果每一个数据都要分析，那么不仅花费的时间和精力太多，也很难得到有效和精准的信息。为了得到有价值的数据分析结果，就要进行有针对性的分析，针对小程序的商业领域，围绕其业务方向来进行。在多种数据中，用户的多少是小程序运行情况最直观的表达，下面我们针对用户来做具体分析。

8.4.1 获取：分析各类推广方式获客数据

在零售行业，产品本身的质量比较容易把握，而难的是用户的选择。在过去，我们以产品为中心；而现在，我们以用户为中心，品牌拥有多少用户，或者说可以把多少潜在用户转化成实际用户，才是一个产品销量的保证，也是小程序稳步运营的保证。很多品牌明明有许多潜在用户，但因为对用户没有足够的了解，导致与用户没有形成有效的连接，白白损失了一大批用户。要想让我们的产品足够吸引用户，而且这个吸引程度是长时间的、可持续性的，那么必须对用户有足够的了解，了解有哪些用户可能会对我们的产品感兴趣，然后有针对性地进行推广，以达到降低获客成本的目的。

任何业务都要做口碑推广。小程序作为一种新出不久的运营模式，它的推广方式也有很多，不过都有各自的优势与短板。小程序目前最好的推广方式有 4 种，分别是搜索、二维码、微信公众号推荐与分享。这 4 种方式渠道不一样，所需要的成本不一样，推广的效果也不尽相同。下面我们简单介绍一下这 4 种获取用户的推广方式。

（1）搜索。在微信搜索功能里面，可以直接搜索到想要访问的小程序。我们可以优化搜索引擎，比如将小程序的名字起得有代表性，与同行业其他产品相比可以更好地突出产品特性，用户可以更轻松地搜索到我们的产品。

（2）二维码。从目前来看，二维码的推广是唯一的线下渠道，所以它的范围也较广，我们可以在许多地方都放上二维码供用户扫描。比如店铺、电视、广告、直播平台等多种渠道都可以用二维码的形式向用户推荐我们的产品。

在互联网时代，二维码大行其道，其方便快捷的优势使得大多数人不管干什么都习惯扫码，对于小程序的推广来说，二维码是最重要的一种方法。作为商家或者从业人员，就需要制定良好的推广路线、优化推广渠道。这样一来，不仅可以将成本控制在一个可接受的范围内，也可以更直接地吸收用户，获取更多的消费人群，极大地提高了转化效率。

在小程序推出之前，App 和网站是商家主要的业务手段。在做 App 推广的时候，用户下载 App 就表示他成为该程序的新用户，这也就是 App 新增使用量的标志。但是小程序不行，因为小程序的打开方式过于简单，它的功能也相对有针对性，不是那么复杂多样的，用户打开或者跳出小程序都不需要太多的步骤，连卸载都不需要，直接退出就可以，所以在评估小程序的获客成本时，不能只分析用户打开小程序页面的成本，而应该把打开之后在页面上完成某个行为这一部分都计算在内。下面我们通过具体的实例来进行说明。

一个小程序进行线下投放，设置成本相同，投放方式相同，都是通过扫描二维码进入产品的相关页面，投放地点选取了 4 个人群密集的区域，分别是写字楼、高校、高铁站、商场，用户可以通过扫描二维码进入小程序进行下单购买。

这 4 处地点扫码进入的数量分别是 1000、2000、2000 和 3000，下单数量是 50、10、140 和 80，而支付成功的数量分别是 24、2、120 和 24。从这组数据中可以看出，写字楼和高校的相关数据差异不明显，不能很好地说明问题，但是高铁站和商场的相关数据却有很大的差异。

下单和支付成功才是最有效的用户行为，扫码进入数量多不代表产品就受欢迎，只能说明小程序的主页面访问量高，扫码进入的人群不能代表该产品的主要消费群体。商场渠道的转化率并不高；而在高铁站，虽然扫码进入的数量不突出，但它的下单和支付成功的比例却是最高的，说明了它的转化率很高，也证明了在高铁站的人群才是该产品的主要消费群体。

这个例子表明，用户行为并不能全部作为分析指标，只有有效的用户行为才可以作为参考依据。我们要提高转化率，就要根据有效行为做有价值的分析。

（3）微信公众号推荐。在专门的微信公众号上进行推荐，这种方式虽然有助于增加使用量，但是范围太窄，能获取到的用户数量也有限。

（4）分享。用户在访问小程序之后觉得相关功能还不错，对其进行分享，让其他用户也了解我们的产品，也是一种常见的推广方式。

如今，随着小程序各项功能的不断更新及升级，小程序获取用户的途径越来越多，比如，附近的小程序、推文内嵌小程序链接、小程序内嵌网页等。小程序运营者要合理运营微信为小程序提供的各大入口，以便为小程序获取更多的用户。

8.4.2　激活：分析活跃用户产生有效行为数据

激活的意思就是用户与产品之间产生了某些有效的交互，这就是有效用户行为。我们要根据这些相关指标，寻找其特性，探索其潜在规律，然后再做更加深入的分析，从而找到激活用户的关键，以达到增加用户的目的。用户激活成功必然在产品上有其独到的优势；如果用户激活失败，则表示某些地方还有所欠缺，需要我们从中分析失败的原因是什么，从而发现问题，进行改进。

举个例子，我们介绍一下用户在购物类小程序中需要做出的有效用户行为，如图 8-6 所示。

（1）用户扫描二维码进入小程序的主页面。

（2）用户进入商品页面，选取需要的商品。

（3）用户进入下单页面，进行下单。

（4）用户进入支付页面，进行支付。

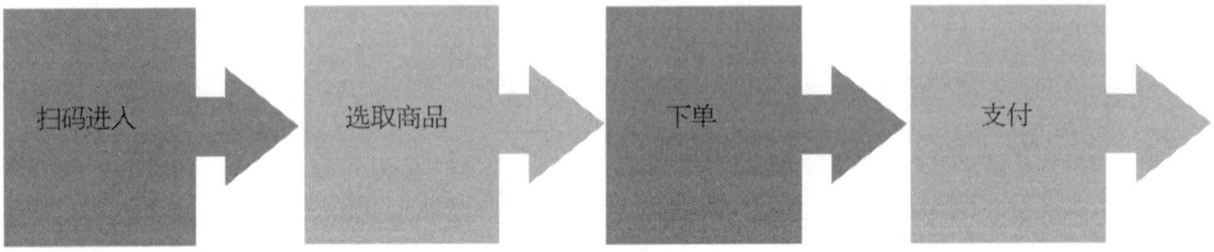

图 8-6　购物时的用户行为

通过对这一过程的分析，我们可以很快发现在哪个环节有大幅度的用户流量差，然后有针对性地提出解决方案，改变营销策略，从而避免用户的流失，提高用户的激活率。

8.4.3　留存：分析用户有效行为留存率数据

用户对产品的再次访问就是用户留存。当用户访问过某个产品之后，对它的某些功能或者应用感兴趣，一段时间之后再次访问，这就表示产品对该用户有足够的吸引力。在小程序推出之前，网站或者 App 的用户留存更多的是指用户打开或者进入界面的行为，因为这就表示用户已经在使用。小程序因为其功能的局限性和使用的特殊性，如果只是打开或者进入，则并不能表示用户正在使用。在小程序中的用户有效行为，我们更应该关注下单和支付成功的留存率，只有这个数据才能全面且准确地说明产品的运营情况。

商家通过一些营销手段将客户吸引过来，客户开始使用相关产品，但是经过一段时间之后，热度减少，客户对新产品的兴趣也会降低，会有客户不再使用这些产品。这源于人们的消费习惯，因为人们总是倾向于使用新鲜的东西。留下来继续使用该产品或者经常访问小程序的行为就称为留存。衡量留存的指标一般有三种，分别是次日留存、周留存和月留存（见图 8-7）。此外，不同的公司，留存指标也不一样，可能出现三日指标、半月指标等。下面我们介绍一下三种常规的留存指标。

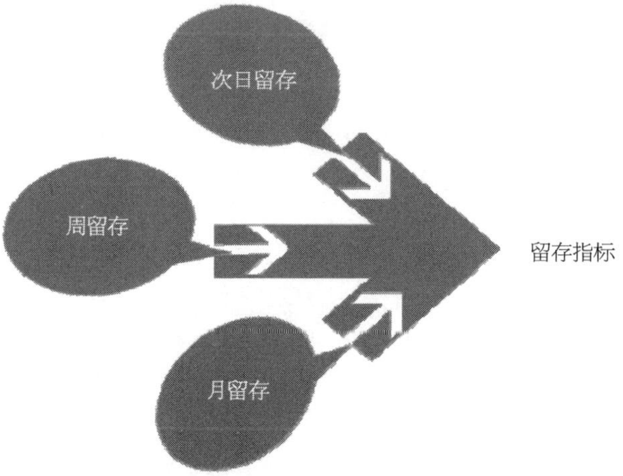

图 8-7　用户留存指标

（1）次日留存。当天访问小程序的用户是新用户，在这些新用户中，第二天继续访问的用户数量就是次日留存。

（2）周留存。第一天成为小程序的新用户之后，一直保持对小程序的关注，7天之后还会继续访问的用户数量就是周留存。

（3）月留存。第一天成为小程序的新用户之后，一直保持对小程序的关注，一个月之后还会继续访问的用户数量就是月留存。

小程序的活跃度高并不代表它的用户多。因为它的入口简单、操作方便，所以每天的访问量都很大，每天都有新用户进入小程序，但是这不等于小程序就有了稳定的发展，活跃度高但是留存率低是小程序的发展停滞不前的表现。我们首先要对留存做详细的分析，确定其必要性（见图8-8），明确今后的发展方向和营销策略。那么，为什么要提升用户留存呢？

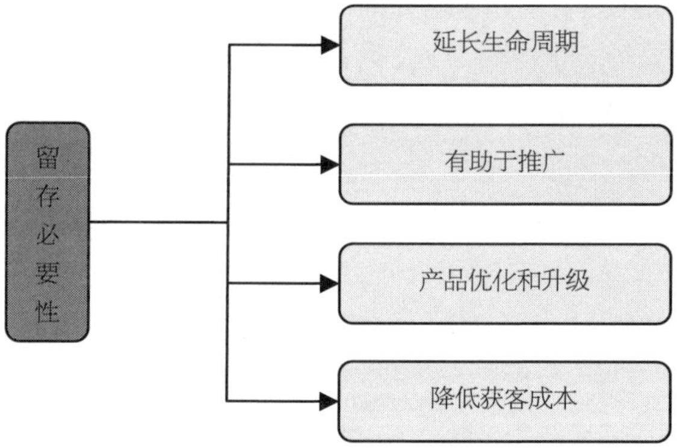

图 8-8　用户留存的必要性

（1）提升用户留存可以延长小程序的生命周期。用户访问小程序的时间越久，周期持续得越长，小程序的功能就越能体现出其价值，可持续发展的可能性就越大。

（2）提升用户留存有助于小程序的推广。用户留存越多，就表示固定用户和核心用户越多，这些用户完全有可能向他人推荐，这样一来，无异于用另一种方式为我们的产品进行了宣传和推广。这也是小程序最好的线下推广方式，不仅节约了成本，提高了效率，而且线下推广的可信度和宣传力度均比线上推广要强。

（3）提升用户留存有助于产品优化和升级。用户的留存率直接反映出小程序相关功能的效果，通过该指标能够更容易地找出其功能上的不足和需要改善的地方，以达到产品优化的目的，之后便能更好地吸引新用户、挽留老用户。

（4）提升用户留存有利于降低获客成本、增加获客渠道。当我们需要吸引一位新用户的时候，我们可能会投入较多的成本，因为他对我们的产品毫无了解；但是留存一位老用户所需的成本却要低得多。

既然用户留存有其必要性，那么我们应该怎样做留存分析呢？下面具体介绍一下留存分析的几个步骤。

第一，通过数据分析问题。

根据用户来源，将其按地域、网络设备划分为不同人群，研究不同人群的留存情况。分析用户行为，哪些功能用户较多，哪些功能用户较少，哪些功能用户留存偏多。比如，收藏和分享过的用户留存率肯定偏高，但是只进入首页的用户留存率肯定偏低。

用户留存率低的原因有很多，下面我们做一下详细的分析（见图 8-9）。

（1）产品相关功能不够完善、存在某些系统漏洞或者产品的相关介绍不够全面，导致用户体验不好，这就会造成用户的流失。

（2）用户在进入小程序页面时，有其他与产品不相关的内容出现。这种问题在网站和 App 中经常会遇到，在移动端是屡禁不止的，任何软件都应该有所防范。

（3）产品热度减退，或者有别的产品代替。当今社会飞速发展，信息日新月异，人们的消费观念转变很快，小程序如果不及时更新，则很容易被其他产品代替，造成用户流失。

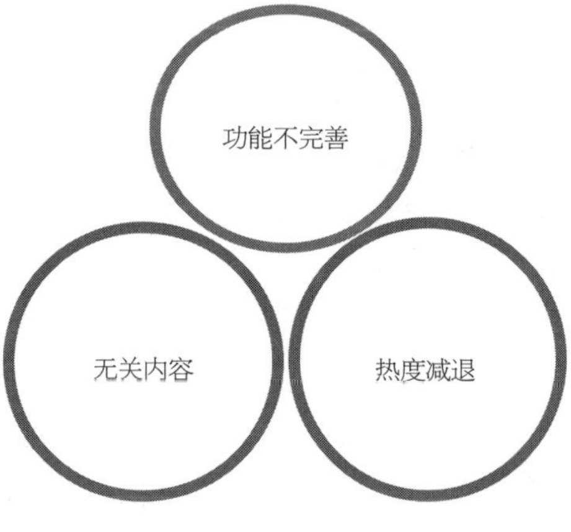

图 8-9　用户留存率低的原因

第二，针对现有问题提出合理的解决方案（见图 8-10）。

（1）优化产品性能。小程序之所以会有用户流失，最大的原因还是功能不够强大。要从本质上解决问题，就要弥补功能上的不足，提升用户体验。

（2）挽回流失用户。根据产品的功能和特性，分析流失用户和潜在流失用户的标准，确定流失用户的人群和原因，对流失用户进行召回。

（3）避免潜在流失用户的流失。当前已有流失用户，就表示小程序在功能上有所不足，那么今后还会有用户流失的可能。我们要及时改变营销策略和手段，避免潜在流失用户的流失，保证留存率。

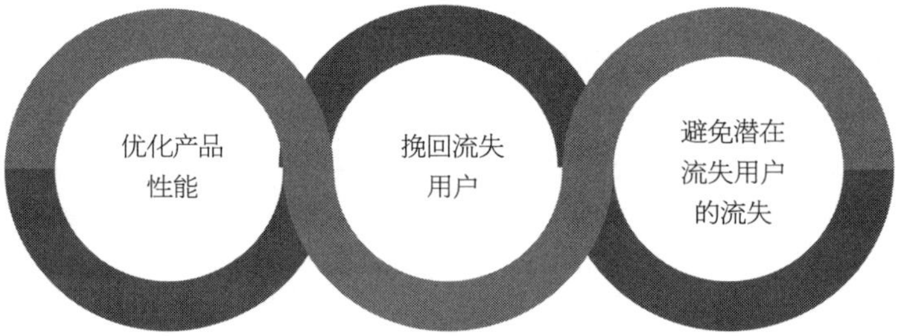

图 8-10　提升用户留存解决方案

第三，对运行效果进行评估，之后对原有方案进行针对性修改。

第一次提出的方案还处在一个探索和尝试性的阶段，难免会有所欠缺和不足。在实际运行之后，看效果如何，再提出修改意见，对其进行针对性修改，保证方案的合理性和全面性。

8.4.4　变现：分析商业模式有效变现数据

任何一个产品的问世，都必然要寻求一条可持续发展的道路，那经营怎样的商业模式就显得至关重要。许多网站和 App 在商业模式上考虑不周，导致不能有效变现，所以到了发展前期或者后期，就会停滞不前，甚至走下坡路。因此，小程序的变现模式非常重要。

我们以数据分析的结果为基础来思考，可以用测试的方法来探索小程序的盈利模式。不同类型的小程序，其运作方式和盈利方式都不尽相同，但是说到底，都是为用户服务，用户体验是必须考虑到的，一味地为了商业变现而影响了用户体验，那么结果只会适得其反。

比如广告，许多 App 和网站都有不同程度的外来广告，这是因为不管是网站还是 App，它的兼容性都比较大，大部分用户也可以接受。但是小程序不同，它的内容承载量相对较小，用户在使用时浏览的页面、进行的互动也相对较少，在这种情况下，如果再投放商业广告，那势必会造成用户的反感。这时，可以通过数据分析不断优化广告的内容、形式和投放人群，同时也要注意广告的内容幅度，在不断尝试改进的过程中，取得商业变现和用户体验之间的平衡。

8.4.5　推荐：分析传播维度数据

在微信小程序中，我们提供了分享功能，用户可以将值得推荐的小程序分享到微信群和微信好友中，这就是小程序的传播。传播得越广，知道的人越多，证明小程序运营得越好。

小程序的分享方式多样化，用户可以通过不同的内容对小程序进行分享，其中包括三个元素，分别是标题、文字注释和图片。可以单个属性进行分享，也可以利用不同的图文组合进行分享，而不同组合的分享方式，在分享之后，用户的点击率也是不同的。想要找出最佳的图文组合，达到小程序的有效传播，就要不断收集数据进行分析，然后尝试改进，最终找出最佳的组合方式，提升小程序在微信群和微信好友中分享和点击的可能性。

小程序的分享，不仅要考虑到传播方式的因素，还需要考虑到传播的维度，通过对相关数据的分析，找出分享小程序的人群特性。按照维度进行划分，有三个数据需要分析。

（1）都是哪些人在分享小程序，他们有哪些特点？所有小程序的使用人群，根据不同的维度可以将其分为不同的类型。不同的地区、不同的年龄段、不同的网络环境，都会导致网络传播速度不一样，人们的消费观念也不一样，这就会造成对小程序的传播程度也不一样。我们要通过全方位的数据分析来找出这些人的共同特点。

（2）分享小程序的这些人都有哪些共同的有效用户行为，在分享小程序之前他们都有哪些共性的操作？因为小程序的操作方式相对简单，所以大多数用户在访问小程序时会有一系列相同的行为。我们对相关数据进行分析，找出这些人的共同行为。

（3）人们会出于什么原因对小程序进行分享？无论是分享也好、单纯地访问也好，还是不屑一顾也罢，不同的用户对小程序的不同态度都有其原因。不同的用户对小程序的需求不同，有些人只有访问的需求，但是有些人不局限于访问，还对小程序进行了分享，希望别人也能用。这一切的原因都是我们需要通过数据来进行分析的。

这些特征都是我们提升用户分享可能性的关键点。全面分析这些因素，找到小程序的最佳推荐方式，多测试，多优化，有利于小程序的稳步发展。

8.5 进一步优化小程序

做完小程序的数据分析之后，已经可以保证它的稳步运营。既然这方面没有问题，接下来我们要做的就是进一步优化小程序，使其能够更好地为广大用户服务，让越来越多的人使用我们的产品，以便取得长足的发展。

8.5.1 需求更契合

用户对小程序的使用，一开始肯定源于自身的需求。我们要吸引新用户，就必然要考虑到用户的需求和潜在需求。在网络兴起的时代，电商大行其道，无数电商涌进，只为在竞争激烈的商海中打开市场。小程序的出现无疑契合了未来电商发展的需求。小程序之所以会有长足发展，是因为它很好地解决了用户需求。

很多商家在开发程序时都犯了一个错误：以他们的主观想法去揣测消费者的心理。这种开发思维很难做到满足用户的真正需求，而小程序却避免了这一问题。虽然小程序在现阶段的发展并不完善，但其展现出来的功能非常契合“以用户价值为导向”的理念。由于它简单的入口和操作方式，因而可以做到“用完即走”。用户如何合理地利用小程序的功能、如何解决自身需求，这是小程序的价值所在。

小程序是一个容错率极高的工具，能够被普遍应用。不管是大型网站的细化功能，还是商家的具体营销，都可以通过小程序来实现，用户可以轻松选取到自己想要进入的小程序，从而极大地满足了广大用户的需求。我们要在此基础上，继续优化小程序的各功能模块，使它更加契合用户需求。

8.5.2 功能更实用

小程序之所以带了一个“小”字，就是因为它简化了许多烦琐的功能，只保留了一部分主要功能。比如“摩拜单车”App，功能复杂，用户可以在上面进行许多烦琐的操作。但是功能全面所带来的负面影响就是与用户实际需求不成正比。大多数用户可能需要的只是一个扫码骑车操作，而 App 提供的功能太多，会使用户觉得使用起来很麻烦。小程序就完美地解决了这个问题，它只保留了几个主要的功能，用户进入后，就只能看到几个相关功能的页面，不需要进行其他不相干的操作，极为便捷实用。“摩拜单车”小程序页面如图 8-11 所示。

图 8-11　“摩拜单车”小程序页面

图 8-11 很明显地介绍了摩拜单车这个应用只为用户提供了“骑行”这种核心功能，没有其他累赘功能，而且使用方便快捷。所以，在开发小程序时一定要以功能简单、实用为核心，并在此基础上继续优化功能，使其更加完善，以便更好地为用户服务。

8.5.3　界面更流畅

小程序因为功能简化的原因，所以界面也设计得相对简单，没有太多复杂的内容，也没有太多的广告植入，这也是吸引用户的一个重要原因。在此基础上，我们要不断更新优化小程序的界面，避免因系统漏洞而出现一些与产品不相关的内容。

界面的流畅程度直接决定了用户对小程序的第一印象。界面设计得好，用户的再次访问率就会高，对用户留存也有着不小的影响；反之，如果界面设计得有瑕疵，那么用户体验就会大打折扣，对小程序的好感度也会降低，不利于产品的推广和小程序的发展。“拼多多”小程序的界面设计就很流畅，在业内具有代表性。“拼多多”小程序各功能界面如图 8-12 和图 8-13 所示。

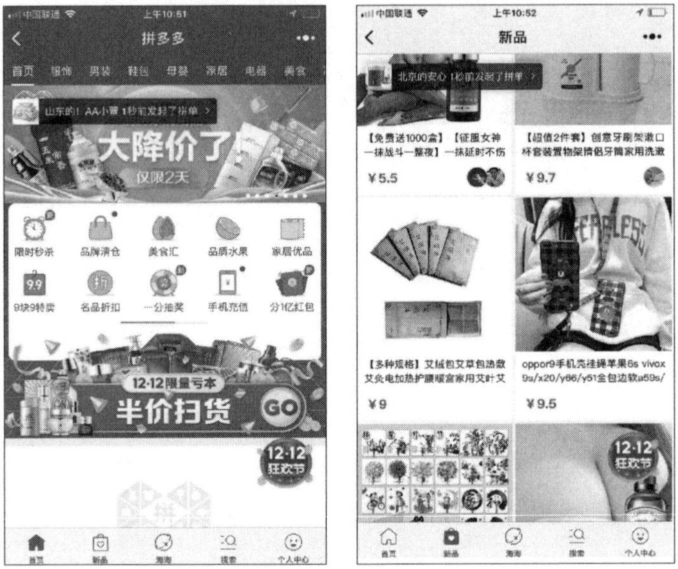

图 8-12　“拼多多”小程序首页及新品页界面

图 8-13　“拼多多”小程序海淘及搜索界面

“拼多多”小程序分为五大功能模块，分别是“首页”“新品”“海淘”“搜索”和“个人中心”，用户进入之后，可以根据各自的需求轻松方便地获得相应的服务，购买自己心仪的商品。为了保持界面的流畅性，小程序在设计时要搞清楚用户有哪些核心需求、哪些功能模块是必需的，以及如何设计用户的“去留”等功能，这样才能让用户体验更顺畅。当然，在设计小程序各功能模块时不可能一步到位，这就需要在现有的功能模块基础上，对小程序的界面进行定期优化更新，使它时刻保持流畅度。

8.5.4　体验更完善

用户体验是人在使用产品过程中或者在使用产品之后想要表达的一种主观感受，包括情绪变化、生理变化、心理变化、行为变化等。简单来说，就是用户觉得这个小程序好不好用、还有没有继续使用的必要、使用之后会产生什么回应等。因此，用户体验是主观的。有三个影响用户体验的因素，分别是系统、用户和体验环境。

所以，在用户访问小程序并且完成交易之后，要及时积累用户评价，通过点赞、星级评价等方式，了解用户对产品的使用情况，从数据中找出用户的喜好，积累出产品的优劣，以便更好地对产品或者小程序功能进行优化，使用户在访问小程序时更有主动性，提升用户体验。

系统是小程序本身的因素，它在功能、实用性、界面等各个方面的效果都会对用户体验有所影响。用户是用户本身的因素，因为每个用户所使用的产品不一样，可能同一个产品，不同的人对它的感觉不同、喜好也不同，用户体验当然也就不同。体验环境是用户在使用小程序时所处的地理位置或者人文环境。不同的地方，使用的感受不一样；就算在同一个地方，受到旁边其他人的影响，体验也是不同的。举个例子，在办公室里，被老板盯着工作跟老板不在时工作，感受肯定是不同的，效率也是截然不同的。

无论什么软件，网站也好，App 也好，小程序也罢，都极为注重用户体验，用户体验的好坏是产品销量的保障，也是小程序能否长足发展的一个重要因素。用户体验好了，不仅有利于产品口碑的推广，更加有利于小程序面向更多的用户。所以，我们要一直强调用户体验，对小程序不断进行优化更新，保证用户的良好体验。

第四部分

微信小程序在不同行业中的运营推广差异（主案例讲解）

第 9 章

行业不同，运营与推广选择有差异

行业不同，服务对象会有所区别，所以运营模式也不同，推广的模式和渠道等各个方面都有所区别。每个行业都要了解市场规则，把握市场动向，制定出最适合自己运行和发展的模式，不管是在运营还是在推广方面，都要做到符合行业特征。

9.1　美食餐饮类：多元化入口是趋势

所谓“民以食为天”，餐饮行业一直占据着中国市场的主导地位。这一行业用户数量多、服务范围广、可操作性强，而且易于打开市场，可以持续发展。正因为餐饮行业服务人群多，所以要有多元化入口，为大多数人提供选择。

9.1.1　不断增加新入口，提升用户体验

要想增强餐饮行业的运营与推广，首先需要了解它的行业特征。餐饮行业作为中国市场最大的行业，它的特征也非常明显，下面我们就做一下简单的介绍，其具体内容如图 9-1 所示。

图 9-1　餐饮行业的特征

（1）持久经营。这个行业从人诞生以来就一直存在，消费人群数量庞大，所以是零售业中竞争最激烈的行业之一。因为餐饮是与人们的生活息息相关的，所以不管市场如何变动，人们的消费水平、消费观念如何变动，这个行业始终不会衰退。

（2）容错率高。我们在做生意的时候，经常会考虑许多环境因素，比如当地的发展水平如何、人们的消费观念怎么样、交通怎么样、适合做什么类型的生意等。但是餐饮行业完全不需要考虑这么多因素，因为不管处于什么地带，不管当地主要消费人群属于什么类型，只要有人在的地方，餐饮绝对会有市场，容错率高，市场有保障。

（3）营销成本低。21 世纪最不缺的是哪种人？大概就是所谓的“吃货”了吧。吃货都是乐于分享的。由于这个行业的特殊性，只要我们的产品吸引到第一批用户，马上就会有第二批、第三批用户慕名而来，无形之中为我们的产品做了推广，降低了我们的营销成本。

（4）市场稳定。不管是在大城市还是二、三线城市，乃至农村，人们对饮食

的需求都是与日俱增的，对饮食文化也越来越讲究，餐饮行业在市场上所占的比重只会越来越大，关键在于我们如何使自己的产品更加出色。

基于餐饮行业的各种特征，不难看出，要想在餐饮行业打开市场，离不开消费人群的数量保证。我们要在做好产品本身的同时，尽可能地吸引更多的用户，以此来提升用户体验，刺激用户需求，增加客流量。要做到这一点，多元化入口就是一种很好的方式。

所谓多元化，意思就是我们不能局限于一种模式。任何行业的发展都需要不断尝试最好的方法、最合理的模式。在发展之初，我们制定了一种运营模式，这种模式在当时的环境下迎合市场的发展、满足消费者的需求，因而得到了快速发展。但是随着时间的推移，市场在不断发生变化，如果故步自封，一直沿用原来的模式，那么发展只会变得迟缓甚至倒退。要想在竞争日益激烈的市场中保持稳步发展，就要使用多种运营和推广模式。

如今是互联网时代，大多数人的线上交互比线下要更为频繁。一款餐饮类小程序推出后，要想被更多的用户访问，就需要不断增加入口，保持产品热度，以便吸引更多的用户。比如用户最初访问小程序是通过扫描二维码进来的，那就可以把二维码作为一个吸引用户的固定渠道；用户既然可以扫描二维码，那肯定也是微信用户，我们可以选择用微信公众号推荐和搜索来让用户访问我们的小程序；此外还有好友推荐，我们可以做一些比如分享好友赠送礼品之类的活动，来让更多的用户知道我们的产品。

用户资源在任何时候都是行业发展的必需，小程序想要有更好的运营与推广，就要不断增加入口来获取更多的用户资源，达到持续发展、稳步经营的目的。

9.1.2 美团外卖：邀请好友共同体验

从最初的线下渠道到现在的线上线下双渠道并行，餐饮行业不管在什么时代都有稳定的用户和稳步发展的经济增长。在移动端成为主流的时代，餐饮也是行业内的典型代表。现在移动端三大餐饮类 App——美团外卖、饿了么、百度外卖已经成为行内巨头，在餐饮行业有着举足轻重的地位，因此其运营模式值得我们学习。我们就以美团外卖作为参考，来分析一下它的运营和推广模式。

美团外卖作为 O2O 平台上餐饮行业的领军人物，不管是在运营还是在推广方面，都有其独到之处。

下面我们介绍一下它的具体营销策略，其具体内容如图 9-2 所示。

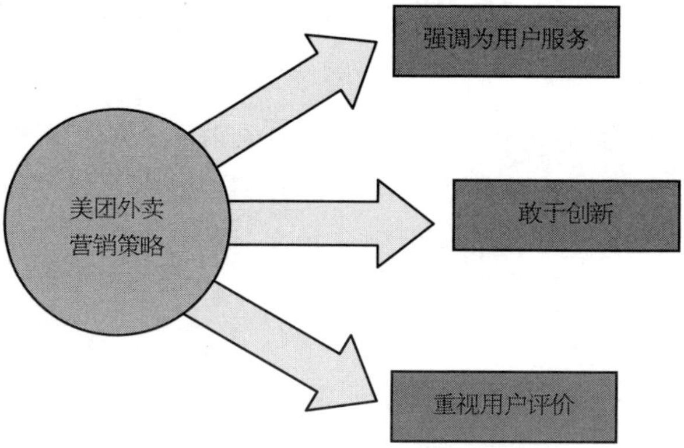

图 9-2　美团外卖营销策略

（1）它更加强调为用户提供服务，而不是产品本身。产品形态如何并不是影响销量最主要的因素，最主要的还是用户本身。美团外卖弱化了产品的作用，提升了用户体验的重要性。

（2）敢于创新。正如它的广告“美团外卖，送啥都快”，美团外卖管理严格，而且在同行业中更加注重商家与顾客之间的交互，保证为二者提供更加便捷、有效的交易方式。

（3）重视用户评价。美团外卖十分重视售后服务，及时收集用户的反馈信息，从中汲取教训，不断进行产品的优化与改进，以便更好地为用户服务。

从上面的营销策略来看，美团外卖之所以在众多的餐饮服务中脱颖而出，最主要的原因就是它更加注重用户体验，强调商家与顾客之间建立联系。这就凸显出了用户的重要性。随着团购的普及，团购更加划算的观念早已深入人心，越来越多的人养成了团购的习惯。美团外卖正是抓住了用户的这种消费心理，采用团购的模式，吸引了广大消费者。

团购不仅仅是为了交易的方便快捷，也是为了扩充用户来源。比如一位用户，他通过某种渠道知道了美团外卖，并且开始使用。可能他一开始不了解美团外卖的运作方式，所以一直使用单向交易。然而，突然有一天，他发现团购更加划算，于是叫上朋友或者同事来凑单。当他感受到了团购所带来的实质性好处之后，就会把它变成一种习惯，久而久之，团购的人就会越来越多。这时候，不仅用户省了钱，更为商家提供了一位新顾客，也为美团外卖这一小程序增加了一位新用户，这样一来，就可以实现双赢甚至多赢。随着小程序的发展，这种模式会被越来越多的人所使用。

9.2 电商类：多角度、全方位提升用户体验

电商类小程序与餐饮行业相比，它的服务人群不一样，用户的消费目的和消费方式也不一样。它在运作模式上有很多地方跟餐饮行业类似，但是它与用户之间的交易更为简单和方便。我们要做到多角度、全方位地提升用户体验，以提高品牌的竞争力。

9.2.1 Mini 电商，一键式购物

随着互联网时代的飞速发展和人们生活水平的逐渐提升，人们追求更便捷的生活方式，比如现在叫外卖的人要比即时就餐的人多，这就是生活快捷的体现。随着生活节奏的不断加快，人们更想足不出户解决所有问题，吃饭如此，购物也是如此。

不知从什么时候起，“用户体验”这个词变得非常流行，不管是什么产品，交易完成之后都有顾客评价这个环节，说明越来越多的商家看中用户体验。事实上，这是因为社会的不断进步，人们的生活水平逐渐提高，心态也随之发生了变化。几十年前，多数人为三餐而忙碌，只求温饱；而现在，除食物本身的味道之外，还要讲究用餐环境、服务态度、售后等许多精神层面的条件。同样，电子商务发展到现在，很多人已经不满足于在网上买东西了，尽管它很方便，但依然不够方便，人们都希望它更快一些，到货的时间更短一些，送货服务态度也更好一些。一键式购物就是在这种情况下诞生的。

所谓一键式购物，是指用户点一下相应的按钮，就会下单成功。不管是什么商品，只要贴上一个标签，就可以实现一键式购物。它省略了许多烦琐的操作，诸如登录、验证、挑选、下单、支付等。安装了一键式购物，这些过程都用不着，只需要轻轻一按，过几天就可以得到想要的商品，真是“一按在手，天下我有”。

一键式购物究竟有多快，恐怕只有方案策划者和功能开发者还有用过的人才知道。举个例子，我每天都需要清理家里的垃圾桶，把旧的丢掉换上新的，换的时候突然发现袋子可能不够用了，这时候我只需要按一下垃圾桶上事先贴好的按钮，购物袋就会出现在购物车里并自动结算，只等送货上门了。假如你是一个“懒癌”患者，尽管有些东西要买，却觉得网上购物过程太麻烦，不想操作；假如你记性很差，家里缺什么东西常常不记得买；假如你追求高品质的生活，不想局限

于现在的生活方式，那么，完全可以试一试一键式购物，它会让你觉得，原来买东西可以这么快。

我们经常说，科技改变了人们的生活方式。的确，现在的生活，吃饭可以叫外卖，出行可以骑单车，买什么都有相关的网站，电子商务已经成为人们生活中的必备。正因为有庞大而且长期的需求，所以电子商务也在不断更新和完善，为了跟上人们的生活节奏和与时俱进的科技水平，一键式购物的出现代表着电子商务开拓了一个新的方向，人们对网上购物的理解也发生了变化。基于用户消费观念的转变，这种方式也会对其他行业造成影响。

9.2.2　借助微信实现裂变式传播

微信是现在用得极为广泛的一个传播工具，商品的交易也许用不到微信，但是营销和推广是绝对离不开微信的。微信从诞生之初到现在，功能越来越强大，信息交互也越来越便捷。在微信推出之前，大多数人的线上交流方式都是 QQ，然而微信的出现打破了这种局面。第一批微信用户之所以摒弃 QQ 转而使用微信，就是因为它的数据传输速度比 QQ 要快，这无疑可以使用户获得更多的信息分享。

用户数量的激增，瞬息万变的信息产生和交互，人们对最新资源的渴求，让微信这个可以快速传播信息的软件迅速在人群中推广开来。人们需要借助它来传达和接收信息，微信也因此获得了快速的发展和稳定的运营。随着互联网时代的迅速发展，越来越多的信息在网上产生了裂变式传播。

利用微信功能是最好的产生裂变式传播的方式。为什么呢？除微信本身用户多之外，还有一个重要的原因，就是微信功能中的所有聊天对象、分享对象都是潜在用户，只要用一定的条件去激发，都可以变成实际用户，让每个用户都觉得传达过来的信息与自己有关。而且这种方式简单高效，可以层层分享，有助于实现高效的裂变式传播。

所谓裂变式传播，原指原子核分裂变成自由中子并在分裂时产生巨大的能量，随着裂变次数的增多，不断传递，能量也在不断增加。目前微信的传播正处于这样一种模式。一个小程序刚刚出现，第一天只新增了一位用户，但是这位用户分享之后会在他的交际圈中形成潜在影响，他周围的所有人，包括家人、朋友、同事都会看到。这么多人中不管有多少人会点开看，但只要有一个人对它再次进行分享，那么它又会在这个人的交际圈中推广开来，这就容易形成裂变式传播。而这一切只是因为第一位用户对它进行了分享。裂变式传播就是这么快速、高效。

相信大多数人对微信的主要功能都很熟悉，主要有微信信息通知、微信聊天、微信分享和微信朋友圈。那么，我们应该如何利用这些功能来实现裂变式传播呢？其具体内容如图 9-3 所示。

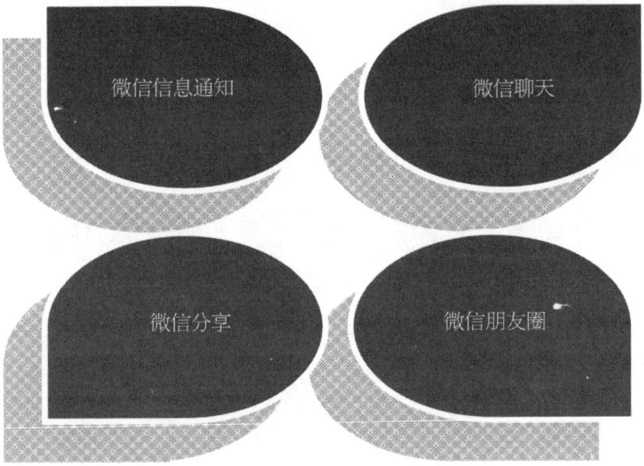

图 9-3　微信传播信息的方式

（1）微信信息通知。我们可以通过微信发送信息，且发送的信息是自定义的，所以可以自己选择发送的内容及对象。因为每位用户的好友都不一样，所以我们可以将标题设置一些关键词，如亲人的称呼或者娱乐明星、业界大佬，这样就可以吸引用户的好奇心，促使其访问小程序页面。慢慢地，就会形成裂变式传播。

（2）微信聊天。说到底，微信还是一个聊天工具，虽然它现在的功能不再局限于聊天。随着电商的不断发展，在聊天信息中也加入了许多商业元素，比如红包、链接、转账等。我们可以通过赠礼的方式让用户在聊天信息中加入我们小程序的相关链接，一层一层传递，形成裂变式传播。

（3）微信分享。对于微信的分享功能，相信大家都不陌生，对某个产品或者某项功能感兴趣，都可以通过分享功能将信息分享出去。信息传递另一端的渠道也是多种多样的，比如朋友圈、微信群、微信好友及第三方软件。这种方式涉及的范围广，而且用户接触到的位面也较多，极易传播开来，形成高效的裂变式传播。

（4）微信朋友圈。在微信的众多功能里面，朋友圈应该是所有人都会接触到的。朋友圈是许多人分享信息最直接的渠道，因为它不需要考虑信息发送的人群，可分享的内容也有比较大的范围，如用户的经历、感受、想法等，各种类型的信息都可以发到朋友圈。这就表示它有广阔的空间可以做广告宣传，将我们的小程序相关链接发到朋友圈，每天都会有大量的浏览量，时间长了，用户自然会变多，这样就形成了裂变式传播。

9.2.3　每日优鲜：玩转“互联网生鲜”

作为人们日常生活中的必需品，生鲜类产品也在日渐盛行的电子商务市场中占据了一席之地。所谓生鲜，包括水果、蔬菜、水产、干货、糕点等。随着电商的发展，越来越多的生鲜电商模式相继出现，生鲜电商在整个电商市场中已经具备了一定的竞争力。

生鲜电商一开始采用的是普通电商的模式，但是由于市场需求太小，许多商家急功近利，导致经营不善，所以生鲜电商一直没有得到好的发展。后来出现了转机，是因为中国传统食品行业频发食品安全问题，所以很多人将目光转移到了生鲜上，于是越来越多的电商企业或者传统企业投入到生鲜电商上。

生鲜电商发展至今，最显著的特征就是产品从开始的小而美转变为如今的大而全，几乎所有生鲜品类都有所涉及，人们对生鲜的消费趋向也从线下交易逐渐向线上转变，这种转变让众多互联网大佬及商家嗅到了商机，由此，生鲜电商得到了稳步的发展。

说到这里，我们就不得不提每日优鲜了。生鲜电商最初缺乏合理的经营模式和发展策略，导致许多电商纷纷倒闭，而每日优鲜却艰难地生存下来。那么，每日优鲜的运营模式是否最符合生鲜电商的运营模式呢？每日优鲜能在众多生鲜电商中脱颖而出，有它区别于传统电商行业的运营模式。它最大的特征在于“城市分选中心 + 社区配送中心”的物流体系，送货快，产品不易腐坏，为用户提供“2 小时送货上门”的快捷配送服务。每日优鲜最为自豪的“前置仓+2 小时速达”模式，其主要商业模式是以城市为中心建立分选中心，然后根据订单具体情况向周边地区延伸，这样就可以尽可能地降低物流成本，提高效益。

每日优鲜是目前最具显著特征的一个生鲜电商，用户广泛，特征明显。每日优鲜的发展趋势对整个生鲜电商市场带来了不小的冲击，其运营模式也值得其他电商品牌借鉴。

9.3 旅游类：满足用户小而美的直接需求

在小程序上线之初，许多商家看好旅游行业，因为用户出行，别的问题都可以自己考虑，唯独方不方便不是由自己决定的，而是由提供出行服务的商家决定的。商家提供了便捷的出行方式，用户就会用得满意，收益就有了保障。在这一点上，小程序应该比传统 App 要实用得多，因为它操作简单，更符合用户在这方面的需求。无论是功能、界面还是操作性，小程序的运作模式都非常适合旅游行业的发展。

9.3.1 主动拓展市场，而非分腾讯一杯羹

自微信小程序问世以来，很多商家都在努力寻找最适合它的运营模式，换句话说，是在发掘商机。小程序的商机究竟何在？说到底，小程序也可以理解为一个 App，只不过在功能上简化了不少，它的运营模式应该跟传统的电商模式有些类似，但又不尽相同。它的商机在哪里，还需要细细分析。

旅游类小程序的出现，对用户来说，可以享受到更加快捷的出行方式；对旅游业商家来说，有了大量的客源和稳定的收益，实现了高效的效益转化；对小程序开发者来说，这种模式的成功会对整个互联网创业的发展方向提供一个参考。在这种方式下，移动端的交易方式有了新的突破，推广方式也有了更多的选择。

微信功能繁多，在小程序推出之前，主要的第三方渠道是微信公众号，每家企业或者商家都可以建立一个属于自己的公众号，用户可以通过搜索来了解企业和商家的相关内容。公众号的运营重点在于其内容，内容写得越全面，越引人入胜，吸引到的用户就越多，但用户不会在公众号里面与商家产生实质性的交易。而小程序不一样，小程序是一款功能性的工具，它没有太多关于内容的描述，有的只是具体功能的体现。所以，不管行业类别是什么、行业服务对象是什么，首先要做到保证小程序的功能属性，只有用户使用过后觉得没问题，能够满足实际需要、解决实际问题，这个小程序才能够实现稳步运营和创造利润。

微信小程序最初是作为替代 App 的产品出现的，因为消费思维的改变必将打破传统的商业运作模式。随着时代的飞速发展，人们的消费观念和消费需求不断改变，人们变得越来越挑剔，这就迫使我们要做得更细，才能跟得上市场变动的节奏。开发者之所以用小程序来替代传统 App，就是因为它的操作简单，用户

不需要下载就可以使用。而且小程序的各种功能可以满足用户的各种需要，不会因为简化而造成功能缺失。

旅游行业就是如此，用户的出行路线选择、门票预订、酒店安排等各方面的消费需求，小程序都可以满足，线上操作，线下实现，方便快捷。小程序的出现，可以使用户的旅游体验更加轻松惬意，无后顾之忧。由此可见，用户对旅游类小程序的需求是相当大的，旅游类小程序在整个电商市场中也占有一定的比重，那么，我们就要开拓市场，以获得更多的用户资源。

既然已经明确旅游类小程序的商机所在，那么若要做好相关功能，就需要提前想好用户出行可能会遇到的问题，以及我们能为用户解决的问题。比如，为游客提供最便捷的路线，为游客推荐相应的旅游景点，当然少不了旅游费用的预估功能，免除游客的后顾之忧。

O2O 电商是将线上和线下相联系的一种电商模式，小程序就是通过线上渠道为用户提供线下服务的。用户通过扫描二维码访问小程序页面，进行相关交易之后，在线下获得商品或者其他服务，从而实现线上渠道和线下渠道的完美衔接。旅游类小程序的功能随着人们的需求变化而不断更新优化，越来越趋于全面和实用，人们的出行会更加方便和安全，用户的实际问题也得到了解决。这就是旅游行业的商机所在，只有充分了解用户需求，然后针对性地制定运营和发展策略，才能准确把握商机、创造利润。

腾讯作为中国知名的互联网公司之一，它涉及的产业繁多，其中就包括旅游行业。腾讯旅游在整个旅游行业遥遥领先，在市场中占了极大的比重，行业竞争力强，用户资源广，其他小企业很难与之相比，更多的是想借助腾讯渠道来分一杯羹。但是小程序的出现让我们看到了巨大的商机。传统的网站和 App 已经满足不了用户对方便出行的需求，面对日益加快的生活节奏，操作简单的小程序无疑给了用户更好的选择。旅游类小程序的市场前景广阔，所以我们不能局限于借助腾讯的影响力来运营，而应该主动拓宽市场，积极吸取用户资源，积累发展所需，为以后的持续发展打下坚实的基础。

9.3.2　艺龙酒店预订：推客户端有更高的价值

微信小程序是通过线上渠道为用户提供线下服务的。比如餐饮行业，客人在走进餐厅后选择就餐位置，扫描餐桌上的小程序二维码，之后与服务员沟通选择食品，微信支付即可完成点餐，从而节省了服务员等待、用户点餐、等待上餐等诸多过程，大大简化了就餐流程。这种交易方式可以作用于餐饮行业，当然也可以作用于旅游行业。旅游，无非就是交通和住宿，所有的功能都可以在这一行业中使用，用户用完即走，小程序所体现出来的价值就在于此——以更为简便的方式为用户提供更全面、更贴心的服务，优化了服务流程，提升了服务质量，节约了成本，提高了工作效率，一举多得。

艺龙旅行网专为用户提供在线旅行服务，是中国领先的在线旅行供应商之一，原本有网站、App 平台，在小程序出现之后，艺龙旅行网发现了旅游行业在这种模式下的巨大商机，于是“艺龙酒店预订”小程序便进入了大众视野。通过小程序制定旅游路线，成为旅游行业的一个突破性进展。

艺龙旅行网之所以有强大的用户来源，是因为它功能全面，如准确的地图搜索、全方位的酒店展示、国内外热门旅游景点、用户使用评价等，这些功能切实地为用户提供了全面的服务，用户可以对相关信息有详细、准确的了解，在掌握了所有信息之后再做出旅行安排。

艺龙旅行网能在同行业中取得不小的领先，功能上的优势凸显无疑。在小程序出现之后，它延续了网站和 App 的优势，成为同行业的代表。其优势如图 9-4 所示。

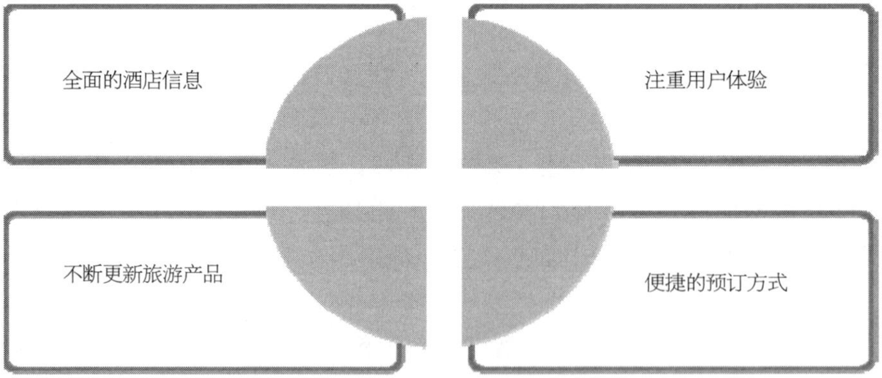

图 9-4　艺龙旅行网的优势

（1）全面的酒店信息。艺龙旅行网的酒店服务范围很广，覆盖了全球几十万家酒店，用户可以在网上直接预订酒店，不用担心旅行时的住宿问题。每家酒店都有全面、详细的信息供用户比较选择，可选择范围广。

（2）注重用户体验。超低的会员价格、电子消费券、低价保障及团购业务，使用户可以选择最为划算的出行路线，不会再把钱浪费在毫无意义的东西上。呼叫中心服务随时为用户提供出行问题的解答，满足用户的一切需求，力求让用户住得满意、玩得开心。

（3）不断更新旅游产品。以消费者为中心，积累用户评价，改善服务方案，针对不同年龄的人群，不断地开发不同风格的旅游景点和出行方式，让用户的每次出行都有不同的感受，提升用户出行体验。

（4）便捷的预订方式。小程序页面流畅，车票、机票、酒店预订操作简单，酒店信息搜索方便，用户可以轻松找到想去的旅游地点和酒店位置，做出最轻松的出行安排。

随着用户的不断增加，艺龙小程序的运营模式也在不断地更新优化，当然，获取用户的渠道也要进行一定的拓展。小程序固然有方便使用的优势，但由于大量商家的进驻，导致小程序数量繁多，造成用户很难在众多的小程序中找到艺龙的产品，这样一来，用户资源也就很难获取。要想获得稳定的用户资源，维持线上交易的可行性和持续性，促进产品的发展，除要保证产品热度之外，还要考虑其他获取用户的渠道。在这一方面，推客户端就是一种不错的方法。

客户端是直接对用户产生影响的程序，用户的一切需要都从客户端反映出来。如果用户在电脑上或者手机上安装一个客户端，就可以对艺龙的产品有一个更加全面的了解，因为客户端的作用范围要比小程序广，获取用户的方式及力度都要比小程序强，能够获得更多的用户资源。小程序的用户看中的是它使用方便的好处，我们可以将这一部分用户发展成为艺龙客户端的用户，使用户能够对艺龙的产品功能有一个更加全面、细致的了解。用户在客户端注册账号之后，不仅可以使用小程序中的所有功能，更有其他因为小程序的运行模式而受到限制的功能可以使用，为用户出行提供更加细致、全面的服务。

相比于小程序用户而言，客户端用户才是最大的消费者。小程序的优势不可忽略，但是客户端这种传统的方式，其优势也不会被弱化。将小程序用户推向客户端用户，无疑会使我们的产品受到更多关注，有利于我们获取更多的用户资源。行业的发展需要有消费者的刺激，没有用户就没有市场。只有有了更多更稳定的用户资源，才能使我们在风云变幻的电商市场中立于不败之地。这是一个行业真正的价值体现。

9.4 金融/商业服务类：找准小程序使用场景

小程序的出现，扩大了电商市场，蕴含着无限的商机，这种以用户为中心的运营模式吸引到的用户资源相当广泛。金融行业提供的服务都是理财、贷款之类涉及金钱交易的，是用户会频繁用到的功能，当然不能错过这个吸引用户的机会。想要利用小程序打开金融市场，就要找准小程序中相关功能的使用场景。

9.4.1 开启值得信赖的网店服务新模式

互联网的发展带动了一大批产业的迅速发展。互联网金融行业在中国出现的时间并不长，但是发展速度却异常迅速，在所有的电商产品中占据着重要的地位。线上金融产品打破了在空间上对用户的限制，服务对象范围很广，不仅使用的人数在逐年增多，用户类型也在不断增加。那么，金融行业小程序要想在日益激烈的电商竞争中取得长足的发展，应该采用什么样的模式呢？

不管什么行业，运营时最先考虑的问题就是如何降低获客成本。用户资源是完成一切产品营销的根本，只有利用合理的推广方法，找到有效的推广渠道，才能更加高效地获取用户资源。金融行业与一般行业不同，涉及的都是最直接的金钱交易，用户在进行此类投资时，首先会考虑到安全问题，这在投资之前就会深入了解，然后才是投资的收益、亏损、风险等其他投资之后的问题。我们要针对行业特征和用户需求来制定行之有效的运营模式。

既然要注重用户体验，那么我们就需要充分了解用户需求，因为产品类型、运作方式、投资金额等各方面的差异，造成用户对产品的需求也不同。那么，有哪些数据指标需要分析呢？其具体内容如图 9-5 所示。

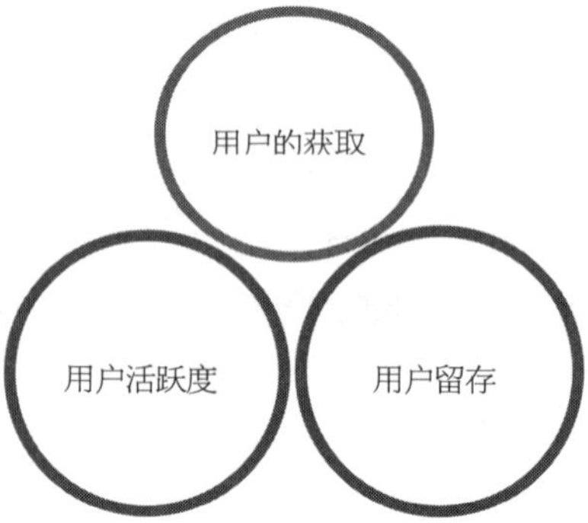

图 9-5 金融类小程序用户指标

1. 用户的获取

用户是产品能够运行下去的基本条件，用户的数量是产品的营销状况最直接的体现，是一家企业盈利的保障，也是一个行业持续发展的动力。不同的产品对用户数量的需求不同，有些行业，只要有人访问就算用户，比如书籍、文章、新闻之类的小程序；但是金融类小程序，用户访问只是对相关理财产品有了一定的了解，如果没有对我们的产品有所使用和投资，那就不能算用户。因此，不同的用户需求就需要不同的获客方法和渠道。

获客渠道是一方面，另一方面还要注意获客成本，不是每个渠道都值得用的，有些渠道固然可以获取更多用户，但成本太高，性价比就会很低。因此，我们要分析每个渠道获取用户的效果与成本，选择最合适的策略。只有采用低成本的获客渠道，小程序的前期运营才有资金保障。

2. 用户活跃度

对于金融类产品来说，活跃用户和沉默用户有着本质的区别。沉默用户可能对理财完全不感兴趣，只是出于好奇或者别的原因访问了一次小程序；活跃用户则频繁地访问小程序，浏览相关内容，对部分理财产品有浓厚的兴趣。我们要关注一下这些用户的日常行为数据，比如他们的访问页面、投资情况等。用户的活跃指数决定着我们应该对其做出何种服务和投资建议。

3. 用户留存

金融类产品在吸引新用户的时候都会举行一些优惠活动，因此新用户的留存率比较低，相比较而言，老用户的留存率较高。我们应收集相关数据对其进行分析，总结活动的优劣和效益转化，针对性地对产品进行更新优化，提高用户留存率，发掘潜在用户。

我们对所有的用户数据进行收集、整理、分析之后得出结果，根据结果研究服务的具体策略，这样才能在得到用户认可的基础上进行产品的推广和营销。只有多为用户的实际情况考虑，更好地提升用户体验，我们的产品才是值得信赖的，小程序的运营也会更加通畅。

9.4.2　工银基金优选：主打智能组合

金融行业在互联网上的市场越来越大，使得许多商家不再满足于传统的营销模式。小程序的出现无疑为这一行业开拓了一个新的市场，各大企业纷纷推出相关产品，工银基金优选就是具有代表性的一个。

放眼整个金融市场，由于行业的特殊性，用户在选择理财产品时不像其他行业一样轻松，所以现阶段大部分理财工具都不能得到广泛使用。其原因有两个方面。第一，基金的目的与用户的需求不一致。许多公司追求业绩，对基金的具体功能做得不够完善，影响了用户体验，导致许多用户只限于购买产品，却对投资不感兴趣。第二，用户本身对基金选择的忧虑。众多理财产品，其功能各不相同，大多数用户缺乏相关知识，以至于无法选择合适的基金组合。

工银基金优选的出现，为解决这些问题提供了新的思路。它的优势有以下（见图 9-6）几点。

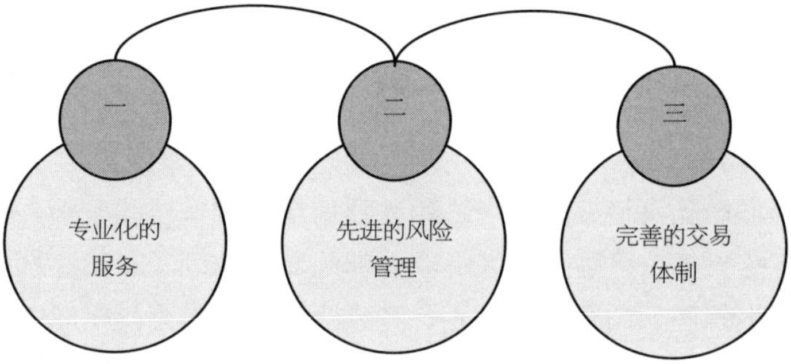

图 9-6　工银基金优选的优势

1. 专业化的服务

作为最早出现的金融类小程序之一，工银基金优选小程序为微信用户推荐全面、合理的理财产品，为用户提供多样化的投资方案，更有多种不同的理财产品组合方式，让原本复杂的理财变得方便快捷。小程序的目的是为广大用户提供全面可靠、安全放心的理财服务。工银基金优选推出众多理财产品，针对不同类型的人群，判断其投资需求，针对性地推荐理财产品和性价比较高的产品组合方案，并且可以通过用户实际情况（如资产变动等）及时调整投资方案。

2. 先进的风险管理

金融行业，投资虽然有着高回报，但也有着不小的风险，任何一个理财产品都需要做风险评估。工银基金优选的风险管理不管是理念还是技术手段，都引自国际先进水平，有一套完备的风险控制体系，包括投资风险、运作风险和法律合规风险，力求将用户的投资风险降到最低，提升用户的投资体验。

3. 完善的交易体制

不管是理财产品的购买，还是基金组合的投资，工银基金优选都有着公平的交易体制，而且日趋完善。在投资交易过程中，强调公平交易，包括对每位用户同时发送信息，用户之间的投资选择也是独立的，力求每个环节都做到公平、公正。在风险管理方面，对各个存在风险的环节进行独立评估、独立测试，让用户了解所有产品的风险所在，进行公平交易。

金融市场变动很大，投资和理财方式不是一成不变的，无论用户做何种类型的投资，工银基金优选都会随着市场行情的改变做出调整，为用户打造最能适应金融市场环境的基金组合。这样做，不仅可以降低投资门槛，让用户的理财变得安全放心，也可以造成品牌效应，增强产品号召力，吸引更多用户前来投资，从而扩大品牌影响，拓宽市场，推动行业发展。从这一方面来讲，小程序的出现无疑会为用户的投资方式提供新的思路，对金融市场造成不小的冲击，从而促成产品变革，推动金融行业的发展。

9.5　健康/医疗类：开启微信新服务

不管是网站、App 还是小程序，其功能核心都是为人民服务。对于大多数人来说，基本生活比投资理财和消遣娱乐要重要得多，因此，有关健康和医疗类的服务对用户来说也尤为重要。单单是线下的医疗服务已经满足不了广大用户的需求，因此医疗类电商便有了相当大的市场。

9.5.1　尽可能为用户提供需要的服务

随着医疗水平的提升、医疗设备的更新和医疗条件的改善，人们可以享受到更加安全、有效的医疗服务。同时由于人们的生活水平不断提高，有了更多的生活需求，生活压力的普遍增大也让许多人更加迫切地想要解决养生和健康问题，此类小程序便逐渐推广开来。

医疗类小程序与一般的 App 或者网站相比，其重点也在于医疗服务，但是在功能上简化了许多，只有主要功能，满足小程序用完即走的特点。比如在挂号求诊、寻医问药、选择医生等方面就简化了许多，没有多余的过程，既节省了用户和医生的时间，也让用户能够对自己的健康状况有一个及时的了解，还能在满足用户需求的同时，为用户提供更加便捷、高效的服务。

那么，医疗类小程序会给人们造成怎样的影响？它的优势又在哪里？其具体内容如图 9-7 所示。

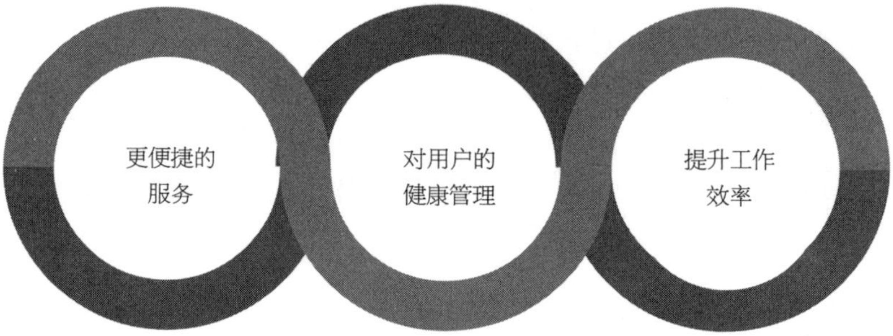

图 9-7 医疗类小程序的优势

1. 更便捷的服务

小程序的模式其实跟微信公众号有些类似，都是面向公众的平台，不同的是，小程序还具有交易功能，用微信作为渠道，为用户提供各种线上医疗服务，包括用户对各种疾病相关症状的询问、医药产品的购买，以及在线联系医生、留言评论等。医疗类小程序不仅为患者提供专病专科的服务，让患者得到及时的治疗，而且这些步骤如果用网站或者 App 来完成，则会有许多烦琐的过程，小程序无疑要方便得多。医疗类小程序的出现为用户与医生之间的联系搭建了一座桥梁，让二者之间的所有沟通变得简单方便。

2. 对用户的健康管理

其实许多人，不管有没有患病，如果没有专业知识，没有咨询过相关的专家，则对自己的健康状况都不会有太深刻、全面的了解。医疗类小程序就是为大多数没有明显疾病的用户提供各种专业意见的，因为快节奏的生活导致任何人都有一些身体上的隐患尚未被发觉，小程序的作用就是防患于未然，让用户在健康问题上多一层保障。通过记录用户的生活方式、运动规律、求诊记录等各方面的信息，判断用户的身体状况，让每个人都对自己身体上的隐患有一个大致的了解，然后根据各项数据的分析，给出针对性的建议，形成对用户身体健康的良好管理，极大地提升了用户体验。

3．提升工作效率

微信小程序解决的不仅仅是咨询、看病等硬性问题，还有许多因为医患关系而衍生的其他问题，比如医院医疗设备欠缺、单子太多医生疲于应付、工作量太多在审核环节上有所纰漏等。这些虽然不是疾病问题，但是极大地影响了医生的工作效率，也耽误了患者的求诊时间。小程序的出现，让医生免去了很多不必要的环节，有更多的时间与用户交流，提升了工作效率，无论是对用户还是对医疗机构来说，都有极大的好处。

小程序的出现对人们的健康问题提供了很大的帮助，让人们的求医问诊变得更加方便快捷，用户享受到了优质化的服务，商家也有了更广阔的发展空间。健康与医疗是人们越来越关注的话题，还有相当大的市场需要开拓。

9.5.2　美柚 App：一款最懂女生的经期管理工具

电商类产品多种多样，要想打开市场，就要获取大量的用户资源。大多数产品的适用人群较为广泛，属于可以大面积撒网、选择性捕捞，虽然用户数量多，但是使用频率和用户的活跃指数不能得到保证。在这种情况下，缩小目标范围，将适用人群锁定在一小部分人身上，也是一种不错的选择。

当今社会，女性地位愈发凸显，生活节奏的加快给众多女性带来了不少的困扰，尤其是经期的存在，更让许多人为此苦恼不已。这时，一款解决经期难题的软件就有了相当大的市场。美柚 App——一款最懂女生的经期管理工具，因其独特的服务人群，在电商大战中占据了一席之地。

美柚 App 功能强大，用户数量繁多，但由于功能比较特殊，所以用户的使用次数较少，大多数用户只有在经期前后才会用到，这样单一的功能占用一个 App 的内存，似乎不太划算。小程序的出现完美地解决了这个问题。用户只需要访问小程序页面，就可以准确记录自己的经期和相关注意事项，内容全面，操作简单。相比于 App 而言，美柚 App 小程序虽然简化了许多功能，但对大多数女性来说，小程序反而更加实用。它的优势体现在以下两点。

1．页面简洁，一目了然

美柚 App 小程序不仅简化了许多烦琐的功能，也将整体界面简化了许多，用户第一次访问没有太多的前置过程，甚至连注册都没有，直接访问就可以使用，进入主页面就可以看到自己想要获取的信息，一目了然。

主版块分为三部分——“今天”“记录”和“我”，分别用来查询当前经期状态、以往经期规律及经期设置。三个版块都设置得非常简单，只有主要功能，没有其他内容和广告推送，方便用户查询。

2．功能全面

美柚 App 小程序简化的是 App 上的一些拓展功能，比如用户交流平台、积分购物等，这些都与经期这个问题本身关系不大，用户使用小程序也是因为它操作简单。所以，只要主体功能还在，其功能就是全面而且可以为用户服务的。

许多女性因生活忙碌而忽略了许多身体上的问题，有些潜在疾病也注意不到。美柚 App 是一款专为女性服务的工具，它不仅能记录经期，还可以记录其他女性特别的日期，比如预测期、易孕期、安全期、排卵日等，让广大女性在快节奏的生活中还能注意到身体上的小问题，解决许多生活难题。

9.6 教育培训类：迈向营销新时代

教育机构的运营在互联网发展之初就异常艰难，因为国家政策和教育背景的影响，大部分人偏向于线下教育模式，线上教育很难开展。不过，随着互联网的不断发展和人们对各种知识的渴求，这种局面渐渐被打破；随后小程序的出现，也让教育机构的运营变得容易了许多。

9.6.1 将服务做得尽善尽美

随着互联网的发展，教育行业正从传统的教学模式逐渐向线上方向发展，小程序则是这一行业走向线上端口的最简单的方式。利用其入口简单、功能强大等特点，再加上微信本身有一个庞大的用户群体，可以更好地帮助教育机构吸引用户，为广大求学者服务。但教育类产品种类繁多，要根据自身产品的特点来利用小程序推广，为用户创造良好的教学环境，只有这样，才能合理、有效地为用户提供教育服务。

对于教育领域来说，产品类型较多，用户的人群分类也较多，不同的人群需求不同，我们提供的服务也是多种多样的。国家对教育的重视已经毋庸置疑，教育行业有广阔的市场，人们的求学方式也日渐增多，传统的教育模式已经无法满足全民性的学习教育，需要一个更加广阔的空间来实施。小程序在教育行业的应用很多，能够为更多的人提供教育环境，使教育机构的许多功能能够更好地实施。小程序的出现为教育提供了许多便利。

下面我们介绍一下教育培训类小程序的优势，如图 9-8 所示。

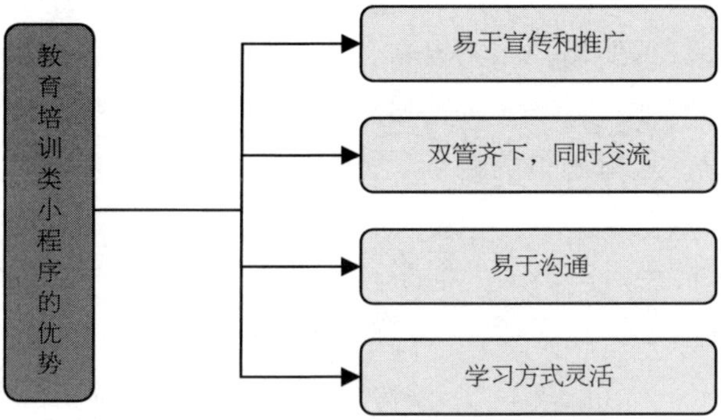

图 9-8　教育培训类小程序的优势

（1）易于宣传和推广。在小程序页面中，有学校和周边的具体地埋位置，用户可以很轻松地找到地点。微信用户数量远远超过其他教育类 App，小程序便捷的入口无疑会使大量的用户访问小程序，从而有助于宣传和推广。

（2）双管齐下，同时交流。教育机构将教学内容上传到网上，供小程序用户使用，线上线下同时交流，让用户对我们的教学产品了解得更加全面。

（3）易于沟通。教育的实施离不开学生、学校、监护人三方的沟通，小程序为所有人提供了一个方便交流的平台，在学习上可以答疑解惑，在生活上也可以解决用户存在的许多问题。

（4）学习方式灵活。线上的教育学习不会受到时间和空间的限制，在任何时间、任何地点，只要打开微信进入小程序，马上就可以进入学习状态，这就大大提升了学习环境的容错率。并且学习方式也不是传统的面授课程，而是面授与在线辅导相结合，与传统教育模式相比，增加了学习主动性，使学习更加灵活和多样化。

总的来说，教育机构利用小程序打开线上市场，为广大用户打开了一个有利于学习的通道，增加了许多学习的机会；小程序简单的入口和便捷的操作方式为用户提供更加优质的服务，让教育变得更加简单和有趣。

9.6.2 天天练口语：让你想说就说

时代的进步总是离不开知识的汲取，国家与国际接轨的态势愈演愈烈，人们对外语的学习也不能满足于纸上的内容，讲一口流利的外语变得势在必行。中国传统的教育模式导致很多人很难练习口语，线上的口语练习方式无疑会给我们带来福音。一款练习口语的小程序就在这种情况下步入了大众视野。

“天天练口语”是一款即时学习的教育类小程序，有着让用户跟读和读完之后智能评测的功能，帮助用户纠正发音，提高其口语能力，让用户的口语练习变得简单方便、快速有效。微信平台有强大的用户群体，这些用户都是小程序的潜在用户，借助小程序入口简单的特点，将他们发展成活跃用户，小程序就可以得到更好的运营和推广。

那么，作为首批英语口语类小程序，“天天练口语”小程序的优势有哪些呢？具体内容如图 9-9 所示。

图 9-9 “天天练口语”小程序的优势

1. 新的练习模式

传统的口语练习总是需要两个或者更多的人来协助，因为口语不同于纸上的东西，它需要实时反馈练习效果。有些人苦于没有条件，只能一个人闷头练习，但是得不到练习结果的反馈，导致一个人练习口语变得异常艰难，而且没有太好的效果。

“天天练口语”小程序则完美地解决了这个问题。它不仅提供精选口语素材，还会讲解各种关键知识点和口语词汇，同时有智能评测，可及时找到发音上的问题并进行纠正，让用户体验到更完善的口语练习体验，就像它的那句口号“一个人也能练口语”。

2. 功能完善，内容全面

一个人练习口语，是“天天练口语”小程序的核心思想。要想实现一个人就能练习的设想，就要在功能上尽量完善。它每天提供不同主题的口语素材，让用户可以根据自己的兴趣和练习方向进行选择。在评测方面，除对口语发音的标准与否进行检测之外，还有相关功能可以检测口语的速度和流畅度，让用户看到自己的不足，从而加以改进。

3. 快速练习

“天天练口语”小程序是借助微信渠道来推广的，用户可以搜索进入，无须安装下载，无须注册登录，无须绑定手机号，一切操作都非常方便快捷。智能评测系统全面而且完善，每读一篇素材就会有相应的评测结果。用户只需要花几分钟的时间练习，就可以得到不错的效果。比如，在车站等车的时候、在餐厅等餐的时候，只需要轻轻一点，就可以开始练习，而且随时结束。这些等待的时间如果利用起来练习口语，那么练习效果会更好。

“天天练口语”小程序在运营模式上已经取得了很大的成功，为一个人练习口语提供服务，练习模式也在不断更新优化，让用户在练习口语时能够获得新的体验，增强练习效果，不断进步。用户体验提升了，小程序也就得到了很好的推广。

9.7 交通出行类：让出行更方便

任何人在出行的时候都会考虑到一个问题，那就是交通是否便利，能坐直达的车，谁也不愿意中途转车，既麻烦又耽误时间。从最初的网站到后来的 App，任何交通方式都在朝着更加方便出行的趋势发展。小程序的出现让交通行业打开了一个新的市场，用户的出行变得更加方便，交通方式迎来了一次新的变革。

9.7.1 微信扫一扫，轻松出行

21 世纪的社交方式就是两个字——移动，人们的一切社交活动都离不开移动端的支持。用户进行的一切消费活动，比如购物、出行、用餐等，都越来越趋向于移动端口，交通行业的传统经营方式逐渐式微，移动社交才是当今社会的主流。

交通类小程序正是在这种环境下出现的，它打破了原有的经营模式，为用户的出行提供了一种新的方式。

在移动支付时代，人们想用一部手机解决所有问题。用户出行，只要安全问题有了保障，都会寻求一种更加轻松的出行方式，无论是上下班也好，逛街也好，外出旅行也罢，谁都不想在出行的同时还要为路线和交通而困扰。为用户提前规划好一切，让出行变得轻松愉快，是交通类小程序想要达到的效果。比如公交类小程序，在小程序中详细标注公交、地铁路线及发车时间等，让用户了解到更加全面、及时的信息，让出行更加便利。

目前小程序在此方面的功能已经涉及公交、地铁、加油站、共享单车等大多数人偶尔会用到的交通工具，真正实现了打开即用、用完即走。比如公交，有了小程序的帮助，坐公交再也不用担心没有零钱、公交卡没带或者余额不足这些问题，只需要扫一下二维码，回到座位上再进入支付环节，几秒钟的时间就能完成支付。地铁同样如此。如果上车扫码可以在全国范围内普及，那将惠泽每一个人。再比如加油，本来是一件相当麻烦的事，过程烦琐，耗费时间又长，如果选择移动支付，那么所有环节都只需要扫描一下二维码，就可以一步到位，既节省了时间，又简化了过程。这种方式的产生不仅方便了人们的出行，更为交通出行行业提高了效率、开拓了市场、推动了发展。

中国的交通情况一直不容乐观，就是因为许多过程太过烦琐，人们的出行总是不能随心所欲。而这一切都可以利用移动支付来解决，为用户提供便利，为交通提升效率。小程序简单的入口、便捷的操作方式，加上日渐普及的微信支付，用户的出行将会变得异常轻松、毫无压力。随着交通行业的发展节奏加快，这种模式会更好地服务大众，让用户有更加轻松的出行体验。

9.7.2 摩拜单车：全变“红包车”，骑行100%中奖

移动支付改变了人们的生活方式，共享单车的出现丰富了人们的出行方式，二者相结合，则让人们的出行变得方便、快捷、高效。自共享单车上线以来，用户的出行问题得到了很好的解决，交通有了很大的改善，共享单车这一新的出行方式得到了所有用户的一致认可。可以说，共享单车发展至今，已经成为大部分人每天使用最多的交通工具。小程序出现之后，因为迫切的用户需求，作为单车品牌的代表，摩拜单车便有了属于自己的小程序入口，可为用户提供更好的服务。

摩拜单车自上线之初就受到了广泛使用，用户反响也很好，借助小程序这一通道，更好地实现了为用户的出行服务。那么，拥有如此庞大的用户数量，摩拜单车小程序的优势何在？其具体内容如图 9-10 所示。

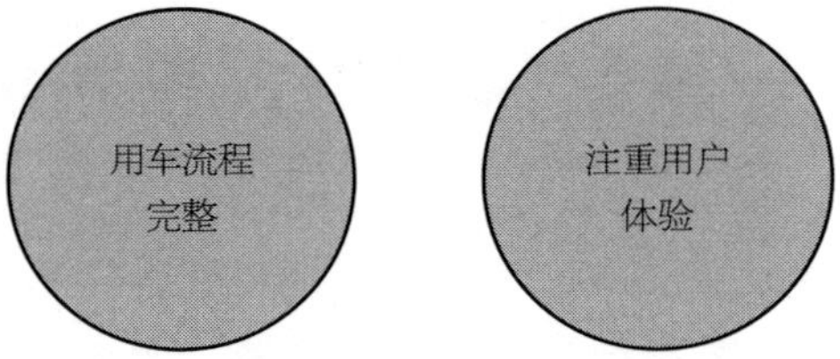

图 9-10　摩拜单车小程序的优势

1. 用车流程完整

进入摩拜单车小程序首页，页面只有三个功能：一个地图，显示单车停放位置；一个扫码开锁；还有一个是现金红包。用户点击扫码开锁，直接跳转到扫描页面，完成扫描之后就可以骑车，关锁之后自动支付，整个过程完整而严谨，十分流畅，在满足用户出行需求的同时，为用户节省了大量的时间。

2. 注重用户体验

相比于其他单车品牌，摩拜单车小程序似乎更倾向于用户的骑行体验，它给用户带来的不仅仅是产品本身的品质保证，更多的是骑行服务上的完善。它利用本身的产品优势，结合互联网大环境下的出行服务，不断更新优化内容及功能，完善所提供的服务，让用户对摩拜单车有了全新的认识，极大地提升了用户体验。

摩拜单车不仅满足了用户一般的骑行需求，也推出了许多新的服务模式，给用户带来了不一样的骑行感受，红包的发送就是最显著的一种。

骑行送红包是摩拜单车的独特功能，用户进入摩拜单车小程序页面，除可以看到周边单车的摆放地点之外，还会看到红包图标。用户找到红包车之后，解锁骑行，超过 10 分钟就可以获得奖励，不仅可以在 2 小时之内免费骑行，更有可能获得现金红包，超过 10 元就可以提现。最关键的是这个活动是全民性的，也就是说，现在所有的单车都变成了红包车，用户只要骑行一定的时间，获得红包的概率为 100%。这种活动是真正的惠泽大众，受到了广大用户的青睐。

摩拜单车小程序在 App 的基础上进行了功能上的简化，只保留了主要功能，保证用户使用方便、出行轻松，不管是在单车品质上还是在骑行服务上，都让用户享受到最舒适、便捷的服务，在功能上也不断更新以提升用户的骑行体验。其运营方式不仅仅是在单车品牌上，更对整个交通行业都具有参考价值。

9.8 媒体类：让新媒体营销占领新窗口

如果说小程序的出现丰富了人们的日常生活，那么它还可以做到更多，因为人们除物质生活之外，更多的是信息的获取和交流。现在是网络时代，任何信息的产生和传播都离不开媒体的协助，小程序的出现让媒体这一行业有了更广阔的市场，近几年火热的新媒体营销方式正是媒体类小程序的首选。

9.8.1 精耕细作，提供更好的服务

传统媒体方式有报纸、电视、杂志、电影等，为用户提供的信息内容有限，而且传播范围不够广，其盈利方式也基本来源于广告植入，极大地影响了用户体验。用户想得到的是更加有内涵和个性化的内容，所以媒体运营需要一种新的模式。以小程序作为平台进行媒体的运营，以它快速高效的运作方式，将用户可能用到的信息加以整合分类，并且快速传播，使用户时时刻刻都能得到最新的、全面的、准确的信息，极大地提升了用户体验。

媒体的产生与存在是为了方便人们对于信息的传递和交流，网络发展得越快，信息交互便越快。所以说现在是互联网时代，同时也是信息时代。小程序这一全新的运营方式也让媒体这一行业有了新的推广方式和发展方向。对于媒体而言，小程序有着重要的意义，这也就迫使我们在内容运营上要注重其功能的全面和完善，更好地为用户服务。

新媒体以其独特的运营模式和推广渠道，对传统媒体形成了不小的冲击。随着互联网的发展，越来越多的新媒体和自媒体方式出现在了大众视野，使得用户的信息交流有了更加灵活的方式。新媒体与传统媒体相比，虽然现在这种模式由于发展时间较短，存在着诸如内容质量不够稳定、用户留存率低等问题，但依然有其强大的地方，比如它内容传播的力度强、用户接收信息的速度快，而且获客渠道广、成本低，可以借助网络平台迅速获取客户资源。我们要做的就是尽量丰富产品内容，为用户提供更加优质的服务，提升用户体验，提高品牌知名度，以便吸引更多的用户。

在信息传播如此迅速的时代，掌握最新的资料、更加快捷高效地向用户传播是媒体运营的重要任务。小程序本身的优势，第一个在于便捷，用户不需要太多的操作，打开微信，点击进入小程序，就可以得到想要的信息，浏览和传播都很简单，用户的使用路径和周期都会大大缩短；第二个在于实用，媒体类小程序只做内容上的运营和推广，由于产品类型不多，所以质量得以保证，用户可以放心使用。

媒体利用小程序来进行相关内容的运营和推广，其优势已经很明显。作为一个信息交互的平台，我们要及时地对其内容进行更新优化，保证内容的及时、准确和全面，为用户提供全面、高效的服务，提升用户体验，这样才能使媒体的运营和推广更加顺利。

9.8.2　蜂效应：媒介投放神助攻利器

小程序让众多媒体平台有了广阔的发展空间，本身就具有优势的媒体可以更好地利用小程序来实现运营，“蜂效应”就是其中一个。蜂效应小程序是时刻互动开发的媒介投放平台，其目的是让媒体更透明化，让用户更快地分享到所需要的信息。

蜂效应拥有一个强大的数据库作为媒介，用来策划媒体的传播。按照用户的行为习惯和其他需求，通过对各种数据的分析，研究产品的价值，筛选最适合用户的信息并加以优化整理，为用户选择最合理的媒介渠道及最佳的营销方式组合。在此基础上，不断对分析和管理系统进行完善，保证用户的营销方案实用、可靠。

蜂效应小程序使用户了解媒体资源变得更加方便，因此被誉为媒介投放神助攻利器。那么，蜂效应小程序到底有哪些优势呢？具体内容如图 9-11 所示。

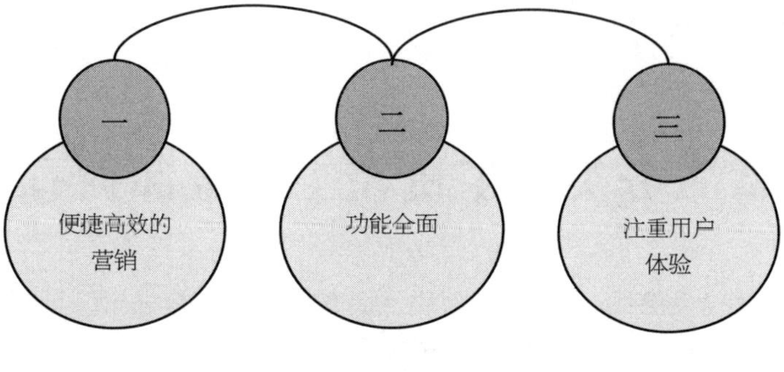

图 9-11　蜂效应小程序的优势

1. 便捷高效的营销

互联网时代决定了信息的快速更新，人人都想更快地掌握最新的资料，用最快的速度挖掘其利用价值，那么时间就是最直接的价值体现。小程序的出现无疑给用户提供了极大的便利。

用户无须太多操作，只要打开微信进入小程序，就可以随时随地了解最新动态，比如资源报价、数据分析等，在此基础上对营销方案进行策划，将会大大提升效率。

2. 功能全面

蜂效应通过一个非常简单的媒介投放平台，为用户选择最好的营销渠道和营销模式的组合，制定最适合用户的营销策略，更有及时的效果反馈、精准的效果分析，对营销方案的优劣做出客观评价，针对性地进行优化改进，保证用户的营销方案时刻都有利用价值。

3. 注重用户体验

对任何行业来说，用户都是最大的成本来源，用户数量和活跃度决定了行业发展的水平。蜂效应一直致力于为用户提供优质化的服务，比如最新的媒体资源、最优的营销组合、全面而精准的用户分析等。从各个方面来看，蜂效应都没有把盈利作为最主要的目的，而是为用户提供实实在在的服务，保证用户体验。

蜂效应小程序以专业技术手段为基础，注重运营效果的分析，为用户提供优质化的服务，在媒介投放的道路上始终以用户为核心，坚持营销理念；随着时代的发展，不断更新强化内容，完善其功能，与用户共同成长。在未来，以小程序作为平台的媒介投放将会越来越受欢迎，在这种营销模式下，媒体行业也会有新的市场和新的发展环境。

9.9 生活服务类：手机在手，全部拥有

科技的发展总是会给人们的日常生活带来极大的便利，尤其是移动支付，更是改变了传统的消费模式，实现了不用现金走遍天下的目标。互联网的发展影响到人们的日常生活，主要体现在手机上。随着智能手机的普及，它渐渐取代了电

脑和其他电子设备，成为大部分人每天使用最多的产品，手机上的功能也越来越全面。而小程序的出现则更好地体现了手机功能的强大。

9.9.1　让用户随时随地享受便利服务

所谓生活服务，指的是为了满足人们日常生活需要所提供的各种服务，不仅有大多数人的行为习惯，比如吃饭、出行、健身等，更多的是人们生活细节上的一些服务，比如家装服务、保洁服务、招聘求职、观影导航等。这些服务虽然很多人用得不多，但是不可忽略，在电商中依然有广阔的市场。生活服务类小程序为用户提供各个方面的服务，解决各种生活难题，就是为了让用户感受到更多细节上的服务，符合商家以用户为核心的理念。

随着时代的发展、社会的进步、人们生活水平的不断提高，消费需求也越来越多，许多产品的服务渐渐满足不了人们日益提升的生活品位，服务行业的发展节奏也必须跟人们的生活节奏接轨，这样才能生产顺应时代潮流、满足人们生活需要的产品，更好地为用户提供相应的服务。互联网发展至今，人们的消费倾向普遍转移到线上，因此，小程序作为一种全新的模式为用户的日常生活提供了更加便捷的服务。

在小程序推出之前，人们对于线上服务的索取都源自各种 App。App 的存在的确解决了许多人的生活难题，然而手机只有一部，我们需要的服务却并非只有一项，很多人在手机上安装了一堆乱七八糟的软件，想要卸载却又苦于需求太多而不得不安装，App 的弊端就此凸显。小程序的出现彻底解决了这个问题。它不仅不需要安装下载，而且入口极其简单，打开微信搜索就能直接使用，手机上只需要安装一款微信软件即可，避免了太多繁杂的软件占据手机空间。

小程序为用户解决的最大问题在哪里？就是 App 不够方便。大家都知道，如今 App 的类型多种多样，为用户提供的服务也不尽相同，但有一点是明确的，就是各自为政，基本上能想到的为用户提供的每一项服务，甚至一个小小的功能，都有相关 App 的存在。如果是高频率的使用还好，比如外卖、视频、交通等，这些服务用户使用频繁，而且可能需要用到的功能比较多，安装一个 App 也可以；但是其他的生活服务太过纷杂，如果需求不是很高，一般人是懒得下载一个专门的 App 的。而小程序不需要专门下载，只要手机上安装了微信，就等于拥有了无数个 App，用户可以享用到任何一个想要的功能，打开即用，用完即走，不仅功能全面，而且方便快捷。

无论是哪种互联网形式，其目的都是尽可能多地满足用户需求。一种网络形式的产生与发展，总是会迎合人们的现实需要。小程序快速进入的通道、简单的入口，让用户随时随地能够享受到便利的服务，正是当下人们所追求的。随着不断更新优化，生活服务类小程序将会为用户提供更加优质化的服务，不断提升用户体验，实现小程序更好的运营和推广。

9.9.2 大众点评+：简约而不简单

生活服务类小程序兼顾人们的方方面面，满足用户一切生活细节上的需求。大众点评+集吃喝玩乐于一体，是一个功能比较全面的小程序，在为用户服务方面，显然比其他同行业做得更加出色。用户只需打开微信搜索进入，就可以查找周边众多商品信息和优惠折扣信息，享受到简约至上的消费体验。

大众点评+小程序跟App的核心一样，都是为了给用户提供尽可能全面、准确、有价值的商品信息，提升用户的生活品质。小程序将App的功能进行了简化，页面更加简洁，而且没有多余的功能，只保留了核心功能供用户选择，相对集中一些。在小程序页面中，用户可以进行一切休闲娱乐活动，比如美食、电影、丽人等，操作流畅，使用简单。

大众点评+是一款为人们日常生活和休闲娱乐提供服务的小程序，有诸多优势吸引用户，如图9-12所示。

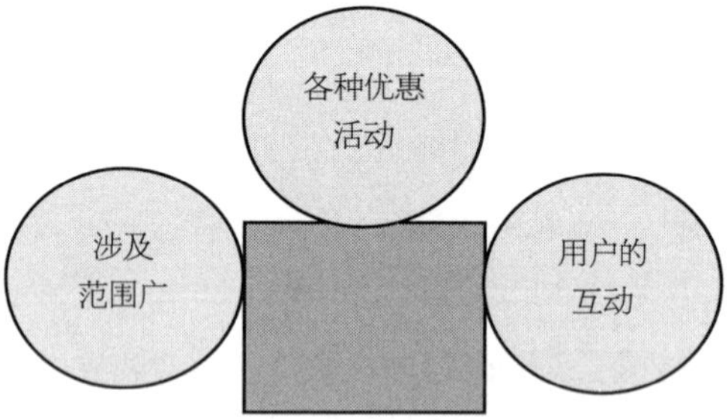

图9-12 大众点评+小程序的优势

1. 各种优惠活动

大众点评+有专门为用户量身打造的各种优惠活动，比如折扣、优惠券、团购等。优惠券是一种产生时间比较早的优惠活动，不仅可以吸引新用户，而且可以促成用户的再次消费，频繁使用优惠券，就会让用户的活跃度稳步提升。团购属于一种新兴的优惠模式，可以在短期内快速吸引大量用户，是一种高效的营销手段。

2. 涉及范围广

大众点评+涵盖了美食、电影、旅游、酒店、丽人等各种休闲娱乐设施的店铺信息，并且时刻更新，确保页面显示最新的信息。不管用户有哪方面的需求，打开微信点击进来，就可以浏览到所有的信息，然后根据自己的需要进行选择。

3. 用户的互动

每位用户在使用大众点评+小程序之后，都可以留言评论，表达自己对店铺和产品的看法，同时也能看到其他用户留下的相关评论，然后根据这些内容选择合适的产品。这样就形成了用户之间的互动，使产品交易更加明朗化，用户也会用得更加安心。

根据小程序入口简单、操作方便的优势，微信庞大的用户数量便成为其拓宽市场的基础。用户不仅可以在小程序上获得高效、便捷的消费体验，还能将相关产品和店铺信息进行分享，使得更多的用户访问小程序，有了消费群体，就有了成本的保障。大众点评+小程序根据用户需求的变化，不断更新优化相关功能，提升用户体验，达到了良好的运营和推广效果。

9.10　工具类：使用更方便，体验更完美

工具一直是用户生活中必不可少的，许多工具类的应用对人们而言都有极大的需求，然而它的缺点就在于用户单一、使用频率太低，产品很难有发展的空间。小程序的出现，使得工具类的应用完成了一次成功的转型。

9.10.1　最高效率达成用户目的，然后尽快离开

许多工具类的应用都有极强的社交功能，这种功能并非体现在人与人之间的交流上，而是一种便于人们沟通交流的工具。社交的存在往往会使工具的性质发生改变，使它不局限于原有的功能。许多工具由于产品需求量太小、用户类型单一，都在尝试转型，所以许多工具都有其他功能的拓展。然而这种方式并不能起到实质性的作用，工具的本质作用没变，就不会有太好的效果。小程序的出现，让工具进入社交成为可能，为这个行业开启了一种新的模式。

小程序最大的优势在于打开即用、用完即走，很明显，工具类的应用最符合这种使用方式。工具本来就是人们平时使用不多一类，没有必要为了一个不经常

使用的工具去下载一个 App。而小程序的出现不仅可以解决用户生活需求方面的问题，最关键的是它可以实现用的时候打开，不用的时候马上关掉，无须卸载，这就为人们使用工具提供了很大的便利。

在社会不够发达的时候，人们在使用某种工具时，首选要求是看它好不好用，实用性大于一切。然而，随着社会的进步、人们生活节奏的加快，工具的实用性固然重要，然而跟它的便捷性相比，却显得有些不足，很多人每天都有巨大的生活压力，已经没有足够的时间去想那些看上去微不足道的事。试想一下，你忙碌了一天，拖着疲惫的身躯回到家，还有精力去管哪些生活琐事吗？很可能就这么略过了。但是有了小程序之后，再也不用担心这个问题了，只要有需要，打开即用，用完即走，便捷、高效地达成目的，大大节省了时间。

由于工具类小程序最契合小程序的使用方式和特点，所以也最容易受到用户的青睐。利用微信平台来运营，小程序便拥有了大量的潜在用户。有了庞大的消费人群作为基础，就可以在内容上做得更加细致、全面，保证功能的实用性，让用户可以高效地达成目的，从而提升品牌影响力，有利于小程序的运营和推广。

9.10.2　印象笔记微清单：你的贴身清单助手

在这个生活快节奏的时代，人们都在为生活而奔波，很少有人能够静下心来为自己的生活、学习等各方面做出妥善的安排和规划，因为它太麻烦，又没有太高的价值，所以很多人显得有心无力。但借助小程序入口简单、操作轻松的特点，或许可以解决这个问题。

印象笔记微清单可以帮助用户快速列出一份清单，为待办的事项做出合理的安排，为工作、学习、生活中的先后顺序厘清次序，让用户可以按照清单上的记录有条不紊地完成，在提高效率的同时还不会有所遗漏。同时，也可以将建立的清单同步到印象笔记，在印象笔记界面进行其他的操作。印象笔记微清单，简直是你的贴身清单助手。

印象笔记微清单内容不多，一览无余，但是功能全面，可以针对工作、学习、旅行等方面做出安排和规划，让生活变得井然有序。它在这些方面的帮助如下：

（1）在工作上，建立清单，对每天的工作内容做出详细、周密的安排和规划，然后按照清单上的顺序逐一完成，让工作变得条理、清晰，更易于工作内容的保质保量。

（2）在生活上，对自己每天在工作之余的一切休闲娱乐内容做出规划，然后按照清单上的内容开展有规划、有价值的活动，丰富自己的业余生活。

（3）在旅行上，将自己想要去的地方、想要吃的地方美食都记录在清单上，玩得有节奏，旅行会更加愉快，假期生活也会更加充实。

无论在任何时候，针对任何事情，如果建立一份清单，对要做的所有事情都有一个清晰的思路，在做任何事之前脑海里已经对它有了一个大体的掌握，就容易高效地达成目标。不仅是在工作上，在生活上也同样如此。

印象笔记微清单，让用户的安排和规划变得条理清晰、主次分明，使用户的生活方式变得轻松惬意。借助小程序平台打开即用、用完即走的特点，可以吸引到大量的用户，并且用户还可以对其进行分享，让其他的用户对小程序进行访问，可以更好地实现小程序的运营和推广。

反侵权盗版声明

举报电话：（010）88254396；（010）88258888

传　　真：（010）88254397

E-mail：dbqq@phei.com.cn

通信地址：北京市万寿路173信箱

电子工业出版社总编办公室

邮　　编：100036